現代
インフレーション
の諸問題

1985―99年の日本経済

原 薫 ●著

八朔社

凡　例

1　引用文献・資料名については，それぞれ次のように略記した。
　　経済企画庁『経済白書』＝『経』
　　　　────『日本経済の現況』＝『現況』
　　　　────『物価レポート』＝『物』
　　大蔵省『銀行局金融年報』＝『銀』
　　日本銀行『日本銀行月報』(1998年4月号からは『日本銀行調査月報』)＝
　　『日』
　　　　────『通貨及び金融の調節に関する報告書』＝『通貨及び金融』
　　中小企業庁『中小企業白書』＝『中小』
　　労働省『労働白書』＝『労』
　　公正取引委員会『年次報告』＝『公』
　　『朝日新聞』＝『朝日』

2　引用文中の〈　〉は筆者による補足である。

まえがき

　1．本書が対象としたのは，1980年代後半から90年代におけるわが国の経済過程である。この15年は，「バブル」の拡大と崩壊，その後の不況の長期化という経済変動の激しかった時期であるとともに，このなかで，景気回復の困難化を通じて，わが国経済体質のマイナス面があらわになった。そしてこれにたいして，政府は景気対策を拡大し続けたが，他方では同時に，国債の増発をはじめその対策手段のもつ弊害が甚だしくなった。本書は，こうした時期における経済の動きと政府・日銀の政策運営について，これをとくにインフレ問題の側面から概説したものである。

　2．本書の記述は，第1部と第2部から成り，第1部は1985－90年度（バブル経済期）を，第2部は1991－99年度（バブル崩壊後から最近に至る長期不況期）を対象とする。

　3．記述内容は，第1，2部を通じ，それぞれ次の四つを柱としている。①日銀の通貨供給の動き，②政府の経済政策運営と日銀の金融政策運営，③財政・金融およびマネー・サプライの動き，④物価の動き（およびこれに関連する商品の生産と需給状況）。すなわち，①は，インフレの発生・進行の通貨的要因であり，インフレの原因をなすと考えるところの，日銀による通貨の追加的な造出・供給の動きである。②は，この通貨供給を促す（あるいはこの通貨供給に依拠した）政府の政策運営の動き，経済活動を刺激しあるいは下支えするその役割であり，③は経済活動との関係における①と②の具体的な現われである。そして④は，これらの動きが物価にどのように作用し，どのような実際の物価の動きとなって現われたか（あるいは，上記の①から③の進行の下で，現実の物価の動きはどのようなものであったか），という問題である。本書では，これらの動きをみることを通じて，現代のわが国の経済が内包するインフレ問題（あるいはわが国経済のインフレ体質）を探ろうと試みた。

　4．本書でいう「インフレーション」については，「総括」のところでまと

めて私見を記すが，この時期には，総じて物価の安定が続くことによってインフレ問題などもはや存在しなくなったとされ（バブル期の「資産インフレ」の発生を除いて），さらに最近では，物価の低落傾向を前に，政府は経済の現状を「デフレ」とし，これが一般の認識ともなっている。

では，こうした状況のなかで，インフレをなぜ問題とする必要があるのか。これを本書で述べようとした。

5．本書では，政策運営に関する政府（経済企画庁）や日銀の記述を数多く引用した。これは，インフレの発生・進行が，種々の経済問題に対処するための政府の政策運営の産物である，という考え方に立って，この政策運営（あるいはそのときどきの政策的措置の実施）に係わる政府・政策当局の説明をできるだけ掲げておこうとしたからである。また，そのときどきの状況を即時的に伝えているものとして，新聞記事も多く掲げた。これらは部分的・断片的な引用にとどまるが，ぜひ目を通していただきたい。

6．本書で扱った問題は，そのほとんどが現在進行中のものであり，その性質・内容は絶えず変化するとともに新たな問題がこれに加わっている。本書は，1985－99年度の経過の，しかも限られた側面の雑然たる記述にすぎないが，しかしなお，この時期には，政府・日銀の政策運営をはじめとしてわが国の財政・金融や経済・物価の面にどんな動きがあったか，インフレ問題の見地からこれを記録にとどめておくのも，あながち無意味ではなかろうと考えている。目を通してくださった方々にとって，これがもし他山の石の一つにでもなることができるならば，このうえない幸せである。

†

本書は，法政大学経済学部の『経済志林』の第61巻第4号から第68巻第1号にかけて断続的に発表した，拙稿「わが国のインフレーション――最近の問題――」を素材として，これを再編・整理するとともに，1999年度の動きについて加筆したものである。

また，これに先立つ時期のインフレ問題については，拙著『戦後インフレーション』（八朔社，1997年）――1945－54年度を対象とする――，および『わが国の現代インフレーション』（法政大学出版局，1991年）――1955－84年度

を対象とする——，でまとめた。

　終わりに，長い間の妻の支えに感謝する。
　そして，厳しい出版事情のなかで本書を刊行してくださった八朔社の片倉和夫氏，編集でご厄介をおかけした同社の中村孝子氏に，御礼を申し上げる。

2001年　春

原　薫

現代インフレーションの諸問題——目次

凡　例
まえがき

第1部　1985－90年度
－バブル経済期－

Ⅰ章　通貨供給 6
    1　概　況…6
    2　政府ルートと金融ルート…12
    3　日銀の金融調節…15

Ⅱ章　政府の経済政策運営 18
    1　1985年度…20
    2　1986年度…23
    3　1987－88年度…27
    4　1989－90年度…30
    【付】バブル期における日銀の金融政策運営…33

Ⅲ章　金融とマネー・サプライ 36
    1　金融の動き…36
        (1)貸出の拡張　36／(2)証券投資の増大　49
    2　マネー・サプライの動き…56
        (1)マネー・サプライの増加　56／(2)マネー・サプライと物価変動　63

Ⅳ章　物　価 68
    1　物価の安定とその諸要因…68
        (1)卸売物価　68／(2)消費者物価　74／(3)物価安定の諸要因　77
    2　需給状況…78
        (1)需要の動き　78／(2)生産・供給の動き　82／

(3)生産・供給コストの動き　86

　【付】企業の価格維持行動…92

第2部　1991－99年度
－長期不況期－

Ⅰ章　通貨供給 ……………………………………98

　1　概　況…98
　　　(1)市中金融機関への貸出　101／(2)特別融資　103／(3)預金保険機構への貸付　104／(4)ＦＢの引き受け・買い入れ　105／(5)ＣＰの買い入れ　108／(6)国債の買い入れ　110／(7)国債レポ・オペ　112／【付】日銀の「バランスシートの拡大」　113

　2　政府ルートと金融ルート…116

　3　日銀の金融調節…120
　　　(1)1991－98年度　122／(2)1999年度　129／(3)概　括　130

　【付】1997－99年度における日銀の金融調節…130

Ⅱ章　政府の経済政策運営 ………………………136

　1　経済政策の運営方針…137
　　　(1)1991－94年度　137／(2)1995年度・96年度　140／(3)1997年度・98年度　141／(4)1999年度　143

　2　景気対策の推進…144
　　　(1)1992－95年度　145／(2)1996年度・97年度　147／(3)1998年度・99年度　149

　3　赤字財政と国債の増発…152
　　　【付】国債の日銀引き受け発行問題――最近の動き――　157

　4　金融政策運営…163
　　　(1)1991－95年度　166／

(2)1996年度・97年度　173／
　　　　(3)1998年度　174／(4)1999年度　176
　　5　金融システム安定化対策…179

III章　金融とマネー・サプライ …………………186
　　1　金融の動き…186
　　　　(1)1991－95年度　186／
　　　　(2)1996－99年度　194／(3)概　括　202／
　　　　【付】政府の融資促進対策　205
　　2　マネー・サプライの動き…209
　　　　(1)1991－94年　211／(2)1995－98年　215／
　　　　(3)1999年　218／(4)概　括　219

IV章　物　価 ………………………………………221
　　1　物価の安定とその諸要因…221
　　　　【付】最近の「デフレ」問題　232
　　2　需給状況…237
　　　　(1)需要の動き　237／(2)生産・供給の動き　244／(3)生産・供給コストの動き①(人件費の削減)　248／(4)生産・供給コストの動き②(生産手段コストの削減)　260／【付】「価格破壊」について　268

　　総　括——現代のインフレ問題——　271

　　　　　表一覧　275

　　　　　　　　　　　　　　装幀　レフ・デザイン工房

第Ⅰ部　1985－90年度

――バブル経済期――

第1部では，1985-90年度を対象として，日銀の通貨供給，政府の経済政策運営，金融およびマネー・サプライ，物価の動きなどを中心にみる。
　この時期を特徴づけるものは「バブル」の膨張である。すなわち，この時期には，政府の内需拡大政策にもとづく拡張政策が推進され，金融面では長期にわたって大幅な金融緩和状況が続いた。こうした政策・経済環境のなかで「バブル」が醸成され膨張した。[1]
　内需拡大政策は，不況対策と貿易・経済摩擦を背景とする国際的な圧力の高まりから開始されたが，その後「円高不況」対策として強化・促進されることになった。金融政策では，緩和の政策運営にもとづいて，市場金利の引き下げが進められ，大幅な金融緩和状況が長期化するに至った。そして，この金融緩和状況の維持と拡張的な財政政策を支えるための通貨的措置として，日銀による通貨供給の増加が続けられた。この通貨供給の増加はまた，マネー・サプライの増加を支えるものとなり，その増加をもたらすことになった。
　この時期には，1987-90年度を中心に，経済活動が全面的に拡大したが(実質GDPで毎年度4％前後)，目立ったのは，いうまでもなく，土地・不動産や株式などの資産価格の高騰であった。すなわち，まず株価が急騰し（とくに1986-88年），次いで地価の高騰となった（とくに1987年・88年）。こうして「資産インフレ」[2]の発生が指摘されるに至った。この時期には，生産・経済活動も全面的に拡大したが，この拡大も，上記の資産取引の過熱化・資産価格の高騰に大きく依拠しており，またこれと絡み合いながら相互促進的に進行した。「バブル経済」の膨張である。
　なお，このような「資産インフレ」と「バブル経済」の膨張は，上記のような当時の政府の政策運営を背景としており，金融緩和の長期化と土地需要の増加を促す内需拡大政策の推進に刺激され，これに乗ずる形で進展した，ということができる。
　しかし，同時に他方，一般の物価（物的諸商品価格）については，この時期を通じて著しい上昇はみられなかった。すなわち，国内卸売物価は1985-88年度と下落傾向を示した。89年・90年には景気拡大のなかで上昇を始めたが(各年度2％前後)，この上昇もバブルの崩壊とともに91年度には大幅に鈍

化し，92年度からは下落に転じた。消費者物価はこの間根強い上昇を続けたが，その上昇も毎年度2％前後であった。「バブル」の膨張が進行するなかで，これが一般物価の高騰を誘発するという警戒論は現われたが，物価は全体として安定状況を保った。

なお，膨張を続けた「バブル」は，1989年5月の公定歩合の引き上げによる金融引き締め政策への転換，同年秋からの大蔵省や日銀による土地・不動産融資規制の実施を契機として，その膨張の進展を支えてきた歯車の連動機構が次々に作動しなくなり，急速に収縮し崩壊した。そしてこの「バブル」の膨張に依拠して拡大してきた景気は一転して不況状態に陥るとともに，91年度以降，不況が長期化し激化した。「バブル」の崩壊は市中金融機関や企業の経営（いわゆる企業の「バランス・シート」）を破壊し，「バブル」——それはいわば，これまでのわが国の成長機構の終焉に咲いた景気の徒花であったが——の宴のあとには，その処理に苦しむことになる山積みの有害物が残った。

(1) 「バブル」というのはこの時期の経済を特徴づける通称であるが，これについて例えば『経』や『日』では，「……株価，大都市圏等の地価が経済の基礎的条件……と整合的な水準を上回って高騰し，その後下落するという，いわゆる『バブル』の発生と崩壊が起こり，……」（『経』平成4年版，1ページ），「行過ぎた資産価格の高騰」（日銀総裁の言，『日』1992年6月号，38ページ）などと述べている。

ただしなお——便利な表現として筆者も使っているが——，この「バブル」を一定の客観的な指標で判断される経済状況として規定することは，その性質上困難であろう。また，「バブル」の現象として強調されたものは株価や地価の高騰であったが，この時期には，この資産価格の高騰と資産取引の増大に大きく依拠して，市中金融機関の融資活動，企業の財テク活動，企業の金融機関借り入れや営業活動，一部の個人の財テク活動，個人の消費行動などが拡大し，これらが絡み合いながら相互促進的に拡張していった。その意味で，当時の経済活動の拡張全体の進行について，これを「バブル経済」の膨張と捉えるべきである，ということができる。

（2）「資産インフレーション」について――「80年代後半には，地価や株価などの資産価格の大幅な上昇が起こった。この資産価格の大幅上昇は，一般物価が安定しているなかで生じたものであり，一般物価の上昇と対比して『資産インフレ』と呼ばれている」(『経』平成3年版，144ページ)。

　これに関連してまた，「資産インフレの引き金となったのは，85年ごろから顕著になった金余りである。資金はまず首都圏の土地に向かい，地価を急騰させた。所有地の値上がりで企業の資産価値が高まったというので，株が買われた。両者はからみ合い，もたれ合って上昇を続けた。まるで『土地・株本位制』だ。あふれた資金は，外国の国債，株，不動産の購入に流れた。国内ではゴルフ場会員権，絵画，ワンルームマンションなども投機の対象となった。云々」(社説「拝金主義の行きつく先は」，『朝日』1990年1月4日)。この「資産インフレ」の状況については，Ⅲ章の1節でみる。

I章　通貨供給

1　概況

　この時期の日銀による通貨供給の動きを，まず全体として概観する。[1]

　この通貨供給は，①政府にたいするもの（政府ルートによる）と②市中金融機関あるいは金融市場（直接的には短期金融市場）にたいするもの（金融ルート）に大別される。また①は，政府にたいする資金の供給（購買・支払い手段の追加的な供給）として，財政支出の拡大を支える役割をもつ。②は，市中金融機関にたいする現金準備の補完的・追加的な供給として，市中金融機関の信用活動（貸出や証券投資）の拡張を支え，あるいは拡張したその信用活動を事後的に支えていく役割を果たす。これと結んでまた，金融市場における資金需給の逼迫を緩和し，市中金利（まずはインターバンク市場金利あるいは短期市場金利）の上昇を抑制しまたはその低下を促し，金融緩和を進める役割を果たすことになる。

　日銀の通貨供給は，1985年度から89年度にかけて毎年度増加を続け，供給超過が累積した（表1－1）。この通貨供給の増加を，その裏付けとなっている日銀の資産勘定からみると，増加をもたらした主要因（通貨供給の主要な手段となったもの）を掲げれば，次のようであった——1985－86年度：買入手形および貸出金の増加，1987年度：政府短期証券（FB）および国債（FB以外）保有の増加，1988年度：FB保有の増加，1989年度：国債・FB保有の増加。他方，90年度は引き揚げとなったが，これはとくに日銀のFB保有の減少によるものであった。

　すなわち，この時期の日銀による通貨供給の主要な手段となったものは，

表1-1　日銀の通貨供給指標(1)（日銀勘定・資産の動き）

(対前年度末，百億円)

年度	貸出金	買入手形	国債(右以外のもの)	政府短期証券	海外資産勘定	計
1985	205	310	△246	△132	25	162
86	146	188	△53	23	△20	284
87	66	△198	203	224	△33	262
88	△15	70	△263	458	△21	229
89	△35	160	346	180	4	655
90	△60	△1	95	△213	26	△153

〔備考〕　1)　△は減少を示す。以下同じ。
　　　　2)　買入手形は1989年5月以降，買入CPを含む。
〔出所〕　日銀「日本銀行勘定」。

表1-2　日銀貸出の動き

(百億円)

年度末残高	合計	全国銀行 計	都銀	地銀	信託銀行	長信銀行	商工中金，農林中金	信用金庫など
1985	373	278	243	19	2	15	1	94
86	518	427	285	24	2	17	1	91
87	584	507	447	25	2	33	1	77
88	569	507	432	26	2	47	4	58
89	534	439	271	60	39	68	1	94
90	475	425	280	75	15	54	1	49

〔備考〕　1)　全体として各区分の金融機関の構成内容の変化が大きい。
　　　　2)　地銀：1989年度から第二地銀（←相互銀行）を含む。
　　　　　　信用金庫：「信用金庫，短資会社，証券金融等」の計数。1985-88年度は，これに相互銀行が含まれており，89年度からは，相互銀行が除かれ，第二地銀として地銀に含まれる。
〔出所〕　表1-1と同じ。

①市中金融機関への貸出，②市中金融機関からの手形の買い入れ（手形の買オペレーション），③市中金融機関や政府機関からの国債の買い入れ，④政府発行のFBの引き受け（および政府機関などからの買い入れ）であった。次に，これらの動きについて若干の説明を加える。

【市中金融機関への貸出】　日銀貸出は，1985年度から87年度にかけて，通貨供給の手段となった。しかしその後，88年度・90年度には減少した。なお，この日銀貸出の主体は都市銀行向けであり（表1-2），日銀貸出の動きは，全体としてまずこの都銀向け貸出の動きに左右されていた。都銀向け貸出は

表1－3　手形売買市場における買い手と売り手

(百億円)

年	1985	86	87	88	89	90
計	944	1,325	1,398	1,197	1,802	1,635
買い手						
地方銀行	40	65	82	46	100	110
信託銀行	87	161	244	328	538	491
信用金庫	162	264	306	206	160	129
農林系統金融機関	277	208	203	133	257	186
日　　銀	235	421	422	375	543	603
売り手						
都市銀行	848	1,155	1,182	918	1,341	1,159
外国銀行	29	24	35	49	35	58
そ の 他	67	146	181	230	426	418

〔備考〕　1）　各年の月中平均残高の数字（日銀『経済統計年報』より）。金額の多い機関を掲げた。
　　　　2）　買い手＝資金供給者，売り手＝資金調達者。
　　　　3）　地方銀行：地銀と相互銀行（→第二地銀）の計。
　　　　　　信用金庫：全国信用金庫連合会と信用金庫。
　　　　4）　売り手の「その他」には日銀が含まれるが，その数字は未詳。

85年度から88年度にかけて増加を続けたが，89年度・90年度には減少した。他方，この89年度・90年度には，都銀向けの減少によって日銀貸出が全体として減少するなかで，都銀以外の地方銀行や長期信用銀行向けなどの貸出が増加した。

【買入手形】　これは市中金融機関との間での手形オペレーションによるものであって，1985年度・86年度と88年度・89年度に，その買オペレーションにもとづく日銀の手形保有が増加した（表1－1）。また，金融市場でのこの手形の売買における売り手（資金の調達者）の中心は都市銀行であった。その買い手（資金の供給者）は日銀，信託銀行，農林系統金融機関，信用金庫などであり，なかでも日銀が買い手の主役であった（表1－3）。日銀の手形の買オペレーションによる資金の供給は，このように都銀へと集中的に行なわれた。

【日銀の国債保有】　日銀の国債保有（FB以外）は，年度ごとに増減を繰り返し，この時期を通じて著増はみせなかった。金融ルートでは，国債の買

表 1-4　国債発行の動き（1985-90年度）

(千億円)

年　度	1985	86	87	88	89	90
A．発行・計	234	264	277	237	274	395
新規	133	120	100	78	69	76
借換	101	144	177	159	205	320
B．償還・計	105	157	209	187	234	341
現金	16	22	28	28	58	34
借換	90	135	181	159	176	307
C．残高（年度末）	1,366	1,473	1,541	1,591	1,631	1,685
D．新規発行・計	123	113	94	72	66	73
建設	63	62	69	62	64	63
特例	60	50	25	10	2	10*
E．一般会計・歳出	530	536	577	615	659	693
F．国債依存度(%)	23.2	21.0	16.3	11.6	10.1	10.6
G．国債費	102	107	119	120	121	143
うち利払い	97	102	104	105	106	108

〔備考〕　1）　内国債（普通国債）について。
　　　　2）　A・Bは額面ベース，Cは収入金ベース。両者には少し差がある。
　　　　3）　Dの＊は，9,689億円──湾岸戦争の負担金の支出のための立法にもとづく臨時特別国債。
〔出所〕　A・B・Cは『国債統計年報』平成10年度版，D・E・F・Gは参議院予算委員会調査室『財政関係資料集』平成12年度。

い入れが毎年度大規模に行なわれたが，他方で政府機関（資金運用部）への日銀保有国債の売却が進められ，政府ルートでは総じて日銀の売却超過となった（後出，表1-7）。

また，満期となった日銀保有の国債は，これまで(1988年度まで)「乗り換え」によってそのまま償還が繰り延べられてきたが，89年度には，この日銀保有国債の政府による現金での償還がはじめて行なわれ（現金償還額は1兆1900億円），これが日銀保有国債の減少（あるいはその増加の抑制）の一要因となった。[(2)(3)]

【政府短期証券】　政府短期証券（FB）の発行（表1-5）は，この時期にはほとんどが日銀引き受けによっていた（99年度から市中公募発行へ──第2部Ⅰ章の1節(4)を参照）。そして，日銀が引き受けたFBは，その大部分(70％前後)が日銀によって保有され（うち大蔵省証券はすべて日銀保有），一部

1章　通貨供給　　9

表1－5 政府短期証券（FB）の発行（1985－90年度）

（△＝償還超，百億円）

年　度	1985	86	87	88	89	90
A．FBの発行による政府の対日銀資金調達						
計	1,086	372	469	298	62	△204
蔵　券	105	△ 71	△ 12	147	445	△180
糧　券	218	13	△ 29	△ 38	△ 20	△ 5
外為証券	763	420	529	189	△363	△ 18
［外貨売買（△）］	—	9	△ 20	—	—	—
B．日銀のFB保有増減（△）	△132	23	224	458	180	△213
C．FB，日銀保有の比率						
年月末	1986年3月	87年3月	88年3月	89年3月	90年3月	91年3月
発行残高・計	1,026	1,446	1,900	2,048	1,662	1,636
うち日銀保有（％）	77.4	61.1	58.9	70.0	70.5	69.7

〔備考〕 Bの動きには，Aのほか，日銀と政府機関（資金運用部など）や市中金融機関との間でのFBの売買の影響が加わる。
〔出所〕 A：国庫対日銀収支，B：日銀の資産勘定，C：『国債統計年報』。

は市中金融機関や政府機関に売り渡された。

　FBの日銀保有は1987－89年度に著増し，国債保有（FB以外）の増加を上回る増加を示した。この増加は，もっぱら外為証券（1985－88年度）と蔵券（1985年度，88年度・89年度）の引き受け・保有の増加によるものであり（表1－5），80年代に入り，一般会計の資金不足をまかなう手段としての蔵券発行（→日銀引き受け）の利用が目立った。外為証券の日銀保有の増加は，当時の円高の進行の抑制を目指す政府の介入資金（ドル買い介入用円資金）の調達をまかなうためのものであった。このような介入資金の調達は，この時期にはもっぱら外為証券の日銀引受発行によって行なわれ，この円資金は，後にも記すように，政府（外為会計）を通じて市中金融機関（外為銀行）へと流れていった（この点，外為証券の日銀引き受けは，実質的には，市中金融機関への通貨供給を意味している）。

　　（1）　ここでいう日銀の通貨供給とは，日銀が，その発券力にもとづいて（不換中央銀行券発行制度に依拠して）造出した通貨（一般に支払い手段として機能する）を，政府・政府関係機関や市中金融機関（あるいは金融市場）

表1-6 国債の所有者構成（1985-90年度）

(千億円，％)

年末		日銀	公共部門	民間金融機関	法人企業等	個人	計
金額	1985	60	394	564	170	164	1,352
	86	28	494	644	131	146	1,443
	87	58	541	699	109	112	1,519
	88	71	568	759	71	99	1,568
	89	45	633	746	75	103	1,602
	90	90	616	708	123	126	1,663
％	1985	4.4	29.2	41.7	12.6	12.1	100.0
	86	2.0	34.1	44.7	9.1	10.1	100.0
	87	3.8	35.8	46.0	7.1	7.3	100.0
	88	4.6	36.2	48.4	4.5	6.3	100.0
	89	2.8	39.4	46.6	4.7	6.5	100.0
	90	5.4	37.0	42.6	7.4	7.6	100.0

〔備考〕 1）「借換債」を含む国債全体の保有構成。
2）公共部門：資金運用部をはじめ，政府金融機関，中央政府（国債整理基金），公団，地方公共団体。
法人企業等：非居住者の保有分などを含む。
〔出所〕『日』1992年7月号。

に追加的に供給することを意味する。

　この通貨はまた，紙幣の性質をもつもの（不換通貨）であって，本文でみる，この時期の通貨供給の趨勢的な増加は，こうした紙幣としての性質をもつ通貨の追加的な造出・供給と，流通内部へのその累増・累積を意味することになる。そしてまた，この通貨供給が，不換日銀券の発行制度に依拠した不換通貨の供給であるからこそ，景気対策や金融システム安定化対策のための「潤沢・豊富」な供給とその継続も可能になるのである。

　このような考え方から，日銀の通貨供給の動きを，本書の主題であるインフレの発生・進行の原因指標として，ここでまず取り上げた。

（2）　近年における国債発行の動きについて概観すれば（表1-4），まず新規の国債発行（借換債を除く）は1976-87年度に著増し，毎年度10兆-15兆円にのぼった。この著増は特例国債の増発によるものであったが，この特例国債の発行は——バブル景気の下での税収の増加によって——1988年度以降減少に転じ，90年度から発行が停止された。これにもとづいて，国債の新規発行額は88年度から91年度にかけて減少を示した（94年度から再び発行が始まり，増発が続くことになる——第2部II章の3節を参照）。赤

I章　通貨供給　11

字財政の改善にとっては,バブル景気の拡大は好条件となった。

しかし他方,これまで大量に発行された国債が次々に償還期限を迎えるに至り,この国債の償還資金をまかなうために,借換債の発行が1982年度以降著増し,これによって国債発行全体は膨張を続けた。また,国債費も利払いを中心に増加し,毎年度10兆円～14兆円となっている。

日銀の国債保有の比重は1970年代には全体の15～30%と高かったが,80年代に入って低下し——発行残高全体の膨張によって比率は低下したものの日銀保有額は減少せず増加の動きをみせているが——,この時期(1985－90年度)には2～5%程度にとどまった。国債の保有は,民間金融機関および資金運用部などの公的機関が主体となり,この時期には公的機関保有の比重が高まった(表1－6)。

(3) 89年度には,満期となった日銀保有国債の「乗り換え」が停止され,現金での償還がはじめて行なわれたが,これは,国債の新規発行額の減少,国債の市中消化の好転や市中保有の増加などにもとづくものであった。

2　政府ルートと金融ルート

これまでみた通貨供給は,政府(および政府関係機関)や市中金融機関との間での(および短期金融市場を対象とする),中央銀行としての日銀の活動を通じて行なわれており,通貨供給の動きはそうした日銀の取引活動の結果である。

この時期の通貨供給の動きを政府ルートと金融ルートに大別してみると——筆者の推定によるものであるが——表1－7のようである。まず,両ルートを通じた通貨供給は,相互に補完的な動きを示している[4]。すなわち,同じ時期(年度)では,総じて,一方で通貨供給が増加すると他のルートで引き揚げがある(あるいは一方での供給の増加が他方での引き揚げを可能にする)といった対応的な動きを示している。また,ある時期には両ルートで供給が増加している。そして全体として,1985－89年度を通じて通貨供給が増加を続け,供給超過が累積してきた。

なお,90年度には引き揚げとなった。すなわち,金融ルートでは供給増加

表1-7　日銀の通貨供給指標(2)（供給ルート別，1985-90年度）

(百億円)

年　度	1985	86	87	88	89	90
政府ルート						
A．FBの引受・買入超 （Δ＝償還・売却超）	Δ 82	172	264	269	179	Δ 84
B．国債（FB以外）の買入超 （Δ＝償還・売却超）	Δ354	Δ182	100	Δ299	117*	Δ152
C．外貨の買入超 （Δ＝売却超）	25	Δ 20	Δ 33	Δ 21	4	26
計	Δ411	Δ 30	331	Δ 51	300	Δ210
〔参考〕財政資金 　　　対民間収(Δ)支	Δ465	Δ 86	256	Δ 73	210	Δ215
金融ルート						
D．対市中金融機関貸出 （Δ＝減少）	205	146	66	Δ 15	Δ 35	Δ 60
E．買入手形の増加 （Δ＝減少）	310	188	Δ198	70	Δ160	Δ 1
F．FBの買入超 （Δ＝売却超）	Δ 50	Δ149	Δ 40	189	0.2	Δ129
G．国債の買入超	108	129	103	36	229	247
計	573	313	Δ 69	280	355	57
総　計	162	284	262	229	655	Δ152

〔備考〕Δは日銀への資金の引き揚げを示す。
〔出所〕A・B：日銀勘定と資金需給実績統計より推計。
　　　　C：日銀勘定による。
　　　　D・E・F・G：資金需給実績による。
　　　　総計：日銀勘定による。
　　　　＊：日銀保有満期到来国債の政府による現金償還を含む。
　　　　全体として推定にもとづく数字である。

が続いたが，その金額が縮小し，政府ルートでは引き揚げが大規模化するとともに，金融ルートでの供給増加を大幅に上回った。

【政府ルート】　政府ルートによる通貨供給が増加したのは1987年度と89年度においてであった。他の時期には引き揚げを示し，1985－90年度を通じ全体としてみれば引き揚げとなった。

また，87年度・89年度の政府ルートによる日銀の供給増加の手段となったのは，FBの引き受け超過と政府機関からの国債買い入れの増加であった。それ以外の時期にも，FBの引き受け超過による通貨供給が大量に行なわれたが，政府関係機関にたいする日銀保有国債の売却などの動きが前者を上回り，政府ルート全体としては引き揚げ超過となった。

【金融ルート】　この時期における日銀の通貨供給の主流となったのは金融ルートであり，市中金融機関への貸出，市中金融機関からの手形や国債の買い入れなどを手段として，毎年度（1987年度を除いて）大量の通貨供給が行なわれた。

なお87年度には，市中金融機関からの国債の買い入れによって通貨供給が行なわれたが，他方，日銀の買入手形の期日決済による引き揚げの動きが前者を上回り，全体として若干の引き揚げとなった。同時に他方，この87年度の金融ルートでの引き揚げは，さきにみた政府ルートを通じた大量の通貨供給によってカバーされた（より具体的には，政府ルートでの通貨供給の増加に支えられた財政支出の拡大・財政の対民間支払い超過→金融市場における資金需給の緩和・資金余剰→日銀の金融調節によるこの引き揚げ，といった動きを媒介として）。

（4）　本文で記した，日銀の通貨供給における政府ルートと金融ルートの動き（それぞれの増加や減少・引き揚げ）は，実際には，このように直接対応させて運営・操作されているわけではない。

　　とくに，政府ルートに代わって表面に出て，日銀の金融調節運営（ここでいう金融ルートでの通貨供給）に直接作用するのは，財政資金の対民間収支の動き（その支払い超過や引き揚げ超過）であり，政府ルートによる

通貨供給は，この財政支出の拡大を背後で支援する役割を果たす，という関係にある。そして，この財政資金の対民間収支の動きが，金融市場の資金需給（資金の過不足）に作用する主因の一つとなり（日銀券発行などの動きがこれに加わる），日銀の金融調節（金融ルートでの通貨供給）がこれに対応する，という関係で動いている。これについては，3節でまたみる。

3 日銀の金融調節

上記の金融ルートによる通貨供給は，金融市場（直接にはインターバンク市場あるいは短期金融市場）の資金需給（資金過不足）に対応する日銀の金融調節として行なわれており，金融ルートを通じた日銀の通貨供給は，この金融市場における資金不足（市中金融機関の現金準備の逼迫→金融市場における資金需要の増加）を補塡し，市場金利の上昇を抑える役割をもっている。

この時期における金融市場の資金需給は，1987年度と90年度を除いて大量の資金不足となった（表1-8）。この資金不足の主因となったのは，①銀行券の発行増加と②財政資金収支における対民間受入超過であり，③市中金融機関による準備預金の積み増しがこれに加わった。

【銀行券の増発】　銀行券の増発は，預金者による預金の現金化（預金の払い戻し・流出）から始まり，市中金融機関にとって資金不足要因を形成するが，その増発は1985-89年度において著しかった。この増発の動きはまた，直接的には，個人や企業などの取引活動の拡大にもとづく現金需要の増加によるものであるが，その背後には，後にみるように，企業や個人の融資需要の増大，それに応じた（さらにこれを促進した）市中金融機関の融資の拡張，そしてこれらの動きを支え促した当時の政策・経済環境があった。

【財政の対民間収支】　財政の対民間収支は，この時期を通じ総じて受け入れ超過であったが，87年度・89年度には支払い超過となった。そしてこの支払い超過を背後で支えたのが，前記のような政府ルートでの日銀の通貨供給であった。

表1-8 資金需給と金融調節 (1985-90年度)

(百億円)

年度中	1985	86	87	88	89	90
銀行券発行増加	129	203	290	272	361	19
財政等要因・計 (Δ=対民間受入超過)	Δ465	Δ 86	256	Δ 73	210	Δ215
┌一般財政	270	12	12	43	779	397
│国債 (Δ=発行による │ 受入超過)	Δ678	Δ533	Δ 95	Δ 83	Δ 95	Δ588
└外為資金 (Δ=円貨の受入超過)	Δ 58	435	339	53	Δ475	Δ 23
その他	38	Δ 20	126	105	Δ144	256
資金過不足 (Δ=不足)	Δ556	Δ309	92	Δ241	Δ295	21
金融調節 (Δ=日銀信用減)	573	313	Δ 69	280	355	57
準備預金 (Δ=積み増し)	Δ 17	Δ 4	Δ 22	Δ 39	Δ 59	Δ 78

〔出所〕 日銀「資金需給統計」。

また，財政資金収支のうちの外為資金（外為資金特別会計）の対民間収支は，1986－88年度（とくに86年度・87年度）に大量の支払い超過を示したが，これは，当時における為替レートの円高の動きの急進にたいして，その抑制のための政策的介入（円売り・ドル買い）を拡大したことによるものである。そしてこの介入のための円資金は，さきにみたように，外為証券（FB）の日銀引き受け発行によってまかなわれた。

【準備預金の積み増し】　この時期にはまた，市中金融機関による準備預金の積み増しが続き，これが一貫して資金不足要因を形成した。法定準備率の引き上げの措置はこの時期にはとられなかった(5)。したがって，この積み増しは，もっぱら——市中金融機関の現金準備額が法定準備額スレスレという低い状況の下で——，市中金融機関の信用活動の拡張（これにもとづく法定準備額適用対象の金融機関の預金の増加）によってもたらされた，とみることができる。

金融ルートを通じた日銀の通貨供給の増加は，上記のような動きからもたらされる市中金融機関の現金準備の不足を補塡する役割をもっていた。こうしてまたそれは，たんに金融市場あるいは市中金融機関の資金不足をカバーするといった，受け身の追随的な性質のものではなく，市中金融機関の信用活動の拡張を事後的に支えていく現金準備の追加的な供給を意味するもので

あった。日銀の通貨供給の増加はまた，これによって，金融市場における資金需給の緩和と市場金利の低下を促し，これを維持し，当時における大幅な金融緩和の進行とそのための資金の供給増加を支えるところの通貨的な基礎となった。

 （5）　1987年7月，準備率設定の対象となる預金の区分の変更が行なわれているが，これは，実質的には，準備率の引き上げとはならなかったとみられる(準備率の引き上げは，明示的には91年10月に実施された——後出，表2‐14参照)。

II章　政府の経済政策運営

　1985-90年度における政府の経済政策運営を，財政・金融政策を中心に，インフレ問題の側面から取り上げ，その動きを概観することにする。前章でみた日銀による通貨供給の増加も，この政府の経済政策運営を背景としており，これによって促され，またこの政策運営を支える通貨的手段となる。インフレの進行は，こうした政策運営とそれに促された通貨供給の増加の産物である，ということができる。

　政府の経済政策運営の方針は，まず，各年度の「経済運営の基本的態度」（以下「基本的態度」と略記）に示される。この「基本的態度」は，各年度の開始（4月）に先立って毎年1月頃に閣議決定されるが，これを数字で示したものが，政府による各年度の「経済見通し」である。

　この「経済見通し」は，政府が経済政策の運営によって達成しようとする毎年度の経済成長の目標を表わしている。これらは，各年度の開始に先立って，前年度の経済の動きにもとづき，これに新年度の政策目的を加味して設定されるが，この時期（1985-90年度）には，まず，毎年度実質4％程度のGNPの増加が見込まれ，またその確保が目標となっていた（表1-9）。そして，こうした成長目標の達成は，民間企業の設備投資の増加を中心とした内需の拡大（毎年度実質4％以上）によることとし，これを支えるために——とくに86年度以降において——毎年度1-2％の政府支出の増加が予定された。

　また，このような政府の経済見通しとそのための経済政策運営においては，物価の上昇が見込まれ，物価の上昇が前提条件となっていた（表1-9）。このうち卸売物価については，輸入物価の安定に依拠してほぼ安定的に推移することが見込まれていたが，消費者物価については，毎年度2％前後の上昇

表1-9　政府の経済見通し（1985-90年度）

A．GNPと物価　　　　　　　　　　　　　　　　　　　（対前年度比，％）

年度		1985	86	87	88	89	90
GNP	名目 見通し	6.1	5.1	4.6	4.8	5.2	5.2
	実績	6.4	4.4	4.9	6.4	7.1	7.6
	実質 見通し	4.6	4.0	3.5	3.8	4.0	4.0
	実績	4.8	2.9	4.9	6.0	4.6	5.5
物価	卸売物価 見通し	1.1	△1.8	1.0	0.3	0.9	0.6
	実績	△3.3	△9.4	△2.0	△0.7	3.5	1.6
	消費者物価 見通し	2.8	1.9	1.6	1.3	2.0	1.6
	実績(年)	2.0	0.6	0.1	0.7	2.3	3.1

B．政府見通しによる実質GNE＝GNPの内訳　　　　　　（対前年度比，％）

年度	1985	86	87	88	89	90
民間最終消費支出	4.1	3.6	3.4	3.8	4.6	4.6
民間住宅	3.8	4.6	7.1	1.9	△3.3	0.3
民間企業設備	8.5	7.5	6.6	9.8	9.2	7.3
政府支出	0.5	2.0	1.1	1.7	1.3	1.9
輸出と海外からの所得	5.6	0.2	△0.7	5.0	11.2	10.6
輸入と海外への所得	5.5	1.6	2.4	11.2	15.2	13.0
GNE＝GNP	4.6	4.0	3.5	3.8	4.0	4.0
うち国内需要	4.4	4.3	4.1	4.8	4.7	4.6

〔備考〕　1)　政府見通し：「……％程度」として発表されている。大蔵省『国の予算』（各年度版）などに掲載。
　　　　2)　GNPの実績：日銀『経済統計年報』平成3年版による。
　　　　3)　卸売物価：総合卸売物価指数（輸出入物価の動きを含む）。
　　　　4)　消費者物価指数：政府見通しは年度ベース，実績は年ベースなので，時期的に少し食い違っている。

が不可避とされ,容認されていた(物価についてはIV章でみる)。

次に,この時期の政府の経済政策運営について概観する。

1 1985年度

まず,1985年度の「基本的態度」について——「第一は,国内民間需要を中心とした景気の持続的拡大を図るとともに,雇用の安定を図ることである。このため……民間活力が最大限発揮されるような環境の整備を行い,設備投資等積極的な民間投資の喚起を促すとともに,公共的事業分野への民間活力の導入を促進する」(1985年1月閣議決定:中曽根康弘内閣,抜萃)。この方針は,その後同年10月(および12月)の「内需拡大に関する対策」によって(1)より具体化され,促進されることになった。

すなわち,85年度の経済政策運営においては,「経済摩擦の解消」の国際的な要請と国内景気対策との両面から,内需拡大の推進が重視され,このため,「民間活力」の発揮による民間投資の促進,大規模な地域開発事業の推進,そしてこれらのための投資や開発にたいする規制の緩和,公共事業の拡大などの方針が打ち出された。

また,80年代に入って,国債発行残高の膨張とその利子負担の増大から財政運営に制約が強まったが,このため,内需拡大の促進策として上記のような「民間活力」の発揮が強調されることになり,これに関連して地域開発にたいする規制緩和の措置がとられるようになった。

金融政策運営の面では,まず85年度の前半には,円安状況が続くなかで,(2)「対外不均衡是正」の要請にもとづく円高誘導のために,市場金利の低下の抑制が図られた。しかし,同年9月のドル安是正を目指すG5の「プラザ合意」を契機に円高の動きが急進するに及んで,この急進を抑制するため,年度後半には金融緩和の促進へと転じた。「円高のデフレ・インパクトの緩和」とこれと併せた内需拡大の促進を目指す金融緩和政策運営への転換である。

まず86年1月,公定歩合が2年半ぶりに引き下げられ(5%→4.5%),3月にも4%へと引き下げが行なわれた(その後87年2月の2.5%に至るまで段(3)

表1-10 公定歩合と市場金利 (1983-91年度)

(年, %)

公定歩合		市場金利					
実施時期 (年月)		実施時期 (年月)	コールレート 無条件物 (中心レート)平均	普通預金	定期預金 (期間1年)	短期プライムレート*	長期プライムレート (長期信用銀行)
(近年の最高) 1980年3月	9.0						
83年10月	5.0	83年11月	5.98	1.75	5.75	5.5	(85年1月) 7.4 (85年4月)
86年1月	4.5	86年2月	5.78	1.0	5.0	5.0	7.7
3月	4.0	3月	5.53	0.5	4.5	4.5	
4月	3.5	5月	4.21	0.38	4.13	4.125	
11月	3.0	12月	4.18	0.26	3.76	3.75	
							(87年5月)
87年2月	2.5	87年3月	3.85	0.26	3.39	3.375	4.9
89年5月	3.25	89年6月	4.18	0.38	3.95	4.875	5.7
10月	3.75	11月	5.97	0.5	4.32	5.75	6.2
12月	4.25	90年1月	6.42	0.75	4.75	6.25	6.8
90年3月	5.25	4月	6.99	1.63	5.63	7.125	7.9
8月	6.0	9月	7.57	2.08	6.08	8.0	8.5
91年7月	5.5	91年8月	7.42	1.75	5.75	7.625	7.9

〔備考〕 公定歩合:商業手形の割引歩合などの金利。
＊短期プライムレート:1989年3月までは「信用度のとくに高い手形の割引および貸付」の金利。同年5月からは,都銀のうち最も多数の銀行が採用した「短期プライムレート」の金利と実施時期。
長期プライムレート:公定歩合の変更の時期にあわせて摘記した。
〔出所〕 日銀『経済統計年報』。

階的に引き下げが繰り返されることになる)。また,この公定歩合の引き下げと結んで,市中金融機関の融資活動の円滑化が図られた。これにもとづいて,市中金融機関の貸出金利も86年から87年前半にかけて全面的に低下し,金融緩和が進行した。これまで,公定歩合は80年3月の9％をピークに80年代に入って段階的に引き下げられ,これにもとづいて市場金利も80年以降低下を続けるなど,80年代に入って金融緩和が進み長期化してきたが,86年以降(89年にかけて)それが一層推進されることになった(表1-10)。

そして,このような政府・通貨当局による内需拡大促進の経済政策運営と金融緩和の推進が,後にみる「バブル」の誘発・膨張の政策環境を作った,

ということができる。

(1) 「内需拡大に関する対策」(1985年10月,経済対策閣僚会議：中曽根内閣)
――「……我が国としては,経済の拡大均衡を通して経済摩擦の解消を目指すため,……内需拡大に努力し,……対外不均衡の是正に積極的に取り組むことが要請されている。(中略)政府としては,……民間活力を最大限に活用することを基本として内需拡大を図るため,……諸施策を実施する」。そして,「当面早急に実施する対策」として,次の措置を掲げている――(1)民間住宅投資・都市開発の促進（宅地開発の円滑化,都市開発の促進,国公有地等の有効活用,など),(2)民間設備投資の促進,(3)個人消費の喚起,(4)公共事業の拡大（総額1兆8000億円程度の事業規模の追加)。また,「今後推進する対策」として,公共的事業分野への民間活力の導入(｢民間活力を活用して,関西国際空港や各地において実施されているテクノポリス等の地方におけるプロジェクトの着実な推進を図る｣),規制緩和(｢民間経済活動に対する諸規制の緩和が事業機会の増加による内需拡大に役立つことにかんがみ……｣),など。

(2) この政府の「基本的態度」で述べられているのは,もっぱら財政政策あるいは全体の経済政策の運営方針であり,金融政策に関しては,毎年度ほぼ同様に,｢内外経済動向及び国際通貨情勢を注視しつつ,適切かつ機動的な運営を図る｣といった,一般的な方針が掲げられているにとどまる。
　これについては,金融政策運営における政府と日銀との関係の問題として,第2部Ⅱ章の4節で取り上げた。

(3) 1986年1月の公定歩合の引き下げ（5％→4.5％へ）――「……景気の拡大テンポは昨年来鈍化してきている。また,……経常収支が黒字を続けている。……今回の措置は,金利の低下を通じて内需の拡大を促し,対外不均衡の是正に資することが期待される……」（日銀・政策委員会議長談)。
　86年3月の引き下げ（4％へ）――「……物価が引続き安定基調にある一方,景気は輸出の減速から全体として拡大テンポの鈍化が続いており……。……本措置が……内需の拡大を促し,対外不均衡の是正に資することを期待している」（同上)。また,｢……〈85〉年度の金融政策の運営は,引続き為替相場との深いかかわりの下で展開されてきた。これは,わが国の当面する最大の課題が対外不均衡是正であり,そのためには為替相場の

円高化が必要不可欠の対応である一方,為替相場のあまりに急激な変動は国内経済に過大な影響を及ぼすおそれがあることによるものである」(『日』1986年5月号, 4ページ)。
(4)　「〈85年には〉日本銀行は金融機関の貸出について引き続き自主的な貸出計画を全面的に尊重し,景気の着実な拡大に必要な資金が円滑に供給されるよう配慮した」(『銀』昭和61年版, 10ページ)。
(5)　「……財政・金融両面からの景気対策は,冷え込んでいた企業マインドを刺激し,様々な経路を通じてその後の長期に及ぶ力強い景気拡大の実現に寄与したものとみられるが,一方で,株価・地価急騰という副次的作用が発生したことも否めない」(『経』平成4年版, 225ページ)。

　　また,「85年9月のプラザ合意をきっかけにした円高誘導,内需拡大の号令で,日銀による貸出規制はいわば青天井になった。銀行は一斉に貸し出し競争に走ったが,企業は株式市場の活況を背景に資本市場での資金調達に傾斜していた。銀行は勢い不動産業やリース業などへの融資を急伸させる戦略をとった」(『朝日』1990年10月4日)。「〈株価〉上昇の力強い原動力は,85年9月のドル高是正を目指した……『プラザ合意』と,それに端を発した日銀の超金融緩和政策だった。ダブついたカネは,土地と株に流れ込み,連鎖高となった。企業は時価発行増資や転換社債,ワラント債……の発行などによって,資本市場から,かつてないような低いコストで資金を吸い上げた。膨大な資金は設備投資に回った。それだけでなく,財テク資金としても,株式市場に還流し,相場上昇の主因となった」(同上, 1990年10月2日)。

　　この問題については,本章末の【付】でみる。

2　1986年度

　1986年度の「基本的態度」(86年1月閣議決定：中曽根内閣)においても前年度と同様な方針が掲げられた。しかし他方,さきにも記したように85年度後半から円高の動きが急進し(為替レートは, 85年8月の1ドル=230円台から12月に200円台へ, 86年7月には150円台へ, 87年には150円台から120円台へと上昇), 86年度には「円高不況」が現出した。そしてこの対策が,緊急の

政策課題となった。

このため政府は，86年4月，5月，9月と三度の経済対策を発表し，内需拡大の促進を通じた景気対策として，金融の緩和，公共事業の拡大，都市・地域開発にたいする規制の緩和，民間投資の拡大，中小企業経営の支援などの措置を打ち出した。[6]

なお，1985－90年度のGDE（＝GDP）は毎年度実質5％前後の増加を続けたが，この増加はもっぱら国内需要の増加によってもたらされた（海外需要〔財貨・サービスの純輸出〕はこの間総じてマイナス要因となった）。そしてこのなかで，86年度，87年度には公的需要の増加が著しく（後出，表1‐27参照），とくに公共投資（公的固定資本形成）の著増は，民間企業の設備投資の停滞をカバーするとともに，1988－90年度における民間設備投資増加の誘発作用を果たした。[7]

金融政策運営では，前記のような政府による「円高不況」対策に沿って，内需拡大の促進とこれにもとづく円高の進みすぎの抑制を意図した金融緩和政策が進められた。[8]

公定歩合は，相次ぐ引き下げによって[9]（1986年3月の4％から，同年4月3.5％，11月3％，87年2月には2.5％へ），「史上最低」[10]の水準となり，「超低金利時代」[11]を現出させた。こうした公定歩合の引き下げは，金融緩和政策運営の一環として，「円高不況」対策としての内需拡大の促進を理由に進められたものであったが，日銀によるこれらの引き下げの実施についてはまた，政府・大蔵省の圧力，さらにG7の一員としてのわが国の国際協調の要請（とくに米国の要求）が加わったことが指摘された。

86年度には，このような公定歩合の引き下げと，この裏付けとなる通貨供給の増加によって，金利引き下げ・金融緩和政策が推進され，これにもとづく市中金融機関の融資活動の拡張・積極化（Ⅲ章で詳述）によって，金融緩和が進行した。[12]そしてこれは，企業金融を緩和し，企業の資金調達を容易にし，企業の設備投資の促進に役立つことによって円高不況の改善に大きく寄与するとともに，「バブル」の膨張を伴う大型景気（1986年12月－91年4月の53カ月間続いたとされる）の主要な推進役となった。

(6) 1. 総合経済対策 (1986年4月, 経済対策閣僚会議：中曽根内閣)――「……最近の急速な円高の進展等を背景に, このところ企業, 就中中小企業の景気感にも影響が出ている」として, 金融政策の機動的運営 (金融緩和の推進), 公共事業の施行促進, 規制緩和による市街地再開発の促進, 住宅建設・民間設備投資の促進, 中小企業対策の推進, などの措置を掲げる。
2. 当面の経済対策 (86年5月, 同上：中曽根内閣)――さらに, 「企業の業況判断には停滞感が広がっており, なかんずく中小企業の業況感は後退している」として, 中小企業対策を強化。
3. 総合経済対策 (86年9月, 同上：中曽根内閣)――前回と同様な情勢判断にもとづき, さらに「製造業と非製造業の間に景気の二面性がより明瞭になっている」として, 金融緩和政策の推進, 公共投資の拡大 (「財政面において思い切った公共投資等の追加を行う」。このため「総額3兆円の事業規模を確保する」, また「民間活力を最大限に活用し, 内需の振興を図るため, 規制緩和, インセンティブの付与等を更に進める」), などを強調する。

(7) 「〈1986〉年度の公的固定資本形成は実質で対前年度比7.3％の増加となり, 同年度の実質GNPを0.5％引上げた」(『経』昭和62年版, 319ページ)。また, 「公共投資の生産誘発効果には大きなものがある。云々」(同上, 321ページ)。

(8) 「金融政策については, 〈1986〉年度は一層の緩和政策がとられた年であった。云々」(『銀』昭和62年版, 3ページ)。また, 「金融緩和は〈86年から87年〉を通じて総需要の下支えをし, また, 財政政策の出動後は許容的に働いて経済の拡大に貢献し〈た〉」「『経』昭和63年版, 351ページ)。

(9) 86年4月の公定歩合の引き下げ (3.5％へ)――「……国内景気は, 鉱工業生産が減少気味となるなど, 拡大テンポの鈍化が続いている。この間, 為替市場においては, ……ここ数日来は再びかなり円高・ドル安の展開となっている。こうした中でこのたび米国が公定歩合の引下げを決定し, 海外金利の低下傾向は今後も持続するとみられる。……今回の措置が円相場のより安定した動きに寄与するとともに, 先般の総合経済対策の諸施策と併せ, 内需の拡大とそれを通ずる対外不均衡の是正に一段と資することを期待している」(日銀政策委員会・議長談)。また――円高の進行のなかで――「……当面は円相場の安定がより望ましいと判断し, また, 金利水準全般の低下を促し内需拡大に寄与するとの観点から, 〈86年3月, 4月の〉

II章　政府の経済政策運営　25

引下げを決定した」(『日』1986年5月号，4ページ)。この3.5%への引き下げによって，「公定歩合は，終戦直後の一時期を除けば，戦後最低の水準となった……」(『日』同年7月号，15ページ)。

86年11月の引き下げ(3%へ)——「最近の国内景気情勢をみると，……景気の停滞感は強まってきている。……日本銀行は政府が総合経済対策に基づく本年度補正予算案を決定した機を捉えて，公定歩合をさらに……引下げることが適当と判断し……」(日銀政策委員会議長談)。また，この引き下げは「……内需を中心とした景気の着実な拡大に資するための積極的な努力の一環として行われるものであり，さらに財政金融一体となって内需の維持拡大に努めていく姿勢が内外に明らかにされた……」(『銀』昭和62年版，4ページ)。

この11月の引き下げについてはまた，「今回の利下げは『国際政治』という大きな枠組みの中で決まった。日銀の最後の抵抗を断ち切ったのは，『為替安定への日米合意』とされる一通の共同表明文だ。云々」(86年10月31日発表の宮澤喜一蔵相・ベーカー財務長官の共同声明に関して，『朝日』1986年11月1日)。

87年2月の引き下げ(2.5%へ)——「……円高のデフレ効果から鉱工業生産の低迷が続いており……。……全体として景気拡大テンポは鈍化傾向にある。この間為替市場においては，更年後再び円高・ドル安が進展し……。……今回の措置がこれまでの金融緩和措置と相俟って為替相場安定に資するとともに，内需の着実な拡大を促すことを期待している」(日銀政策委員会議長談)。また「……とくに〈87〉年2月の……引下げは，……為替相場安定のための国際的な協調行動を強く意識して決定されたものである」(『日』1987年5月号，30ページ)。

この2月の引き下げについてはまた，「今回の利下げは，金融政策の根幹にかかわるいくつかの問題をはらんでいる。①公定歩合が経済外交の道具になり，実質的主導権を米国に握られた。②政府の内需拡大の無策を隠す道具に公定歩合が使われた。③地価・株価の高騰に象徴されるアブク銭経済を日本経済に浸透させている，などだ」(『朝日』1987年2月21日)。そして，「この結果，わが国の公定歩合は，歴史的にみても，また国際的にみても極めて低い水準となっている。こうした一連の金融緩和措置は，住宅投資や非製造業設備投資等の活発化を通じて内需の持続的拡大をもたらすとともに，外需の落込みに直面した製造業部門に対しても，外部負債コス

トの低下や保有金融資産価格の上昇によって収益を下支えし……」(『日』1987年5月号，29ページ)。同様にまた，「……今回の金融緩和は，……景気の下支えをして回復の条件を整備し，緊急経済対策の後はその経済拡大効果を損なわないように許容的に通貨供給を行うことによって，経済の拡大に寄与してきていたといえよう」(『経』昭和63年版，354ページ)。

(10) 『経』昭和62年版，135ページ。
(11) 『朝日』1986年4月19日付。
(12) 「日本銀行は，……公定歩合引下げの趣旨を踏まえ，短期金融市場における金融調節を通じて市場金利の低下を促進した」(『日』昭和62年5月号，32ページ)。

3　1987－88年度

　1987年度の「基本的態度」(87年1月：中曽根内閣)では，これまでの施策に加えて，「地域経済の活性化」，公共事業の拡大などがうたわれたが，さらに同年5月の「緊急経済対策」では，対外不均衡是正のための政策協調を掲げた内需拡大の促進策として，公共事業・公共投資の拡大を中心とする積極財政の方針が表明された。これらの施策はまた，地域開発の促進(→地域経済の活性化)を目指す「リゾート法」の制定・施行(同年6月)によって，法的にも支援されることになった。そしてこの上塗りが，竹下登首相(1987年11月－89年4月)による1億円「ふるさと創生」の税金ばら撒きであった。

　87年度には，このように政府の内需拡大推進政策がきわめて積極化した。「緊急経済対策」を促進手段として公共投資が急増し(後出，表1－27参照)，経済活動の拡大を刺激した。また「リゾート法」の施行は，開発・土木・建築投資をはじめとする企業投資を全国的に盛り上げることになった。

　1988年度においても，これまで打ち出された政策にもとづいて，財政・金融両面からの(そして経済政策運営全体による)積極的な拡大・緩和政策が推進され，景気の拡大が続いた。

　1987年度・88年度の金融政策運営では，86年度に引き下げが推進され著しく低水準となった公定歩合の下で，市中金融機関による融資活動の拡張の支

援を中心とする金融緩和政策が続けられた。そして、このような金融緩和政策運営は、景気の拡大に資するとともに、前記のような政府の政策展開と相まって、その景気の拡大に「バブル」性を帯びさせることになった。[17]

(13) 緊急経済対策（87年5月、経済対策閣僚会議：中曽根内閣）——「……我が国としては、主要国との政策協調を推進しつつ、内需を中心とした景気の積極的な拡大を図るとともに、対外不均衡の是正……に努めることが急務となっている」として、公共事業の施行促進、公共投資の拡大（総額5兆円の事業規模を確保する）、地域活性化の推進、民間活力の活用、金融政策の機動的運営（資金運用部の預託金利の引き下げ→政策金利の引き下げ）、などをうたう。

また、この対策の実施に関連して、宮澤蔵相は、「この5年間続いた『緊縮財政路線』を大幅に軌道修正する考えを表明した」（『朝日』1987年5月29日）。

(14) 総合保養地域整備法（87年6月公布・施行、以下抜萃）

〔目的〕　良好な自然条件を有する土地を含む相当規模の地域である等の要件を備えた地域について、〈スポーツ、レクリエーションなどの施設〉の整備を民間事業者の能力の活用に重点を置きつつ促進する措置を講ずることにより、……地域の振興を図り、云々。

〔課税の特例〕特別償却の措置など（以下省略）。

〔資金の確保〕　国及び地方公共団体は、〈この施設のための〉土地の取得若しくは造成に要する経費に充てるために必要な資金の確保に努めなければならない。

〔地方公共団体による助成等〕　地方公共団体は、〈この事業を行なう〉民間業者に対して出資、補助その他の助成を行うことができる。

〔国有林野の活用等〕　国は、〈この事業の〉実施を促進するため、国有林野の活用について適切な配慮をするものとする。

また、この「リゾート法」について——「〈リゾート法〉の公布・施行を機に、全国でリゾート開発が盛上がってきている。同法の基本的なスキームは、地方公共団体による基本構想に民間活力を最大限に導入することを狙ったものであり、その過程では、さまざまの税制、財政、金融面の政策的支援措置が想定されている」。「〈リゾート法関係の事業および民間主導

で進められている種々のプロジェクト〉が最終事業段階にまで漕ぎつけられれば，土地造成，海浜整備，ホテル，マンション建設等の直接需要のほか，周辺道路や鉄道等間接的なものも含めて，全体として相当大規模な投資となっていくことが展望される」（『日』1988年9月号，21ページ）。

しかしその後，こうしたリゾート開発の推進は，「がれきのリゾート」，「国の優遇策にゼネコン・銀行・政治家らが踊った」（『朝日』2000年7月2日）などと報じられる有り様となった。

(15) 地方財政関係の国庫支出金のうち「ふるさとづくり等特別対策事業費」は，1987年度3500億円，88年度5000億円，89年度6030億円，計1兆4530億円であった（大蔵省『国の予算』による）。

(16) 「……〈87〉年度に大型補正予算が組成されたあと，〈88〉年度も公共投資を中心に高水準の財政支出が続いた。……〈88〉年度の政府の公共事業関係予算……は，当初予算ベースで前年比＋19.7％と，〈79〉年度（＋20％）以来9年ぶりの高い伸びとなり，云々」（『日』1989年5月号，16ページ）。

「財政政策については，従来は『財政再建』が優先されてきたが，〈87〉年度には，極めて積極的な運営が行われた」。「……拡張的財政政策により，実質GNP伸び率に対する政府支出の寄与度は，〈87〉年央から上昇しており，とくに公共投資……の寄与度は，〈1977-78〉年の大型財政出動以来の高い水準となっている」（以上，『日』1988年5月号，19-20ページ）。

「緊急経済対策」の経済的効果について，「……〈87〉年度の実質GNPを1％程度押上げており，とくに年度後半の経済拡大テンポの加速に対しては大きな寄与をした……」（『日』1988年5月号，20ページ）。「……緊急経済対策等による財政支出の拡大も，直接需要の拡大に資するとともに，企業マインドの下支えを通じて構造調整に対する企業の対応を積極化させ，それがさらに経済の自律的な拡大を軌道に乗せることに寄与した」（同上，1988年9月号，7-8ページ）。「緊急経済対策」は「〈87年〉7-9月期以降の急速な景気上昇をもたらした」。「すなわち，企業家の先行き見通しを好転させるとともに，……急激な建設資材等の需要増加に繋がった」（『経』昭和63年度版，10ページ）。

(17) 「……一連の公定歩合の引下げ，およびそれを踏まえた日本銀行の短期金融市場での金融調節を反映して，金融緩和は〈87〉年度中も一段と進展

した」(『日』1988年5月号，33ページ)。

また，「……金利が歴史的にも，国際的にも極めて低水準となるなかで，マネー・サプライが急速に伸びを高めており，……。(中略)こうしたマネーの高い伸びは，金融緩和政策の結果であり，そうした緩和政策がこれまで景気を下支えする役割を果たしてきたことはいうまでもない」(『日』1987年7月号，3ページ)。「……『財テク』の拡大や金融機関の融資姿勢の積極化も，間接的には金融緩和長期化の帰結という面が大きく，その意味では，これまでの金利低下がマネーの伸びの高まりにつながっていることは否めない」(同上，23ページ)。金融緩和の効果として，また，「……まず，貸家建設，非製造業の設備投資をうながした……。加えて，いわゆる『資産効果』が考えられる。金融緩和の下で地価・株価上昇がみられたが，こうした資産価格の上昇は，部分的には，消費を刺激する効果をもった」(87年度の状況，『経』昭和63年版，10ページ)。

4 1989－90年度

1989－90年度も引き続き景気の拡大が進行した。しかしこのなかで，マネー・サプライの増加率が高まり，株価や土地・不動産価格が高騰し，「バブル」の膨張ぶりがあらわになった。

政府の経済政策運営では，これまでの方針にもとづく内需拡大政策が維持された[18]。また90年6月，「日米構造協議」の最終報告が発表された。そして，「経常収支黒字の縮小」のため，「今後とも，インフレなき内需主導型の持続的成長を目指す政策運営を行う」として，大規模な，「公共投資基本計画」(今後10年間に総額430兆円)が打ち出され[19]，公共投資の一層の拡大が図られることになった。

他方，金融政策運営においては――上記のような政府の内需拡大政策の継続にたいして――，89年5月の公定歩合の引き上げによって引き締めに転じ[20]，「戦後最長」[21]の金融緩和状況に区切りがつけられた。

すなわち，近年の公定歩合は，1980年3月の9％を頂点に同年8月以降引き下げが繰り返され，前記のように，87年2月からは2.5％の低水準となって

いた。これが，89年5月の3.25％への引き上げを始めとする5回の引き上げによって，90年8月には6％（81年3月の6.25％とほぼ同水準）となった。

これらの引き上げについては，これまでの景気の拡大，マネー・サプライの増加，企業金融の緩和などの進行の下で生じた物価上昇圧力の高まりにたいする予防的措置であることが，その理由とされ，とくに90年8月の引き上げでは，「インフレ抑止」の姿勢を明確化したことがうたわれた[22]。また為替レートは，1985度から87年度にかけての円高の進展，88年における円高基調での推移の後，89年に入って円安へ転じたが，こうした円安化の動きが，公定歩合の引き上げへの転換を行ないやすくさせた。

なお，上記の一連の公定歩合の引き上げにおいて日銀が強調した点は，物価の上昇にたいする事前の予防の必要性であり，これらの引き上げについてはまた，市場金利の上昇に追随した引き上げであることがうたわれた。このように，この時期の公定歩合の引き上げにおける日銀の意図は——金融引き締めに転換したものではないという指摘がなされたように[23]——直接には，景気のこれ以上の過熱化（あるいは「バブル」のこれ以上の膨張）を抑制し，持続的な経済成長を図ろうとすることにあった，とみることができよう。しかし，これらの公定歩合の引き上げは——これに加えて日銀と大蔵省によって実施された，土地・不動産融資規制を中心とする市中金融機関の融資活動にたいする規制の強化と相まって[24]——日銀（および政府）の政策運営転換の表明を意味するものとなり，すでに地価の高騰をはじめ経済的・社会的にさまざまな問題を生み出していた「バブル」の崩壊の契機となった。そして，この「バブル」の膨張に包まれて進行してきた景気・経済活動の拡大にたいして，引き締めの作用をもつことになった。

(18) 1989，90年度における政府の「基本的態度」（竹下内閣，海部俊樹内閣）は，1985－88年度と同様な方針を掲げている。
(19) 「1981－1990年度の10年間の公共投資実績見込額（約263兆円）を大幅に拡充し，〈1991－2000年度の10年間の〉公共投資総額をおおむね430兆円とする」（『朝日』1990年6月20日）。

(20) 「……〈89〉年度は,金融財政面で大きな転換点を迎えた年であった」（『日』1990年5月号,2ページ）。

　また,「日銀は,史上最低の年2.5％になっていた公定歩合の引き上げの時期を88年後半から模索し始め,89年2月からは大蔵省との意見調整に入っていた。しかし,大蔵省の反発は予想を超えた」。「結局日銀は,〈89年〉5月31日から公定歩合の引き下げに踏み切り,2年3カ月に及んだ超金融緩和に終止符を打った」（以上,『朝日』1991年11月17日）。

(21) 「80年夏に始まった金融緩和は,……結果的には戦後最長のものとなった。そして89年5月には公定歩合がおおよそ9年振りに……引き上げられた」（『経』平成3年版,119ページ）。

(22) 　89年5月の公定歩合引き上げ（3.5％へ）──「最近における国内景気,物価,為替相場等の動向並びにこれらの動きを反映して市場金利が上昇してきている状況の下で,金融政策の適切な運営を確保するため,……公定歩合を……引上げることを決定し……。……今回の措置が,今後とも物価の安定を確保しつつ内需中心の持続的成長を図っていくことに資するものと考えており……」（日銀政策委員会）。

　また,「最近の国内情勢をみると,……堅調な景気拡大が続いている。一方,物価面では,これまでのところなお安定圏内にあり……。しかしながら,円安や原油高の影響,製品・労働需給の引締りなどからみて,先行きの物価情勢には注視を要するものがある。また金融面でも,マネー・サプライが引続き高い伸びを続けているほか,企業金融も長期に亘る金融緩和の結果,極めて引緩んだ状態にある。この間,為替相場の円安・ドル高が進行し,対外不均衡の改善も鈍化している。今回の公定歩合の引上げは,以上のような経済・金融情勢の総合判断に基づき決定したものである」（同政策委員会の「引上げの趣旨について」より）。

　同年10月の引き上げ（3.75％へ）──「今回の措置は,最近の為替相場,海外金利の動き並びに国内景気,物価,マネー・サプライの動向を勘案しつつ,これらを反映して市場金利が上昇している状況の下で金融政策の適切かつ機動的な運営を確保するために実施する……」（日銀の発表）。

　同年12月の引き上げ（4.25％へ）──前回と同じ理由による。

　90年3月の引き上げ（5.25％へ）では,89年10月,12月の引き上げと同じ理由を記したのに加えて──「……今回の措置により,現在の情勢の下で,物価に対する予防的措置を万全ならしめたものと考えており……」（日

銀の発表)。

　同年8月の引き上げ(6%へ)では，1989年10月から90年3月の引き上げのばあいと同じ理由を述べたのに加えて──「……インフレ抑止に対する姿勢をより明確にすることが必要との判断に立って，実施するものである。……今回の措置が，物価上昇圧力の顕在化を未然に抑止するとともに，金融市場の安定にも寄与〈する〉ものと期待している」(日銀の発表)。

　また，「……景気が堅調に推移する中で，製品・労働需給が引締まりの度を強めるなど潜在的な物価上昇圧力が一段と高まりつつあったことに加え，市場金利の上昇等も踏まえて，金融政策の適切かつ機動的な運営を確保し，インフレ抑止に対する姿勢をより明確にするため……」(『日』1991年6月号，14ページ)。

(23)　「日銀は，〈89〉年5月以降三次にわたる公定歩合の引き上げを『金融引き締め政策への転換』とうたっていない。あくまでもインフレを起こす前に早め早めに手を打つ『予防的政策措置』と呼んでいる」(『朝日』1990年2月2日)。

(24)　日銀は90年秋，市中金融機関の土地・不動産関連融資を中心とする融資規制を強化した。大蔵省も89年10月，土地関連融資対策の通達を発し，市中金融機関にたいして土地関連融資の自粛(およびノンバンクへの融資の規制)を求めた。同時にノンバンクへも土地融資の自粛を要請した。大蔵省はその後さらに90年3月から土地関連融資の抑制のための「総量規制」を実施した(この規制は91年12月末で撤廃)。

【付】バブル期における日銀の金融政策運営

　最近──バブルの崩壊が与えた市中金融機関や企業の経営(「バランスシート」)にたいする打撃の深刻さを知り，長期不況を経験してきた今日──，バブル期当時の日銀の金融政策運営にたいする批判が改めて盛んに提起され，日銀当局者たちの「反省」も出されている。

　この批判および反省において指摘されているのは，主として，「バブル」期の日銀の金融政策運営における引き締めへの転換の遅れについてである。す

なわち,日銀は,景気の拡大がバブル性を帯びるようになっても(とくに1988年以降),金融緩和・低金利政策運営(→バブル助長の投機資金の供給に繋がる通貨供給の増加)を続け,金融引き締めへの転換の時機を失い,こうしてバブルの膨張に手を貸すことになった,というものである。また,物価への対応の面では,金融引き締めの主要な判断指標として一般物価の動き(その上昇率の高まり)を重視し,当時の景気拡大の下での物価の安定的な推移を好要因として,引き締め措置の実施を遅らせた(資産価格の昂騰には警戒心を抱いてはいたが),という点である。

ここでは問題点の指摘の紹介のみにとどめるが(また,過去の批判だけに精を出すのではなく,この経験を現在の対応に生かすことこそが必要だといえるが),筆者の認識も,当時ほぼ同様であった。すなわち,一般物価の動きを重視しており,まして,このバブルの崩壊が,わが国経済に重傷を負わせ,長期不況に陥らせることになろうとは,まったく思い及ばなかった(当時における市中金融機関の乱脈融資や企業による本業逸脱の投機的な土地・関連投資の拡大といった行動は,破綻せず長持ちするものではない,という程度の認識にとどまっていた)。

なお,物価問題(およびインフレの中心的な指標)として,一般物価(再生産や輸入による供給の増加が可能な物的諸商品価格)の動きを,筆者は,現在においても基本的に重視しているが,これは──同じ上昇でも,地価や株価とこの一般物価とでは,①その性質(上昇要因・需給の諸条件,したがってその対策),②経済活動や国民生活に与える影響,に違いがあるし,また,③資産価格の上昇が一般物価の上昇へと直結的に波及していくものではない,と考えるからである。

(25) ここでは日銀当局者(2000年現在)の言を摘記する。
　　日銀総裁──「〈日銀総裁は〉80年代後半のバブル経済の発生について『金融政策には明らかになにがしか責任があった』と語り,当時の日銀の失敗を認めた。〈総裁は〉……景気回復が明確化した88年夏以降も低金利を続け,『低金利が永続するとの期待を根づかせた』ことが,『バブル拡大の原

動力』になったとし，云々」(会議の挨拶で，『朝日』2000年7月4日)。

　日銀副総裁──「……86年から88年までの間，経済成長は年率5％に達し，資産価格も急上昇していく中で，一般物価指標は極めて落ち着いていたために，日本銀行は低金利是正のきっかけをつかめず，結局インフレ圧力が誰の目にも明らかになった89年5月になって初めて公定歩合を引上げる，という経緯を辿った……」(『日』2000年8月号，19ページ)。

　日銀・審議委員──「バブルは，将来も資産価格が上昇し続けるという強い期待とともに拡大したのであり，金融緩和だけで発生した訳ではありません。しかし，強気化した期待が実際の投機的行動に繋がっていく過程では，それがファイナンスされる必要があります。金融緩和政策は投機的行動を金融面から支えました」。また，「……バブル期における金融政策運営について反省すべき点は，何より，バブルの崩壊が，バランスシート調整や金融システムの不安定化などを通じて，日本経済に大きなダメージを与える，という認識が十分でなかった，ということだ……」(『日』2000年6月号，19, 21ページ)。

　なお，バブル崩壊直後期の日銀総裁の言──「過去の金融緩和策は正しい選択だったが，結果としてバブル経済を生んだことについては遺憾だった」(1991年5月29日の記者会見で，『朝日』同年5月30日)。

III章　金融とマネー・サプライ

1　金融の動き

　これまでみた通貨供給の増加とそれを政策的に促す政府の経済政策運営の状況を受けて，1985－90年度における金融の動きを——市中金融機関の金融活動と企業の資金の調達・運用の状況を中心に——概観する。
　市中金融機関の金融活動は，とくに1986年度から89年度にかけて拡大した。その資金運用の中心的な手段となったのは，貸出と証券投資（とくに株式投資）であった（表1－11）。また，市中金融機関によるこれらの資金の調達は，定期性預金（とくに自由金利預金）の受け入れ，「信託」の受託の形での運用資金の受け入れ（指定・特定金銭信託，貸付信託，あるいは株式・公社債投資信託），保険掛金の吸収などによって行なわれた。
　市中金融機関によるこのような金融活動の拡張はまた，マネー・サプライの増加，その著増の進行となって現われたが，この時期におけるマネー・サプライについては，後の2節でみることにする。

(1)　貸出の拡張

　市中金融機関の貸出は1986年度から89年度にかけて急増した[1]。増加の中心は非製造業部門，なかでもサービス業，不動産業，金融・保険業あるいはノンバンク，および個人などにたいするものであり，このなかではまた，全体として中小企業部門への貸出の増加が著しかった（表1－12，13，14）。
　このような貸出の増大は，市中金融機関（供給側）の融資拡張の積極化と企業など（需要側）の資金の需要・調達の増加の動きとが相まって進行する。

表 1-11　市中金融機関の金融取引（1985-90年度）

A．市中金融機関の資金運用・調達　　　　　　　　　　（千億円）

年度		1985	86	87	88	89	90
資金運用	日銀預け金，現金通貨	6	1	3	8	6	11
	有価証券・計	167	361	307	296	232	△ 3
	公共債	66	107	39	30	△ 32	3
	金融債	21	39	37	33	36	9
	事業債	14	28	19	6	△ 20	△ 13
	株式	60	160	198	218	235	4
	投資信託受益証券	5	27	14	9	12	△ 5
	コール，買入手形	71	67	49	70	58	△ 98
	ＣＰ	－	－	25	41	31	△ 22
	貸出金	280	355	480	524	759	474
資金調達	要求払預金	6	59	69	92	38	13
	定期性預金，CD	232	218	337	351	471	348
	非居住者預金	0.4	9	△ 9	△ 5	28	59
	信託	63	110	117	110	133	84
	保険	91	125	155	194	206	158
	有価証券・計	76	178	183	157	141	41
	金融債	39	40	36	32	59	74
	事業債	－	－	8	18	1	0.2
	株式	4	5	21	38	52	7
	投資信託受益証券	29	130	113	68	23	△ 38
	外債	4	3	4	2	7	△ 2
	日銀借入金	20	15	7	△ 2	△ 3	△ 6
	コール，売渡手形	102	86	29	77	74	△ 98

〔備考〕　1)　資金運用は，金融機関の各年度中の資産の動き（増減），資金調達は，同じく負債の動きを示す。
　　　　2)　銀行等，信託（信託銀行の信託勘定，投資信託を含む），保険，証券会社の資産・負債の集計。
　　　　3)　公共債：政府短期証券，国債，地方債，公団公庫債の計。
　　　　4)　信託：〔運用〕金銭の信託，貸付信託，〔調達〕金銭信託，貸付信託，金銭信託以外の金銭の信託など。
　　　　5)　株式：〔運用〕保有株式（簿価），〔調達〕各金融機関の資本金，資本準備金。
　　　　6)　投資信託受益証券：〔運用〕同証券保有額，〔調達〕投資信託部門の同証券発行額。
〔出所〕　日銀・資金循環勘定（金融取引表）の「民間金融機関」について。

B．全国銀行の資金運用　　　　　　　　　　　　　　（千億円）

年度	1985	86	87	88	89	90
日銀預け金，現金通貨	3	－	2	6	4	8
信託	5	16	16	12	11	△ 17
有価証券・計	51	74	84	100	134	35
公共債	33	37	30	37	41	△ 9
金融債	6	12	6	－	16	3
事業債	△ 1	1	2	3	△ 3	4
株式	11	14	40	56	69	38
投資信託受益証券	1	11	6	3	12	△ 1
コール，買入手形	26	△ 3	3	28	24	△ 62
ＣＰ	－	－	5	10	14	△ 21
貸出金	247	305	323	326	445	216

〔出所〕　上掲「民間金融機関」のうち，「全国銀行」について。

表1-12 銀行貸出の動き（業種別）

(対前年末増減，千億円)

年末	1985	86	87	88	89	90
製造業	30	△9	△26	△10	0	1
建設業	14	9	6	11	11	8
電気，ガスなど	△1	0	0	△1	△3	0
運輸・通信業	9	6	9	10	7	11
卸・小売業	27	10	20	12	27	25
金融・保険業	25	46	62	30	50	10
不動産業	37	65	47	45	52	14
サービス業	42	52	70	53	64	65
地方公共団体	2	2	△2	△1	△1	△1
個人	21	39	76	70	99	71
海外向け	17	△1	9	5	5	3
計	225	221	272	223	311	209

〔備考〕 1) 全国銀行（信託銀行は銀行勘定）の貸出残高の動きを示す。相互銀行(1985-88年)，第二地銀協加盟銀行(89年以降)を含む。
2) 農林漁業，鉱業向けが除いてある（他の業種向けに比べて金額が少ないので）。ただし計は全業種の合計金額。
〔出所〕 日銀調べ（日銀『経済統計年報』所収）。

表1-13 金融機関の中小企業向け貸出（1985-90年度）

(千億円)

年度末	1985	86	87	88	89	90
A. 全国銀行・計	1,326	1,528	1,711	1,903	2,122	2,201
B. 中小企業専門金融機関・計	468	482	507	546	618	681
合計	1,794	2,010	2,218	2,449	2,740	2,882

〔備考〕 Aは資本金1億円以下または常用従業員300人以下の法人企業および個人向け貸出のうちの事業用資金。全国銀行の銀行勘定と信託勘定を合わせたもの。Bは信用金庫，商工中金，中小企業金融公庫，国民金融公庫の計。
〔出所〕 『中小』各年版。

表1-14 銀行の不動産業，ノンバンク向け貸出の比重

(％)

年度末	1980	85	86	87	88	89	90(年末)
不動産業(A)	5.7	8.3	10.3	10.4	10.9	11.4	11.1
ノンバンク(B)	4.2	11.1	12.9	14.5	14.9	15.4	14.6
A+B	9.9	19.4	23.2	24.8	25.8	26.8	25.7

〔備考〕 1) 全国銀行の業種別貸出統計による（第二地銀協加盟銀行を除く）。
2) ノンバンク向け貸出はリース向けと「その他金融業」向け貸出を合わせたもの。
〔出所〕 『日』1991年6月号。

そしてこうした融資の需給の増大の動き（および資金の供給の対象，資金需要の目的・使途）は，前記のような政府の経済政策運営のあり方によって，またこれと結んだ金融政策運営によって大きな影響を受け，また促進される。

この時期には，II章でみたように，政府による内需拡大政策の推進に応じて金融緩和政策が進められ，これに支えられて大幅な金融緩和状況が現出し，それが長期化した。同時にまた金融の自由化（→金利の自由化）が進展した。そしてこのなかで，市中金融機関の，いわゆる業容拡大至上主義・収益第一主義にもとづく資金調達・運用両面での拡張競争が激化した。

調達面での市中金融機関の資金獲得競争は，金利自由化の進行のなかで自由金利の上昇とこれによる資金調達の比重を高め，資金調達コストを増加させた。他方，運用面においては，製造業部門を中心とする投資（設備投資，在庫投資）のための資金需要の停滞，企業（とくに大企業）の資金調達手段の多様化（海外からの資金調達を含む）と金融機関融資への依存の低下によって，貸出の拡張と貸出金利の対応的な引き上げは抑制されることになった。

市中金融機関はこのため，その貸出拡張の重点を非製造業部門へ，また中小企業および個人向けに移していった。これらの部門――総じて中小企業部門――は，もともと投資における金融機関融資への依存が高い部門であるとともに，当時資金需要が大きく，また市中金融機関にとって相対的に高金利を課しうる融資対象であった。

中小企業は，内需拡大の進行にまずあずかって，その業況が一般に（輸出型の中小企業製造業を除き）好調となり，設備投資をはじめ拡張的な投資が増加し，金融機関からの借入需要が増加し積極化した。折からの金融緩和・低金利状況と地価の高騰にもとづく所有の土地・不動産の担保力の高まりが，企業の借入能力を高めまた促進した。このような資金需要の増加を背景に，市中金融機関の中小企業融資が増加し，中小企業はまた，資金の調達における金融機関借入依存度を一層高めることになった(2)（そしてこの負担が，後の1989年度以降の金利上昇と「バブル」崩壊の局面において，中小企業経営を圧迫することになる）。

市中金融機関はさらに，その貸出・資金運用の拡大のために，自ら積極的

表 1-15　地価と土地取引

A．地価　　　（対前年比，％）

公示年	住宅地域 平均	商業地域 平均
1985	2.0	5.8
86	2.7	9.2
87	13.7	30.1
88	46.6	46.6
89	11.2	14.1
90	22.0	18.6
91	8.0	8.1
92	△12.5	△10.3
93	△14.5	△19.2
94	△7.3	△17.2
95	△2.8	△14.8
96	△4.6	△16.0
97	△2.8	△11.5
98	△2.2	△7.5
99	△5.7	△10.2

B．土地取引の状況（例）　　　　　　　　（％）

年		1985	86	87	88	89	90
(1)	法人買主の業種						
	不動産業	32	32	42	34	31	35
	建設業	16	21	21	15	22	21
	製造業その他	52	47	37	51	47	44
	計	100	100	100	100	100	100
(2)	法人買主の購入目的						
	事業用	54	52	51	52	58	53
	販売用	25	28	31	25	28	31
	投資用	4	2	2	2	1	1
	その他・不明	18	18	16	21	13	15
	計	100	100	100	100	100	100
(3)	販売用土地の取得業種						
	不動産業	—	45	41	34	59	36
	建設業	—	18	49	44	27	41
	その他	—	37	10	22	14	23
	計	—	100	100	100	100	100

〔備考〕　A：東京，大阪，名古屋の三大圏の公示価格の動き。国土庁『土地白書』平成11年版による。
　　　　B：(1)(2)は件数ベース，(3)は面積ベース。国土庁，同上書，平成3，4年版所収の国土庁調査から摘記。

　に企業の融資需要を作り出し，貸出の拡張を強行した。その中心的な手段となったのが「ノンバンク」の利用であり，土地・不動産関連融資であり，そのなかでまたさまざまな「不正融資」を生むことになった。

　市中金融機関は，ノンバンク（子会社として設立したり既存のものを系列化したりした）を自己の融資の拡張の別動隊として利用した。折から，大幅な金融緩和の長期化と「民間活力の発揮」をスローガンとする政府の開発促進・規制緩和政策を背景に，地価が上昇の動きを示すとともに，この上昇が続くという期待が広まった。有利な投資対象としての土地の需要が増加し，地価の上昇を促進するに至った。これと結んでまたビル・不動産需要が増加した。こうした動きに乗じて，市中金融機関は，ノンバンクへの融資を媒介に土地取引の資金やビルの建設資金，不動産取引資金の融資を推進した。また，自らも直接，不動産業者への土地取引資金の融資を積極化し，さらに系列の不動産業者と組んで，融資の提供を手段に土地所有者や企業にたいしてビル建設を働きかけたりした。

こうした市中金融機関による——およびノンバンクを通じた——土地・不動産融資の拡張は、それらの投機的な取引をあおり、「資産インフレ」と呼ばれる高騰をもたらすことになったが（表1－15）、このことがまた、土地・不動産を保有する企業の保有資産「価値」を高め、融資受給の担保力を増し、それに依拠した融資の拡張へとつながっていった（そして、1990年度に入ってからの「バブル」の崩壊とともに、市中金融機関はその処理が重圧となる大量の「不良債権」を抱え込むに至る）。

（１）　1985－89年当時における市中金融機関の融資行動、その拡張の有り様について摘記する。こうした動きについてはなお、後の注２、３、４、５も参照。
〔1985年度、およびそれ以降の状況〕
　「……金融緩和は〈85〉年度中一層の浸透をみた。云々」（『日』1986年5月号、41ページ）。
　また、「85年秋以降の銀行の経営戦略はがらりと変わった。80年代に入って拍車がかかった金利自由化の進展で、銀行は高い金利さえ払えば企業から億単位の大口預金がそれほど苦労しないで獲得できるようになった。銀行間の競争はむしろ、そうして手にした資金をどこに高利で貸すかに移った」（『朝日』1991年11月1日）。
　「企業金融の面では、金融緩和が長期化するなかで、金融機関の融資態度の積極化がさらに進展したことや、金融の自由化が進み、企業の資金調達方法が多様化の度を加えたことから、〈85年度は84〉年度に引き続き緩和感の広がりをみた」（『経』昭和61年版、参考資料97ページ）。
　「〈85〉年以降企業の実体的な資金需要……が急速な落込みを示している一方で、外部資金調達は借入金や転換社債発行等によりむしろ一段と増加傾向を強めており、そうして蓄積された余剰資金が金融資産投資に振向けられている姿が明瞭となる。最近における企業の金融資産投資は、……調達・運用両建てで膨らんでいる点が大きな特徴である」。「金融機関による与信面をみると、不動産向けやこうした金融資産投資に関連しているとみられる貸出が大幅に増加しており、また最近では、……外貨貸し（インパクト・ローン）……が一層高い伸びを示している。こうしたインパクト・ローンのかなりの部分が、いわゆる『財テク』関連資金として利用されて

いることは否めない」。「……最近における〈マネー〉流通速度低下の背景には，企業等のキャピタル・ゲイン指向が高まる中で，……既存資産投資が活発化するとともに，これに対する金融機関の積極的な貸応じが寄与しているものとみられる。また，既存資産のキャピタル・ゲイン指向は，企業だけではなく金融機関の資産運用面にも波及しており，とくに中小金融機関の資産運用における投資信託や特金，金外信の増加が目立っていることは看過し得ない点である」(以上，『日』1987年5月号，42-44ページ)。

〔1986年度〕

「……金融自由化の進展に伴って，金融機関の資金調達に占める自由金利商品のウエイトは大きく上昇しており，それは，その限りでは利鞘の圧縮要因として働いているが，同時に個々の金融機関にとっては，限界的な資金調達のアベイラビリティを高める方向に作用していることは否めない。このため，金融機関にとっては，量的拡大によって収益の増大を図ろうとのインセンティブが強く働いているとみられ，最近銀行の貸出行動が積極化している背景には，……そうした事情が強く働いている……」(『日』1987年5月号，5-6ページ)。

〔1987年度〕

「……近年，実体経済活動に比べた金融資産のテンポがハイペースであることの背景としては，長期にわたる金融緩和の下で資産・負債両建てで金融取引が増加したことが挙げられるが，その基本には金融機関の貸出や有価証券運用増加を通じた与信の拡大があったことがうかがわれる」(『日』1988年6月号，18ページ)。

「カネ余りと長期間続いた2.5％という史上最低水準の公定歩合が，銀行の貸出額を大きく伸ばした。激しい銀行間の競争の中で，融資のチェックシステムも次第に機能しなくなった」。「銀行とともにノンバンクからも巨額の資金が事件関係者に流れた。『なぜ，銀行が系列のノンバンクを持つのか。銀行の基準に合わない融資をさせるためですよ』〈銀行関係者の言〉。……基準に合わない融資先の一つが，暴力団関係企業だった」。「融資された資金は『黒い資金』とともに不動産，株取引，ゴルフ場開発につぎ込まれた」。「金融機関から流れ出た資金の多くは，土地と株に消えた」(以上，『朝日』1992年5月5日：当時多くの銀行が関与した「不正融資」事件——国際航業株事件，架空預金証書事件，イトマン事件，共和事件，東京佐川

急便事件をまとめた記事に関連して)。

〔1980年代後半の動き〕

80年代後半における金融機関の行動について——「……金融自由化に伴う競争圧力の強まりに対し,銀行をはじめとする金融機関はこの時期の金利順イールドに伴う長期貸出採算の好転を背景に長期貸出比率を従来の循環局面以上に大きく引上げ,これによる高収益を利用して業容拡大を図ろうとしたと考えられる。もとより,わが国の金融機関は金利自由化以前から根強い業容拡大意欲を持っていたわけであるが,80年代後半の時期には高収益と金利自由化による競争激化懸念から業容拡大意欲を一段と強めていたとみることができよう」(『日』1992年9月号,10ページ)。

「〈85〉年頃からの急速な円高の下で内需主導型経済への転換を図るための金融緩和政策が採られたこと等により,特に土地,株式等の資産の価格が高騰し,わが国経済はいわゆるバブル経済と呼ばれる状況となった。また,この間,金融の自由化,国際化が急速に進展し,金融機関をめぐる環境は著しく変化した。こうした中で,……適切な内部管理を怠ったままに,金融機関が安易な業容拡大と収益の追求に走り,ノルマ主義等の下で職員を預金・融資拡大競争に駆り立て,投機的な土地,株式等の取引のための融資を拡大していったこと等が今回の金融不祥事の原因等となったと考えられる」。「今回の金融不祥事は,……地価・株価の下落を契機として,資金手当に苦しむ一部の企業・個人が金融機関やノンバンクに接近し,これに対して,一部の職員が社会的にも到底許されない行為に走った事件であるとみることができる」(以上,1992年1月,金融制度調査会制度問題専門委員会報告書『金融システムの安定性・信頼性の確保について』より)。

(2) 中小企業における当時の資金需給状況について,『中小』から摘記すれば——「……大部分の中小企業においては,〈86年度以降〉借入金利の低下に伴い,大企業とは逆に金融機関への借入依存度が高まった」。「〈その〉要因としては,第一に,直接金融に傾斜した……大企業が銀行への借入依存度を低下させ,都市銀行をはじめとする大手の民間金融機関が,収益確保のための中小企業向けの貸出を増加させ,中小企業のアベイラビリティが過去に比べ相対的に高まったこと,また,金融緩和局面における金利の低下が企業の資金調達コストの低下につながったことが考えられる」(平成4年版,263-265ページ)。

また，「中小企業をめぐる金融環境も改善され……。(中略) 金融機関の貸し出し態度にも変化がみられ，中小企業においても資金が借りやすくなったとする割合が大企業より高くなっている。これは金融機関の貸し出し方針の変更のほか，景気が拡大傾向で推移するなか，経営状況が好転したこと等が原因と考えられる」(88年度頃の状況，平成元年版，24ページ)。
　　「……資金需給の緩和基調に加えて，都銀等の中小企業向け貸し出しへの注力により，中小企業向けの資金供給は着実に増加している」。「〈こうして〉中小企業の借入難易度は長期・短期とも引き続き良好な状況にある」。「〈これらの〉環境変化に加え，設備投資等の旺盛な資金需要を背景に，中小企業の借入依存度は一貫して増大傾向にある」(1986-89年度の状況，平成2年版，17ページ)。

(3)　「ノンバンク」とは，『大蔵省ノンバンク研究会報告書』(1991年4月)によれば，「預金等を受け入れないで与信業務を営む会社」であり，それは「消費者金融会社，クレジット会社，信販会社，事業金融会社，抵当証券会社，リース会社，住宅金融専門会社などの企業形態で活動している」(1-2ページ)。こうしたノンバンクは，近年，その資金調達を主として金融機関からの融資に依存しつつ，不動産業をはじめとするさまざまな企業にたいして（また企業保有の不動産を融資の主要な担保として），「金融機関の取扱いが不可能もしくは困難であった分野を積極的に手懸けて」融資を拡張した（表1-16参照）。
　　ノンバンクの融資活動における銀行とノンバンクとの結びつきなど，当時の状況について摘記すれば──
　▶「公定歩合が2.5％まで下がるほどの超金融緩和時代，銀行は系列ノンバンクを融資の道具として使った。収益競争で貸金を増やさなければならない。一方で，銀行はわけの分からない企業に多額のカネを貸せない。そこにノンバンクの出番があった。……『うちで貸せないカネは系列ノンバンクを紹介した。金利は多少高くなっても企業は喜んでくれた』と都銀幹部はいう」(『朝日』1991年6月8日)。この記事では，北海道拓殖銀行→系列ノンバンク→別のノンバンク（大阪）→不動産融資の拡張といった，銀行の「う回融資」の有り様などが記されている。また，「銀行が競って不動産投資物件を持ち込んできて，買収資金は銀行が紹介するノンバンクがいくらでも貸してくれた」(92年1月に倒産した「日勲」社長の言，『朝日』1992年1月26日)。

表1-16　ノンバンクの融資活動（1986-90年度）

(1) 融資の動き

年度末	1986	87	88	89	90
A．全国銀行貸出金・計					
金額（千億円）	2,731	3,061	3,428	3,793	4,243
対前年比（％）	11.0	12.1	12.0	10.7	11.9
B．貸金業者貸付金・計					
金額（千億円）	170	248	357	471	694
対前年比（％）	32.8	45.3	44.2	31.9	47.3
Aを100とする比率（％）	6.2	8.1	10.4	12.4	16.4
C．住宅金融専門会社・計					
金額（千億円）	53	60	68	78	105
対前年比（％）	1.4	11.5	14.9	13.3	38.8

(2) 貸金業者の資金調達（1990年3月末）

調達先	金額（千億円）	調達金利（％）	貸金業者の貸付平均金利
金融機関	1,191	6.67	貸付金残高1億円以下
関係会社	66	7.32	40.59％
事業会社	196	8.05	同1億円超100億円以下
個人その他	45	9.01（個人）	17.78％
計	1,498	6.90	同100億円超　9.20％
自己資金	68		合計　9.97％

(3) ノンバンクの貸付業種と担保（1990年9月末）　　　　　　　　（％）

貸付業種	ノンバンク	(全国銀行)	左記ノンバンクの貸付金の担保	
不動産業	35.7	11.3	有価証券	9.7
建設業	4.5	5.3	債権	7.9
製造業	2.7	15.8	不動産	61.5
卸・小売業,飲食・サービス業	16.0	32.7	その他	7.2
金融業	13.8	10.1	保証	3.7
個人	14.3	16.2	無担保	9.9
その他	12.9	8.6		
計（千億円）	100.0 (568)	100.0 (3,725)	計（千億円）	100.0 (551)

〔備考〕　(3)はノンバンク上位196社の貸付金の実態調査（1990年9月）による。
〔出所〕　『大蔵省ノンバンク研究会報告書』（1991年4月）。

▶続出した銀行の「不正融資」や不祥事に関連して――「共通しているのは，金融超緩和時代に，信用力を無視して，ノンバンクなどを経由して不動産などに過剰な融資を行い，バブル経済を演出してきた銀行の姿だ。云々」(『朝日』1991年5月23日)。

▶「……ノンバンクの資金は，大手都市銀行や信託銀行からのう回融資がほとんど。大手金融機関の代理人として，ノンバンクが信用に問題のある企業に融資していたわけだ」(『朝日』1991年6月13日)。

▶「バブル」の破綻によりノンバンクが大量の「不良債権」を抱えるに至った経緯について――「……最大の要因は迂回融資だ。……通常，銀行ではとても審査が通らない弱小資本企業に対してノンバンクが与信を拡大していった」。「……要するに不動産融資という特定商品を偏重しすぎた。そして，担保第一主義だった」。「……なんいっても，地価の下落をだれも気がつかなかったことに尽きる」(以上，『金融財政事情』1992年8月3日，16, 17ページ)。

▶「……貸付残高上位300社に対するアンケート調査によれば，〈91〉年12月末時点で51行以上の金融機関から借り入れているノンバンクが全体の40%，21行から50行までの間が43.5%，ノンバンク1社で20金融機関以上から借り入れているところは85%ぐらいになる。云々」(米里・ノンバンク問題懇談会座長の言より，『金融財政事情』1992年7月20日, 19ページ)。

(4) 銀行の土地・不動産関連融資の推進について，当時の状況を摘記する。

▶「……昭和60年代以降，地価が全般的に上昇をみるなかで金融機関が三業種〈建設，不動産，ノンバンク〉向けの貸出への傾斜を大きく強めた……。三業種向け貸出のかなりの部分が不動産に関連する貸出であるとすれば，これは金融機関経営において，地価の動向に左右されやすい体質が強まっていたことを示すものである」(『日』1992年6月号, 31ページ)。

▶「地価高騰と建設ブームを背景に銀行の不動産融資は大幅に増加している。全国銀行の貸出残高に占める不動産融資(建設業，不動産業向け融資，住宅信用)の比率の推移をみると，85年までは20%程度で安定していたが，86年から上昇を始め，90年末には27%に達している。云々」(『経』平成3年版, 187ページ)。

▶「住友銀行は87年11月，系列の総合地所の100%子会社として泉友総合不動産を設立した。ほかの銀行も，息がかかった不動産会社の設立や系列のビル管理会社などに不動産仲介業務をやらせるようになった。いずれの場

合も表向きは銀行と直接は関係がない形をとっているが，銀行の別動隊だ。不動産情報をいち早くつかみ，銀行の融資を増やすためのネットワークだった」(『朝日』1991年11月25日)。「〈住友銀行は旧平和相互銀行〉出身の行員らに不動産融資のノウハウを書いた手引書を配布，都内の空き地を探させ，所有者にビルなどの建設プランを持ち込んで承諾を取ると，自ら建設資金を融資する一方，見返りとして不動産会社などに当座預金や通知預金をさせるというのがここ数年のやり方だったという。『これはすでに銀行業ではない。地上げまがいの仲介業というべきで，銀行が自らの使命をおとしめ，地価のつり上げに一役買った』(日本興業銀行役員)，云々」(1986－88年頃の状況，『朝日』1990年10月8日)。また「都市銀行はこれまで，比較的高い金利のとれる中小企業向け融資の開拓に全力をあげてきた。しかし，その過程で光進など仕手グループや暴力団などとの関係が深まり，不正融資の温床になりがちだった。『住友〈銀行〉は地上げ融資や，パチンコ，ソープランド向け融資にも力を入れていた』と，中小金融機関のトップは明かす。こうした住友流を他の都市銀行もまねようとしていた」(同上)。また，「住友銀行は1986年10月に吸収合併した旧平和相互銀行員を使って，都心の空き地をすさまじい勢いで物色させ，店舗やマンション建設のプランを地主に提示し，資金を融資した時期があった。(中略)うちも，支店のしりをたたき，空き地物色，不動産融資に走らせた」(ある大手都銀頭取の言，『朝日』1990年10月11日)。

▶「地上げ資金の供給源であり，地価上昇の〝元凶〟と批判を浴びた金融機関の不動産業向け融資が増勢を強め……」(88年後半の状況，『朝日』1989年3月1日)。また，「竹下内閣の『ふるさと創生』に乗って，地方で不動産物件を物色する動きも出てきており，……」(同上)。

▶「……地価上昇の過程で不動産業向け貸出を積極的に増加させた結果，全国銀行の総貸出に占める不動産業向け貸出のシェアは上昇を続け，〈90〉年3月末には12.3％(〈85〉年末は8.6％)まで上昇した」(『日』1991年6月，31ページ)。

(5) 地価の高騰は，「東京の中心商業地に端を発して」地方へと波及していったが(国土庁『土地白書』平成2年版，76ページ)，この当時の状況について摘記する(表1－15を参照)。

▶「今回の地価高騰は，戦後の歴史を振り返っても最も大規模かつ深刻なものの一つとなった」(1986－88年頃の状況について，『経』平成元年版，

Ⅲ章　金融とマネー・サプライ　47

280ページ)。また,「前回〈1972-73年〉,今回とも,……共通の要因として金融緩和と予想地価上昇があげられる。金融要因では,前回,今回ともマネーサプライ……の伸び率が高く,余剰資金が土地投機にまわったものと考えられる」(同上,283ページ)。

▶1987-89年における法人企業部門の資金不足の拡大に関連して──土地の購入が「資金不足の拡大にかなり寄与している」。「……非製造業の投資が不動産関連業種における販売用不動産投資(在庫投資)の増大もあって設備投資を主体とする製造業の投資を上回る……」(『日』1990年6月号,7-8ページ)。

▶「……地価上昇の波及の基本的な構造は,いずれの地域においても概ね次のようなものと考えられる。すなわち,景気拡大と金融緩和状況の中で,商業地需要が増大するとともに将来の地価上昇を期待した投機的需要を含めた投資需要が増大することにより,まず中心商業地において地価上昇が生じる。このような地価上昇によって実需者に買い急ぎ心理が生じ,あるいは投機目的も加わることによって需要がさらに増大する。また,地価上昇自体が土地取得能力の増大をもたらし,それがまた地価上昇をもたらすという循環構造も生じる。云々」(国土庁『土地白書』平成2年版,77ページ)。

▶「……金融緩和や好調な国内景気を背景として,不動産投資が活発に行われ,大量の資金が土地市場へ流れ込んだことが,今回の地価高騰の要因の一つであったことは否定できない事実である」(同上,平成4年版,159ページ)。「一般に金融緩和やそれに伴う金利の低下は,商工業地等利用の対象としての土地の取得を容易にさせるとともに,資産としての土地の有利性を高めることにより,資産としての土地に対する需要を増大させる一つの要因となっている」。「また,土地関連融資のうち,かなりの部分が資産価値の増加した土地を担保にして行われているものと見られる」。「……今回の地価高騰は,土地担保融資を受けた土地需要が地価上昇をもたらし,それによる担保力の増加により土地担保融資が増加するという循環が生じたことが背景にあるものと考えられる」。「……法人の土地需要の増大の背景には,保有土地の資産価値の増加と,当該土地を担保とした融資の増大があると考えられる。(中略)このような多額の土地取引資金のかなりの部分は,土地資産を担保とした融資によってまかなわれているものと考えられる」(同上,平成2年版,112-117ページ)。

また，89年度中に取り引きされた土地の総取引金額は推計52兆円。購入者は，個人38.7％，法人47.3％，国・地方公共団体など14％。上記の土地購入代金の調達先は，自己資金（預貯金など）23兆6000億円，金融機関などからの借入金24兆3000億円（同上，平成3年版，97ページ）。90年度中の取引金額は推計59.1兆円。購入者は，個人36.8％，法人45.8％，国・地方公共団体など15.6％（同上，平成4年版，81ページ）。

(2) 証券投資の増大

　この時期の金融活動を発徴づけたものは，前記の市中金融機関による土地・不動産関連融資の拡張とともに，証券（とくに株式）投資の増大であった。すなわち，大幅な金融緩和状況が長期化し，市場金利が低下するなかで，株価や債券価格が1983年頃から上昇を続けた。そして，運用先をもとめる市中金融機関の資金，高利潤・高利回りの投資対象を求める企業・投資家・個人の余剰資金が，これらの証券投資（および証券投資と結びつく信託での運用）へと向かった。

　株価（および債券価格）は，1987年10月の「ブラック・マンデー」に下落したものの，1986-89年の間急上昇を示し（表1-17），89年には「史上最高値」（89年12月の日経・月中平均株価3万8915円）に達した。このような株価の上昇が続くなかで，大量の資金がキャピタル・ゲインを求めて株式取引に向かい，この動きがまた株価の上昇を加速した。

　こうした証券投資の増大の動きの面から，1986-89年度における資金の流れ――市中金融機関（市中金融機関部門），企業（法人企業部門），個人（個人部門＝個人企業や非営利団体を含む）の資金の調達・運用の動き――を概括する。[6]

　まず，市中金融機関部門のうち銀行などは，個人や企業から預金（とくに自由金利定期預金）として調達・流入した資金を貸出に用い，これに加えて証券投資を増加させた（表1-11参照）。また保険会社は，個人部門が払い込む保険料を集積し，これを株式の購入や貸出に運用した。

　信託の領域では，高金利の提供を手段に企業や個人部門から信託（なかで

表1-17 株式と公社債の動き

A. 株式

年末	東証株価指数 (第1部) 対前年比 (%)	日経平均株価 (225種) (単位:百円)	上場株式売買数 (東証第1部) (年:億株)
1985	14.9	131	1,182
86	48.3	187	1,936
87	10.9	216	2,594
88	36.6	302	2,786
89	22.2	389	2,186
90	△39.2	238	1,190
1989年(ピーク時)			
対95年比	△45.2	199 (95年末)	95年 889
対99年比	△40.2	189 (99年末)	99年 1,512

B. 公社債発行高 (千億円)

年	公共債計	民間債 事業債	転換社債	ワラント債	円貨建外債	金融債	非募	公募債	公社債計
1985	244	8	19	0.1	11	230	52		566
86	272	10	27	1	6	303	57		677
87	294	9	53	0.3	4	301	54		716
88	284	9	66	―	6	342	62		769
89	280	6	69	4	11	354	67		790
90	391	18	27	9	12	455	76		989

〔備考〕 1) Aは東京証券取引所,日本経済新聞社調べ。
2) Bの公共債=国債,地方債,政府債など。事業債=電力債と一般事業債(電力債が中心)。公社債引受協会調べ。

も特定金銭信託=特金・営業特金,金外信=金銭信託以外の金銭の信託)や投資信託として集めた資金をもって,貸出や株式・公社債の証券投資を拡張した(なお,金外信による資金の調達・運用は信託銀行が行ない,特金・営業特金や投資信託のそれには実質的に証券会社が当たったが,その後の株価の下落→運用損失の増加のなかで,証券会社による大口取引先への「損失補塡」が明るみに出た。信託会社もまた事実上同様な操作を行なっていた)。

市中金融機関によるこのような調達・運用の動きは,企業や個人によるそれと絡み合っている(表1-18, 19参照)。

個人部門の余剰資金は,預金として(および金融債の購入によって)銀行

表 1 - 18　個人の資金運用

(千億円)

年　　度	1985	86	87	88	89	90
現金, 要求払い預金	10	71	84	63	83	△ 13
定期性預金	223	166	210	226	373	352
信　　託	39	21	20	69	64	73
投資信託	23	74	111	50	13	△ 27
保　　険	121	165	198	241	255	211
有価証券	18	△ 25	8	△ 14	40	55
公共債	9	△ 23	△ 29	△ 3	22	△ 1
金融債	14	△ 0.4	△ 3	△ 2	△ 1	53
事業債	△ 8	△ 4	△ 2	3	11	2
株　式	3	2	42	△ 12	8	1
計	434	472	622	635	828	651

〔備考〕　1)　個人部門＝個人企業, 農林漁業者, 非営利団体を含む。
　　　　 2)　定期性預金＝若干のCD, 外貨預金を含む。
　　　　 3)　投資信託＝投資信託受益証券の保有額。
〔出所〕　日銀「資金循環勘定」(金融取引表)。

表 1 - 19　企業の金融取引

(千億円)

年　　度	1985	86	87	88	89	90
資金調達・計	267	351	445	571	817	510
借入金	212	270	292	345	523	401
有価証券	44	70	103	135	220	85
事業債	3	21	18	14	31	21
株　式	21	21	49	65	103	23
外　債	20	28	37	55	86	42
C P	—	—	26	64	43	△ 21
対外信用	11	11	24	27	31	45
資金運用・計	251	329	357	395	397	175
現金・要求払い預金	3	17	8	51	△ 16	32
定期性預金	97	126	170	187	179	△ 0.3
信　　託	23	88	96	40	69	10
投資信託	1	29	1	9	△ 3	△ 5
有価証券	18	△ 8	△ 1	10	63	20
債　券	16	△ 10	△ 46	△ 20	13	25
株　式	2	2	45	30	50	△ 5
C P	—	—	2	23	11	2
対外信用	109	77	81	75	94	116

〔備考〕　1)　法人企業部門の各年度中の資産 (資金運用) と負債 (資金調達) の増減を示す。
　　　　 2)　定期性預金＝CD, 外貨預金を含む。
　　　　　　投資信託＝投資信託受益証券の保有額。資金調達の対外信用は海外からの直接投資と借款など。運用のそれは海外への直接投資と証券投資など。両者とも貿易信用を除いてある。
〔出所〕　表 1 - 18と同じ。

に流入するとともに、高利運用を求めて信託での運用（金銭信託や投資信託）に向かい、信託銀行や証券会社の手で証券投資に用いられた。個人部門の資金はまた、払い込み保険料として保険会社に流入し、保険会社によって株式投資や貸出に向けられた。

　企業（法人企業部門）は、株価の上昇にもとづく自己資金の調達コストの低下に乗じてエクイティファイナンスを増加させた。すなわち、株式の発行、およびこれと結んだ転換社債（国内市場における）やワラント債（海外市場における）の発行の拡大である。またCPの発行が可能になると（1987年11月）、これを増発した。そして他方、こうして調達した資金の多くの部分を、財テク資金として自由金利定期預金や信託（金外信、特金など）で運用した。またキャピタル・ゲインを求めて株式・債券（さらに土地）の購入に用いた。資金の「両建て」的な調達・運用行動の活発化である。

　以上、1986-89年度に拡大した金融取引（およびそれによる資金の流れ）の主流を概括すれば、その一部は、主として個人部門（および企業部門）から預金および払い込み保険料として金融機関に流入し、金融機関の融資を通じて土地・不動産取引へと向かった。他の一部は——企業や個人部門の信託による資金運用の増加、それらの資金をもってする市中金融機関の証券投資の拡大、また企業部門によるエクイティファイナンスの活発化などの動きのなかで——、企業・個人部門と市中金融機関との間を回りながら、証券市場に向かい、証券投資の拡大に用いられた。そしてこうした動きのなかで、市中金融機関の信用活動と企業や個人による資金の調達・運用とが相互促進的に拡大し、投機的なキャピタル・ゲインを目指す土地・不動産や証券取引が活発化し、それらの価格を押し上げていった、とみることができよう。

　そして1990年度に入り、前年度における金融引き締め政策運営への転換、大蔵省と日銀による市中金融機関の土地・不動産関連融資の規制、ノンバンクの融資活動の規制の実施などを契機に、こうした相互膨張的な回転の歯車の連動機構が崩れ、地価の高騰（および一般物価の上昇）とこれを促す需要拡大の裏付けとなる資金の循環との連結が故障し、「バブル」が崩壊するに至った。

(6) 1985－89年当時における証券取引の増大の状況について摘記する。

〔1985年〕

「キャピタル・ゲイン狙いの長期国債の短期売買の過熱」(1985年度の動き,『日』1986年5月号,35ページ)。

「……法人企業部門では国内の金融緩和基調が続き金融自由化も進展する中で,……相対的に低利の資金調達を増やす〈証券発行による資金調達,とくに海外市場での起債の増加〉と同時に運用面でも利子所得,キャピタル・ゲインの確保を狙った活発な投資活動〈自由金利定期預金での資金運用,対外証券投資など〉が目立った」(同上,1986年6月号,8ページ)。

また,「〈85,86年〉に生じている粗金融資産の増加は……金融資産運用のために資金調達する動き,ないし,調達した資金のより多くを,実物資産への投資ではなく金融資産運用に充当する動きが強くなっていることを示唆している。また民間非金融部門における資産,負債両建による粗金融資産蓄積は,専ら企業部門の行動を強く反映したものである……」。「〈こうした〉最近の動きは,……企業が安いコストで調達し,より高い利回りで運用することによって財務収益を向上させようとするインセンティブに基き,主体的に行動していることによる面が大きい……」(以上,『経』昭和62年版,261ページ)。

〔1986年〕

「……金融緩和の長期化に伴って経済主体のキャピタル・ゲイン指向が強まり……」(1986年度の動き,『日』1987年5月号,28ページ)。

また,「〈86年の国内非金融部門の動きとして〉資金の運用・調達の伸びが実体経済の伸びを大きく上回ったことが注目される」。「……金利の低下が一段と進展した中で,株式,債券市況がこれまでにない活況を呈したことを背景に,法・個人の借入れが増加し,これに見合う形で現預金が増加したほか,信託,保険等,ハイリターン指向型金融商品への運用が著増した」。「この間,金融機関の与信増がこうした動きを促進したことは留意を要するところであり……」(同上,1987年6月号,1ページ)。

「……法人企業部門を中心に実体面の資金不足が縮小する中で,金融取引が拡大したことが〈86〉年の大きな特徴である」(同上,1987年6月号,8ページ)。資金の運用では,「信託(特金・金外信)が……引続き著伸,定期性預金も……大口定期預金を主体に増加した……」。「……資金運用が

Ⅲ章 金融とマネー・サプライ

拡大した背景には，資金調達環境の好転がある」。また，資金の調達では，設備資金以外の借入金の増大，外債発行の高伸，国内での事業債（とくに転換社債）発行の増大を指摘（以上，同上，11-13ページ）。

エクイティファイナンスの盛行について――「〈86〉年以降低コストによる大量のエクイティファイナンスが可能であったのは，……専らキャピタル・ゲインを狙った投資が盛上ったことによるものであり，……」(『日』1991年7月号，24ページ)。例えば，エクイティファイナンスがとくに増加した1987-89年度には，企業はこの間，これによって22兆円の資金を前倒しで調達し，このうち12兆円を運転資金に回し，10兆円を金融資産で運用したとされる（『金融財政事情』1992年3月30日，19ページ）。

また，「……最近の金融情勢にみられる……特徴として株式，債券等の売買高が幾何級数的な増大を示している……」（1986年度の状況，『経』昭和62年版，145ページ）。「〈こうした動きの〉基本的な背景としては資産価格の上昇期待が根強く存在する中で，運用主体が……資産価値の上昇によるキャピタル・ゲイン収入をも指向して，短期間の値鞘獲得を狙って行動してきたことがあろう」（同上，147ページ）。

〔1987年〕

「キャピタル・ゲイン狙いの債券短期売買の盛行」(1987年度の動き，『日』1988年5月号，36ページ)。「……金融緩和の浸透を背景に，事業法人のみならず，中小金融機関等も，特定金銭信託やファンド・トラスト（金外信）を通じて株式投資を積極化させていた……」(同上，40ページ)。

「87年の国内非金融部門の資金調達・運用の動きをみると，〈86〉年同様，運用・調達両面で実体経済の伸びを上回って拡大した」（『日』1988年6月号，1ページ）。また，「〈87〉年中の法人企業部門の調達増はほぼ有価証券等で賄われたかたちとなり……」（同上，12ページ）。

〔1988年〕

「国内非金融部門全体の金融資産残高は，実体経済の伸びをかなり上回るハイペースで蓄積が進んで〈いる〉」。「〈こうした動きの〉裏には，長期にわたる金融緩和のもとでの金融機関の貸出・有価証券運用増加を通じた与信の拡大や，既存資産価格の上昇によるキャピタル・ゲインの増大がある」（『日』1989年6月号，21-23ページ）。

「法人企業部門では，〈84〉年以降資金調達・運用がともに増大するパターンが続いている……」。「上場企業の有価証券発行額の動きでみると，調

達増の主体は〈87〉年に引続き……エクイティ物の増加である」。「こうしたエクイティファイナンスの盛行の背景には，低金利のもとでの株価の上伸といった調達環境に恵まれ，企業が増大する実物投資資金を国内での増資・転換社債発行や海外でのワラント債発行により低コストでかつ機動的に取入れることが可能であったという事情がある」（同上，11－13ページ）。また，国内CP発行による企業の資金調達（87年11月に許可）の著増について──（〈CP発行による〉調達資金のかなりの部分が大口定期預金等高利回りの確定利付資産への運用に充当され，財務活動の活発化を支えるかたちとなった。このような国内CPの著増については，……CP発行代り金を見合いとした大口定期預金設定による鞘抜き運用を可能とする金利局面が少なからず存在したこともかなり影響している」（同上，11ページ）。

〔1989年〕

「国内非金融部門の資金調達・運用は，実体経済の成長を大幅に上回る近年にない高い伸びを示し，……」。「形態別には，主力の借入金の増加に加え，株式，外債等有価証券による調達の著増と自由金利預金への運用の増大が目立った。これらの背景としては，実体経済活動を反映した動きとともに，自由化の過度期にあって金利上昇局面を迎えたことなどから，〈法人企業・個人両部門が〉相対的に割安な調達手段を利用し有利な金融資産へ運用する調達・運用の両建て化の動きが活発化したことも挙げられる」（『日』1990年6月号，1ページ）。

「ここ数年，国内非金融部門における金融資産残高は……ハイペースで増大しているが，これは，土地・株式等既存資産価格の上昇や上昇期待に基づく金融行動の変化も大きく寄与しており，地価・株価上昇→担保余力・含み資産の増大→借入・エクイティファイナンス増→調達資金の土地・株式等への運用増→……といったメカニズムが相乗的に作用しているものと考えられる」（『日』1990年6月号，2ページ）。「……法人企業部門の保有する土地の価格上昇に伴う担保力や含み益の増大が借入増や有価証券発行増を容易化ないし促進したとみられる」（同上，15ページ）。

上記の非金融部門における「資産・負債両建て化の動きの進展」（1986－89年）について──「法人企業部門では毎年の金融負債増加（資金調達）のうちどの程度が金融資産の増加（資金運用）へ結びついたかの割合……は，昭和40，50年代の5割前後から〈昭和〉60年以降一挙に8割へ急上昇

し……」。また,「外部調達した資金を金融資産へ運用する動きが個人企業や家計の段階でも広範化してきた……」(同上, 37ページ)。

〔1990年〕

「……法人企業や個人による調達・運用両建て的な取引……が,〈90〉年中,とくに年後半に大幅に縮小した」(『日』1991年7月号,12ページ)。「……既存資産価格の上昇を梃子として将来の上昇期待に依存した低コストの資金調達が困難化した一方,株式,特金・金外信等での運用利回りの低下や金融機関の採算重視スタンスに基づく高利大口定期預金取入れの抑制などから調達コストを上回る運用利回りの確保が容易でなくなった……」(同上, 25－26ページ)。

「……①既存資産価格の騰勢鈍化ないし下落およびそれに基づく上昇期待の鎮静化は,②それまで旺盛であったキャピタル・ゲインを狙った土地,株式等への投資や低利のエクイティ関連債(転換社債等)への投資を鈍化させると同時に,③金融機関に対しては株式,特金等の償却増による収益悪化とともに,株式含み益の目減りに伴う自己資本比率の低下をもたらした。これらは法人企業部門や個人部門にとっては,④エクイティファイナンスの困難化(法人企業部門),⑤資産売却代金の流入減少(主として個人部門)および⑥金融機関借入(とりわけ資産担保)の鈍化・コスト上昇(法人企業・個人両部門)をもたらしたが,それらが,また逆に,②キャピタル・ゲイン狙いの投資の鈍化→①資産価格の下落等に拍車をかけるといったように,相乗的に作用しているとみられる。そして,これらのプロセスを通じて,⑦とくに資金調達との両建て的な金融資産運用の縮小をもたらしてきているものととらえることができよう」(同上, 23ページ)。

2 マネー・サプライの動き

(1) マネー・サプライの増加

マネー・サプライ(M_2＋CD,以下M・Sと略記)は1985－90年の間全体として増加を続けた。とくに1987－90年には毎年10％－11％以上の著増を示した(表1－20, 21)。このM・Sの増加の主体は準通貨(定期預金)であり,なかでも企業(一般法人企業)保有の定期預金,あるいはまた自由金利定期預金であった。現金・預金通貨(M_1)も1986－88年を中心に増加を続けた。

表1-20 マネー・サプライの動き(1)

(平均残高増減率, %)

年	M₂+CD 計	M₁ 計	M₁ 現金通貨	M₁ 預金通貨	準通貨 計	CD
1985 (兆円)	295	81	19	62	205	9
1985	8.4	5.0	6.5	4.6	9.1	24.9
86	8.7	6.9	8.5	6.4	9.9	△ 4.3
87	10.4	10.5	14.5	9.2	10.3	12.2
88	11.2	8.4	10.3	7.8	12.6	3.7
89	9.9	4.1	10.0	2.2	12.1	10.3
90	11.7	2.6	8.1	0.6	15.5	△ 7.7
90 (兆円)	483	111	31	80	361	10
85:90 (%)	63.7	37.0	63.2	29.0	76.1	11.1

〔出所〕 日銀の「マネーサプライ統計」(日銀『経済統計年報』)。

表1-21 マネー・サプライの動き(2)

(年末残高増減率, %)

年	M₂+CD 計	M₁ 計	現金通貨 計	預金通貨 計	預金通貨 うち一般法人	預金通貨 個人	準通貨 計	準通貨 うち一般法人	準通貨 個人	CD
1985 (兆円)	315	89	23	66	38	26	218	78	132	8
85	8.7	3.0	5.8	2.0	0.3	5.6	11.5	17.0	7.8	2.9
86	9.2	10.4	11.9	9.8	11.2	10.6	8.8	12.2	6.8	5.5
87	10.8	4.8	9.1	3.3	△ 4.5	14.7	13.8	19.8	7.9	△ 4.7
88	10.2	8.6	10.3	8.0	4.7	12.4	10.3	14.6	5.7	26.7
89	12.0	2.4	16.4	△ 3.1	△17.5	13.1	15.3	18.0	12.5	19.7
90	7.4	4.5	1.6	5.9	9.6	2.3	9.4	0.4	15.0	△19.6
90 (兆円)	505	120	37	82	38	43	375	142	208	10
85:90 (%)	60.3	34.8	60.9	24.2	0.0	65.4	72.0	82.1	63.5	25.0

〔出所〕 表1-20と同じ。

III章 金融とマネー・サプライ

なお，90年のM・Sは，前年までの著増に比べてその増加率が大幅に低下した（年末対比の数字。平均残高〔表1-20参照〕では90年も1987-89年と同じ高い増加となっているが，この90年の増加率は同年11月から急低下した）。すなわち，この90年には，金融引き締め政策運営への転換を背景に，M・S増加の主因である金融機関貸出の増加が大幅に収縮した。Mの存在形態では現金通貨と企業保有の準通貨の増加率の低下が著しかった。

このように，この時期のM・Sは1987-90年を中心に著増を続けたが，このM・Sの増加はまず，Mにたいする企業や個人の需要（保有）の増加とそれに応じたMの供給の増加とが相まって生じる。それはまた，主として，金融機関にたいする企業や個人の融資需要の増加とこれに応じた（さらにその融資需要を促した）市中金融機関の貸出の拡張によってもたらされた。そしてまた，こうした企業や個人によるMの需要の増加の目的や用途，および市中金融機関の貸出拡張とその対象は，そのときどきの政策運営と経済環境によって大きな影響を受ける。さらに，このM・Sの増加の進行は，さきにI章でみた日銀の通貨供給の増加・累増によって最終的に支えられた。

次に，この時期のM・Sの増加について，Mの需要と供給の両面からみることにする。[7]

【Mの供給】　Mの供給の主因となったのは，金融機関の信用活動の拡張——民間向け貸出の拡張および証券投資の増加——であった（表1-22）。これらの動きについてはさきにみたところであるが，M・Sの面からみれば，金融機関による貸出の拡張は，企業や個人（非金融機関部門）へのMの供給を増加させることに繋がる。また証券投資の増加のうち，金融機関による事業債や株式の保有の増加は，企業（とくに大企業）への，国債保有の増加は政府（→企業）への，それぞれMの供給の増加となっていく。

M・Sの動きは，このような金融機関の信用活動の通貨面での現われであり，そしてまたこうした信用活動の拡張（→M・S増加の進行）は，前節1でみたような金融機関の行動——II章でみた政府の政策運営を背景とする——の下で促進された。

【Mの需要】　当時著増したM・Sについて，Mの需要を増加させるととも

表1−22 マネー・サプライの動き(3)（供給要因の指標）

(千億円)

年　　　中	1985	86	87	88	89	90
M$_2$+CD 増加額	252	289	370	389	502	350
対外資産（短期）	△ 30	△ 72	△ 30	△ 17	△ 42	△ 47
国内信用	309	344	391	477	571	512
財政部門向け	△ 3	42	0.5	55	66	70
うち国債	△0.4	6	40	42	38	64
公社・公団公庫債	5	14	6	3	△ 1	2
地方公共団体向け	1	△ 0.3	1	△ 3	5	△ 0.1
（貸出＋地方債）						
民間向け	311	302	390	424	500	442
貸出	294	283	355	365	431	377
事業債・株式	18	19	35	59	69	65
その他	△ 26	18	9	△ 71	△ 26	△116
うち金融債 増(△)減	△ 24	△ 41	△ 28	△ 35	△ 33	△ 79
信託勘定借 増(△)減	△ 12	△ 19	△ 8	△ 26	8	△ 35
信託・投信等 増(△)減	—	—	—	84	20	1
金融機関預金 増(△)減	—	—	—	14	△ 18	△ 26

〔出所〕 日銀「マネーサプライ（M$_2$+CD）増減と信用面の対応」（日銀『経済統計年報』）。

に金融機関によるその供給増加の対象となった部門，そしてMの受給を増加させた部門によるその使途（Mの需要増加の使用目的）について概括すれば，およそ次のようになろう。

　まず，市中金融機関の貸出を通じて供給されたMは次のような取引拡大の資金として用いられた──①経営が好調な内需関連産業・企業（非製造業部門あるいは一般に中小企業部門を中心とする）による営業拡大のための実物的な投資資金として，②不動産業者および一般企業や個人による土地・不動産取引の資金として（この資金は市中金融機関から直接に，またはノンバンクといった金融機関経由で供給された），③金融機関，企業，個人による証券取引（株式を主体とする）の資金として（②③を合わせ，土地や金融商品取引用の資金として）。

　また，金融機関による証券投資の増加は，株価の上昇を背景にエクイティ・ファイナンスによる資金調達を増加させた企業（大企業）への資金の供給となり，その資金はまた，企業の財テク活動による種々の金融資産の取得・取引に用いられた。さらにその一部は，このような企業による資金の調達・運

用の両建て的な増加の一環として,相対的に高金利の自由金利の定期預金と化し,準通貨の増加をもたらした。金融機関の証券投資はまた,国債の引き受け・保有によって政府への資金の供給となり,財政支出の拡大を支援した。

これを,M・Sの構成内容からみると,上記のように,M・Sの著増の主体は準通貨(とくに企業保有)およびM₁(この保有は個人・企業の両者とも増加したとみられる)であった。

まずM₁の増加は,種々の取引や決済のための通貨の需要・保有の増加を示している。すなわち,①個人的な消費支出の増加のための,②企業による,実物的な投資に係わる取引・決済用としての,および財テク的な資産取引用としての,Mの需要・保有の増加を示している。

準通貨は,まず個人の貯蓄性資金や企業の余裕資金の一時的な運用形態であり,当時における自由金利定期預金の資金運用手段としてのメリットの増加が,その膨張を促進した。また,この準通貨の一部は,M₁とのひんぱんな交互転換によって,上記のような諸取引のためのMとして実質的に機能したとみられる。

M・Sの増加の進行は,このように,金融機関による信用活動の拡張の,他面では企業や個人による種々の取引・決済のための(および資金の運用対象としての)Mの需要・保有の増加の,通貨面における現われである。同時にまたこのMは,種々の需要の通貨的な担い手であり,M・Sの増加は,需要規模の拡大の通貨的手段の,流通内部における膨張の進行を意味している。

上記のように,増加するこのMは,大別して,①個人的な消費支出の増加,②実物的な企業投資の増加,③資産取引の増加,などのための資金として用いられ,非金融部門に保有され,それらにたいする需要増加の通貨的手段となった。そして,このうちの資産取引の拡大(→それらにたいする需要の増大)は,株価や地価の高騰(いわゆる資産インフレ)をもたらすことになった。すなわち,M・Sは,この時期の拡張的な政策運営・経済環境の中で,バブル経済の膨張とともに増加するとともに,このバブルの膨張の通貨的手段,「資産インフレ」の通貨的手段となった,ということができる。

この時期には,実物的な投資や消費支出も増加を続け,実物経済における

需要規模の拡大が進行した。そしてこのなかで，全体として安定状態を保ってきた物価（物的諸商品価格）は，89年度から卸売物価が上昇し始め，消費者物価はその上昇率を高めるに至った。しかし，こうした物価上昇の進行は，「バブル」の崩壊によって急停止するとともに，卸売物価は91年度以降低落傾向を示すことになった（「バブル」期の物価の動きについては，後のⅣ章でみる）。

(7) この時期におけるM・Sの増加について，『日』と『経』から摘記する。また，このM・Sの動きと物価の動きとの関係についての政府・通貨当局の説明は，後の注9に掲げた。
〔この時期の総括〕
「……80年代後半から90年初の時期については，金融緩和の下での景気拡大過程において資産価格が大幅に上昇したことにより，①資産全体の増加に伴いその一部である通貨に対する需要が増加するという効果（富効果）と，②資産等の取引額増大に伴う通貨需要の増加，という二つの効果が通貨需要を押上げたのに対し，金利自由化の下で業容拡大をめざす金融機関も積極的な貸出行動をとったため，M_2+CD が急増することとなった。また，大口定期預金の導入や定額郵貯の満期集中に伴う資金シフトも M_2+CD の増大に寄与した」（『日』1992年9月号，1ページ）。
〔1985－86年〕
「……最近，実体経済活動に比べマネー・サプライが高い伸びを示している背景は，金利低下によるマネー保有の機会費用の低下や企業の流動性保持指向の強まり，さらには，資産取引の急激な増加といった需要が金融機関の積極的な与信姿勢によって実現してきたことによるものと整理できよう」（『経』昭和62年版，142－143ページ）。また86年度について――「……現状は，供給されたマネーの相当部分が，付加価値を生み名目総需要につながる取引には用いられないという意味で，『不活動残高』となっている一方で，株式・債券・土地等の既存資産取引に用いられている状況と整理しえよう」（『日』1987年5月号，44ページ）。
〔1987年度〕
「……最近のマネー・サプライの高い伸び〈は〉，……大口定期預金やMMCなど，自由金利預金の急増によるものである……」。法人企業部門に

ついて——「内部留保の一部がマネーに振向けられたというよりは，資金調達と両建ての『財テク』のかたちでマネーが積み増されている……」(『日』1988年5月号，43ページ)。また「〈M_2＋CD は87〉年中一貫して増勢を加速した。これは，①歴史的な低金利による通貨保有の機会費用の低下，②秋口までの株式・債券，不動産等既存資産取引の拡大，③景気の拡大を反映した実体取引の伸びの高まり，に加え，④大口定期預金の規制緩和など金融自由化の進展等を反映したものである」(『日』1988年2月号，1ページ)。

〔1988年度〕

「……〈88〉年度中は大口定期預金との利鞘稼得を狙った CP 発行が増加したが，これは……マネー・サプライの伸び率を高める方向に作用した」。「……長期にわたる金融緩和の下で，実体経済取引に用いられていないという意味での『不活動残高』がすでに累増しているところへ，さらに実体経済活動を上回るテンポで新規のマネーが供給され続けている……」(『日』1989年5月号，42−43ページ)。

〔1989年度〕

「……最近のマネー・サプライ増勢の背景について，通貨需要面からは，財・サービス取引や資産取引に関わる資金需要が引続き根強いことを基本的要因として指摘し得よう。……通貨供給面をみると，インパクトローンを中心とする金融機関の企業向け貸出が伸長しており，これが〈89〉年度以降のマネー・サプライ押上げの主因となっている」。「〈90年に入って〉M_2＋CD は急速に伸びを高めており，実体経済の動きからは説明しきれない水準となっているが，これは，金融自由化の進展等を背景に，大口定期預金など M_2＋CD の対象資産への資金のシフトインが生じたことや，金利先高観の下での前倒し借入れの動きなどの要因も影響していると考えられる」(『日』1990年5月号，44ページ)。

〔1990年度〕

「……マネー・サプライ（M_2＋CD）は〈90〉年度後半に伸び率が急速に低下した。これは，金利の上昇の効果浸透による景気減速や資産取引減少に加え，事業法人による調達・運用の両建て取引の急減もあって，マネーの需要が低下する一方，マネーの供給面では，金融機関が信用リスクや採算性をより重視する方針の下で，不動産，ノンバンク向けを中心に融資姿勢を慎重化したこと等が寄与している」(『日』1991年6月号，1ペー

ジ)。

(2) マネー・サプライと物価変動

これまでみたように、この時期には、M・Sは大幅な増加を続けた。他方、物価は全体として総じて安定的に推移した。

物価(その安定の諸要因)については後にⅣ章でみるが、この時期のこうしたM・Sの動きと物価の動きとの関係について、触れておく。

まず、これについての政府(経済企画庁)や日銀の説明をみると、政府・日銀は、以前は(とくに1950年代後半から70年代前半について)、M・Sと物価との密接な関係の存在を、すなわちM・Sの先行的な増加と近い将来における物価の上昇という、共変的な関係の存在を強調していた[8](もっとも、両者の関係は経験的な共変関係であって因果関係ではないと断わっていたが)。しかし70年代後半以降、M・Sが高率の増加を続ける一方で物価の上昇率は低下するという、両者の動きに非共変的な現象が発生するようになると、上記のような主張はその調子が弱まった。

そしてこの時期(1980年代後半期)については、M・Sの動きと物価の動きとの上記のような共変関係が不明確化した、あるいは希薄化したという説明へと転じ、その理由として、後にⅣ章でみるようなこの時期における円高の進行や国際商品市況の安定による物価安定効果、および前述のM・Sの増加における資産取引用のMの膨張、などの影響を指摘している[9]。

この時期におけるM・Sの動きと物価の動きとの乖離についての政府・日銀の説明には、それ自体異論はない。ただしなお、この両者の動きの間には、M・Sの先行的な増加が近い将来物価の上昇をもたらすといった恒常的な共変関係(さらに因果関係)はもともと存在しないし、また、M・Sと物価とは、両者の動きを直接的に対比してその作用関係を云々できる性質のものでもないであろう。

さきにも記したが、M・SにおけるMは直接的・間接的に需要あるいは購買力の通貨手段であり、M・Sの増加(企業や個人によるMの保有の増加)の進行は、なんらかの需要が拡大しつつあること(あるいはその需要が拡大

Ⅲ章 金融とマネー・サプライ 63

表1-23 マネー・サプライ，国民総支出，物価の動き

(対前年比，%)

年	M_2+CD	国民総支出(名目)	国民総支出(実質)	同左デフレーター	国内卸売物価指数(総平均)	消費者物価指数(全国総合)
1985	8.7	6.8	5.2	1.6	△ 0.8	2.0
86	9.2	4.4	2.6	1.8	△ 4.7	0.6
87	10.8	4.4	4.3	0.0	△ 3.1	0.1
88	10.2	6.6	6.2	0.4	△ 0.5	0.7
89	12.0	6.8	4.8	1.9	1.9	2.3
90	7.4	7.4	5.2	2.1	1.5	3.1

〔備考〕 1) M_2+CD は年末残高の動き。
2) 卸売・消費者物価指数はともに1990年基準指数による。
〔出所〕 国民総支出とデフレーターの数字は『国民経済計算年報』1992年版による。物価指数は，表1-24, 26を参照。

する可能性が高まっていること）の通貨面での表われであり，通貨的な指標である。すなわち，企業の投資や個人の消費支出が増加しつつあること（あるいは投資需要や消費需要が増加する可能性が高まっていること）の通貨面での表われである。他方，物価の動きは，広汎でさまざまな経済活動の総合的発現であり，その動きは，直接的には，物的諸商品の需給関係または需給の諸条件によって規制されている。すなわち，実際の物価変動（上昇）は，M・Sの増加の進行として現われる需要規模の全般的な拡大を背景として，このMが物的諸商品の購入へと向かい，これらにたいする需要が増加したばあいに——そして，対応するこれらの生産・供給の変動を媒介として——，発生する。

この時期においては，さきにみたように，M・Sの増加として現われた需要の一部は，土地や証券投資に向かい（企業や個人によるMの保有の増加の一部は資産取引に用いられ），それらの需給関係・需給の逼迫を媒介として，「資産インフレ」をもたらすことになった。これに続いて，物的諸商品にたいする需要もまた拡大した。すなわち，「資産インフレ」の高進を背景とする，企業の設備投資や在庫投資の拡大にもとづく需要の増加，個人の消費需要の増加の進行であり，これらの物的諸商品にたいする需要の拡大は，生産・供給側の企業にとって，商品販売量の増加を促すとともに，その販売価格を下

支えし，さらに引き上げを可能にした。このなかでまた，低生産性部門における生産・供給コストの増加の販売価格への転嫁を可能にし，それらの価格の上昇をもたらした。他方，この時期には，こうした需要規模の拡大の進行とそれにもとづく物価の上昇圧力にたいして，生産・供給条件のなかのとくに輸入条件がその対抗要因として作用した。これによって，物価は全体として総じて安定状態を保つことになった。

このように，この時期におけるM・Sと物価との関係（M・Sの著増とこれにたいする物価の安定状況という現象）は——前記のようにこの両者はもともと直接的に対比できる性質のものではないが——，これまでみてきたようなMにたいする需要の増加とその使用目的，Mの供給の拡張の実態，M・Sの増加を促した当時の政策運営と経済環境，そしてこの時期における物的諸商品の需給の諸条件などの動きと関連させることによって，具体的に把握すべきものである，ということができる。

(8) こうした政府・通貨当局の当時の説明については，拙著『わが国の現代インフレーション』（法政大学出版局，1991年）で紹介し，これにたいする私見を記した。
(9) この時期のM・Sと物価との関係についての経済企画庁と日銀の説明を摘記する。
　　経済企画庁の説明——「過去においては，〈M・S〉の動向と物価動向の間にはある程度のラグをもって安定的な関係がみられたが，最近〈1980－87年〉では以前に比べて不明確化している」。「……最近では為替レートの変動が物価に大きく影響しており，〈M・Sの〉増加が物価に及ぼす影響がみかけ上小さくなってきている。しかし，注意しなければならないことは，〈M・S〉から物価への影響が全く否定された訳ではないことであり，〈M・S〉の増加が直ちにインフレに結び付くことはないが，為替レートの動向や海外の外生的な出来事からインフレ期待が台頭した場合には，〈M・S〉の高い伸びが国内のインフレ期待を助長するといった事態は十分考えられる」（『経』昭和63年版，349－351ページ）。
　　また，「〈1983年Ⅰ期－88年Ⅳ期〉の期間では，〈M・S，生産，物価は〉全般的に影響の関係が弱くなって統計的に検出できにくくなっている。こ

の期間は，〈85〉年以降大幅な円高が進行し，円高の直接的，間接的な効果が物価の安定や生産の動向に強い影響を及ぼすことになったが，〈M・S，生産，物価の〉三者の間の統計的な関係が弱まったことにはこうした事情もかなり影響しているものとみられる」(『経』平成元年版，429ページ)。

　日銀の説明――「……過去においては，〈M・S〉と物価との間にはある程度のラグをもってかなり安定的な関係がみられた……」。「〈1978年Ⅰ期－87年Ⅲ期の〉10年間のデータを用い，M_2＋CD 伸び率と GNP デフレータ上昇率との間の時差相関係数をみると，前者は後者に対しなお高い先行関係をもっているものの，その関係はそれ以前〈1968年Ⅰ期－77年Ⅳ期〉の10年間に比べれば，かなり不明確化しているようにうかがわれる」。「ただ，こうした表面的な相関係数の変化をとらえ，〈M・S〉と物価との関係が崩れたと結論づけるのは妥当ではない。すなわち，両者はもともと機械的な対応関係にあるものではなく，景気情勢，為替相場，海外商品市況などにも大きく依存する筋合いにあるが，とくに〈1986-87〉年については，〈M・S〉の伸びが高まる一方で，一段の円高が進展し，また過去の円高の物価安定効果も着実に浸透していったことが，両者の表面的関係を希薄化させているとみられるからである」。しかし，「……〈M・S〉の増大が，長い目でみた成長率の高まりには結びつかない一方で，物価上昇率のみが高まるというリスクは依然存在する」(以上，『日』1988年2月号，15-16ページ，1ページ)。

　「……一般物価は，90年初までの M_2＋CD の高い伸び率にもかかわらず，80年代後半以降総じて安定的に推移するなど，M_2＋CD を直ちに物価の先行指標とみなすのは適当でないと思われる動きがみられている。しかし，このことは必ずしも通貨・信用集計量指標一般の有用性が否定されたことを意味するわけではなく……」(『日』1992年9月号，2ページ)。

　「……1980年代以降のマネーとフローの実体経済関連指標の統計的関係の希薄化には，80年代央の円高・原油安に伴う極めて大きな交易条件の変化というリアル・ショックが一因となっているほか，資産価格の極めて大幅な変動等に伴うマネーの膨張・収縮が異例なものであったことが寄与していることを考えると，各種通貨集計量とフローの物価指標との大幅な乖離は極めてまれな一時的現象である可能性も考えられる」(同上，33ページ)。

　また，「……〈M・S〉と物価上昇率との間には，ある一定の〈M・S〉

の伸びが必ず特定の物価上昇率に結びつくといった機械的な関係が存在するわけではない……」。「……日本銀行はこれまでも金融政策の運営にあたっては〈M・S〉の伸び率のみをみるのではなく，その時々の金融・経済情勢を総合的に判断していく必要があるとの見解をとってきた。しかし，他方で，〈M・S〉の伸び率が高まれば，やや長い目でみて物価上昇につながることが多いという内外の諸経験を踏まえ，〈M・S〉の動向に格段の注意を払ってきたこともまた事実である」(同上，1992年9月号，4ページ)。

IV章 物 価

　1985－90年度の物価は，全体として安定的に推移した。卸売物価（国内卸売物価）は，1985－88年度の間低下傾向を示した。89年度・90年度には景気の拡大の中で上昇に転じたが(各年度2％前後)，この上昇も91年度にはバブルの崩壊とともに大幅に鈍化し，以後低下を続けることになった。消費者物価は，85－90年度を通じて根強い上昇を続けたが，その上昇率は各年度2％前後にとどまった。こうしてこの時期には，景気の拡大が続くなかでの物価の安定ぶりが，政府・日銀によって強調された。

　以下，この時期の物価の動きについて，このような安定を支えた諸条件を中心にみることにする。

1　物価の安定とその諸要因

(1)　卸売物価

　卸売物価（国内卸売物価）は，1985－88年度の間下落し，89・90年度と上昇したが，1985－90年度の時期を通じてみると全体として安定を保った（表1－24）。

　このような国内の卸売物価の安定をもたらした諸要因，あるいはその安定を支えた諸条件についてみると，その主因は，一般に指摘されているように，輸入物価（円ベース）の下落であった。そしてこの下落は，とくに当時における為替レートの大幅な円高の進行によるものであり，その背後にはまた，わが国の輸入原材料・諸物資の国際価格（契約通貨ベース）の安定があった（表1－24，25）。「輸入の安全弁効果」[1]の発揮である。すなわち，円高による輸入商品価格の下落は，原油などの素材原料をはじめとして中間財や最終財

表1-24 卸売物価の動き(1)

(対前年度比,%)

年　度	1985	86	87	88	89	90	84:90
A. 国内・総平均	△ 1.8	△ 5.2	△ 1.7	△ 0.5	2.6	1.5	△ 5.3
うち工業製品・計	△ 1.9	△ 5.2	△ 1.6	△ 0.4	2.8	1.7	△ 4.6
農林水産物・計	△ 0.4	△ 2.9	△ 3.0	△ 0.3	2.8	0.8	△ 3.0
B. 工業製品（国産）	△ 0.9	△ 6.4	△ 3.2	△ 0.7	2.4	1.7	
大企業性製品	△ 1.0	△ 8.2	△ 4.4	△ 1.3	2.1	1.6	
中小企業性製品	△ 0.9	△ 4.0	△ 1.9	0.2	2.9	1.9	
C. 輸出物価・総平均							
（円　ベ　ー　ス）	△ 6.6	△13.3	△ 4.4	△ 0.3	5.4	△ 0.5	△19.1
輸入物価・総平均							
（円　ベ　ー　ス）	△ 9.8	△37.3	△ 0.3	△ 3.6	10.7	5.8	△36.5
（契約通貨ベース）	△ 4.1	△18.7	12.8	3.8	3.2	5.7	△ 0.5
D. 総合卸売物価（総平均）にたいする寄与度							
国内卸売物価	△ 1.3	△ 4.3	△ 1.4	△ 0.4	2.1	1.2	
輸　出　物　価	△ 0.8	△ 1.2	△ 0.6	0.0	0.7	0.0	
輸　入　物　価	△ 1.2	△ 3.9	0.0	△ 0.3	0.7	0.4	
為　替　要　因	△ 1.2	△ 4.0	△ 2.4	△ 1.7	1.4	0.3	
E. 為替レート(円/ドル)	221.09	159.83	138.33	128.27	142.82	141.30	
変　化　率(%)	9.5	27.7	13.5	7.3	△11.3	1.1	

〔備考〕　△は下落を示す。
〔出所〕　A，C：日銀『経済統計年報』。
　　　　B：中小企業庁の算出（『中小』による）。
　　　　D：『日』1990年4月号，91年5月号。
　　　　E：『物』。

に及び，国内卸売物価の下落・安定の大きな要因となった。さらに，最終財卸売物価の下落は，次にみる消費者物価の安定（上昇の抑制）に寄与した。

このような卸売物価の変動要因について，日銀や経済企画庁の説明をもとにみることにする。[(2)]

【1985-88年度の下落】　国内卸売物価は85-88年度の間全体として下落を示した。この時期には，工業製品価格の下落のほか農林水産物価格も下落し，工業製品のうち中小企業性製品価格も下落または低い上昇にとどまった。

卸売物価のこうした低落をもたらす要因となったのは，まず——さきにも記したように——輸入条件であり，輸入物価の大幅な下落，およびこれにもとづく輸入数量の増加であった（表1-24，25，および後出，表1-28，29

表1－25　卸売物価の動き(2)（需要段階別・用途別）

(対前年度比，％)

年　　度	1985	86	87	88	89	90	84：90
国内需要財	△ 2.8	△ 8.8	△ 1.6	△ 0.8	3.2	1.8	△ 9.0
国内品	△ 1.8	△ 5.3	△ 1.8	△ 0.6	2.6	1.5	△ 5.3
輸入品	△ 9.9	△31.4	△ 0.4	△ 3.6	10.7	5.8	△36.5
素原材料	△ 8.9	△34.9	1.6	△ 3.9	11.0	5.1	△32.3
国内品	△ 3.5	△ 5.9	1.4	0.9	5.3	△ 0.3	△ 2.4
輸入品	△11.2	△48.9	1.7	△ 8.0	16.6	9.9	△45.5
中間材	△ 3.2	△ 8.9	△ 1.7	0	3.5	1.9	△ 8.5
国内品	△ 2.6	△ 7.8	△ 1.8	△ 0.3	3.5	1.8	△ 7.2
輸入品	△10.4	△25.2	△ 0.5	3.7	5.5	1.3	△26.9
最終財	△ 0.6	△ 2.5	△ 2.0	△ 1.3	1.4	1.3	△ 3.6
国内品	△ 0.4	△ 2.0	△ 1.9	△ 1.1	1.3	1.0	△ 2.9
輸入品	△ 3.6	△16.1	△ 5.6	△ 6.1	6.3	6.1	△19.0
資本財	△ 0.4	△ 2.7	△ 1.8	0	3.1	1.0	△ 0.7
消費財	△ 0.6	△ 2.4	△ 2.1	△ 1.8	0.5	1.4	△ 4.8
うち耐久財	△ 1.2	△ 2.4	△ 3.8	△ 3.4	△ 5.8	△ 1.1	△16.3
非耐久財	△ 0.4	△ 2.4	△ 1.6	△ 1.1	2.6	2.2	△ 0.6

〔備考〕　△は下落を示す。
〔出所〕　日銀・総合卸売物価（需要段階別・用途別）指数。

【付表】輸入物価・品目別（1985年度対90年度）

(％)

品目別	円ベース	契約通貨ベース
食料品・飼料	△ 23.7	10.2
繊維品	△ 10.7	31.3
金属	△ 12.0	26.7
木材・同製品	7.4	67.1
石油・石炭・天然ガス	△ 43.9	14.8
化学製品	△ 26.8	7.3
機械器具	△ 23.7	4.3
雑品	△ 9.1	29.0

〔備考〕　△は下落を示す。
〔出所〕　日銀・輸入物価指数（1985年基準）。

を参照)。原材料や中間財などの輸入価格の下落は生産コストの減少に寄与し，輸入数量の増加とくに製品輸入の増加は，後にもみるように，国内市場における需給の緩和要因となり，また競合する国産品との競争を強めることによって，国内物価上昇の抑制作用を果たした。こうした輸入条件はまた，中小企業性製品価格の上昇抑制の大きな要因となり，さらに工業製品だけではなく農林水産物価格の上昇の抑制にも寄与した。この時期にはまた，商品需給の緩和状況が総じて続き，これが，上記のような輸入要因の価格引き下げ作用を強めるとともに，生産・供給コストの増加の販売価格への転嫁を抑制した。

【1989年度・90年度の上昇】　卸売物価は89年度・90年度と上昇した。全体の上昇率は年2％前後と低位にとどまっていたが，その上昇は，工業製品(大企業製品，中小企業製品)や農林水産物など全面化した。この上昇の主因は，輸入物価の上昇，および景気の拡大 (→需給の引き締まり) にもとづく，生産・供給コストの増加の販売価格への転嫁であった。

まず，89年度の上昇には同年4月に実施された消費税の影響 (消費税の販売価格への転嫁) が大きかったが，1985-88年度の下落期と比べてみると，89年度・90年度には，輸入条件が，これまでの物価の引き下げ要因から引き上げ要因に転化した。為替レートの円安化 (および原油など原材料輸入物資の国際価格の上昇) にもとづく輸入物価の上昇である。そして，これにもとづく生産コストの増加，および賃金コストや物流費の増加などの生産・供給コストの増加が，景気の拡大の進行にもとづく需給の引き締まりを背景に，販売価格の引き上げへと転嫁された。他方，輸入条件のうち，輸入数量 (その増加) は，これらの引き上げ作用にたいして引き続きその抑制要因となった。しかしその力は1985-88年度当時に比べれば弱まった。

すなわち，89年度・90年度には上記の「輸入の安全弁効果」の力が弱まり，景気の拡大が続くなかで国内的な物価引き上げ要因がその力を強め，卸売物価の上昇をもたらした。

　　(1)「輸入の安全弁」効果について，『経』によれば，「〈1〉輸入の増加によ

って国内需給の引き締まりによる物価上昇圧力が放出される効果,〈2〉大幅な円高の下で海外からの競争圧力が強まっていることが物価上昇を抑制する効果,〈3〉円高によって輸入原材料価格が下落しコスト面から物価上昇を抑制する効果」(平成2年版,73ページ)。また,「製品輸入の浸透に伴い競合関係にある国内製品の価格が直接・間接に抑制される効果」(『日』1990年5月号, 2ページ)。

(2) 1985-90年度における国内卸売物価の変動要因について,『日』の説明を摘記する。また『経』や『物』でも大体同様な説明が行なわれている。

〔1985年度〕　△1.8％

「何んといっても……,国内財価格に対する輸入財価格下落の直接・間接の影響によるところが大きい」。輸入財価格の下落要因──「①為替円高が円ベースの……輸入物価を押下げた。②原油をはじめとする海外一次産品市況の下落が契約通貨ベース輸入物価を押下げた」。「こうした輸入財価格下落の国内卸売物価への影響は,輸入財と直接競合する国内財の下落と輸入原材料コスト安に伴う国内財の下落という形で現われており,こうした国内財の下落は国内卸売物価(85年度平均)の前年度比下落の6割程度に相当するものとみられる」(以上,『日』1986年4月号,76-79ページ)。

〔1986年度〕　△5.2％

「……為替円高と輸入原油安を主因とした輸入物価大幅下落……の影響がタイムラグを伴いながら,年度間を通じ,直接・間接に国内財価格押下げ要因として寄与,これを主因として国内卸売物価」が下落した(同上,1987年4月号,55ページ)。

また,「……国内物価の著しい鎮静は,円高・原油安に伴う輸入素原材料価格の下落が,企業の投入・産出価格の低下を通じて中間財,最終財へと幅広く波及したことによるものである。また同時に,円高のデフレ効果に基づく製品需給の緩和や名目賃金上昇率の鈍化が,こうした価格の波及を促進した面があることはいうまでもない」(『日』1987年5月号,13ページ)。

〔1987年度〕　△1.7％

石油関連製品価格が「円高,既往原油安による原燃料コスト低下の還元から下落したほか,電気機器……等機械類が内外価格差の拡大を背景とする製品輸入の増加や企業の内需指向の強まりによる競合の激化から値下がりした」(『日』1988年4月号,63ページ)。同様に,「〈87〉年度における

物価の安定は，前年度に引続き為替相場の円高化に負うところが大きい」。これに加えて，賃金コストの低下，および「最終財，中間財といった製品類の輸入数量の急増」→「国内品と輸入品の価格競合の強まり」→「競合する国内品の価格上昇抑制」の作用を指摘（同上，1988年5月号，23-25ページ）。

また，「円高は，円ベースの輸入価格を下落させて輸入品と国内の中小企業の製品との競合を一段と厳しくさせ〈た〉」（『中小』昭和62年版，14ページ）。

〔1988年度〕　△0.5%

「内外の需給がタイト化するなかで，〈4年連続の下落という〉記録的な物価安定が実現した背景をみると，基本的には為替円高と原油安が相まって，輸入コストの低下を通じ国内卸売物価にも波及してきたことによるところが大きい」。ただし，「……旺盛な設備投資需要を背景に……設備投資関連〈価格〉……は年度間を通じてジリ高傾向をたどったほか，……世界的な需要盛上がりや米国の干ばつの影響により……，非鉄関連〈価格〉……，穀物関連〈価格〉……も各々大幅上昇した」（以上，『日』1989年4月号，86-88ページ）。

また，「国内卸売物価は総じて安定圏内で推移した」。このような「景気の急速な拡大と卸売物価の安定が両立し得た背景」として，「①既往の円高と原油価格の低下に伴い輸入原材料コストが低下したこと，②生産数量の高い伸びに支えられてユニット・レーバーコストが低下したこと，③製品輸入の浸透により国内価格が直接・間接に抑制されたこと……④インフレ期待の鎮静を背景として，企業が慎重な在庫投資態度に終始したこと等を挙げることができる」（同上，1989年5月号，21ページ）。

〔1989年度〕　2.6%

「……5年ぶりの上昇となった。これは①消費税の転嫁による上昇に加え，②景気の持続的拡大を背景とした国内製品，労働需給タイト化の影響や，③円安，原油高の国内品〈石油製品〉への波及，による面が大きい」（『日』1990年4月号，134ページ）。消費税導入（89年4月）の影響を除けば，「物価上昇テンポはなお比較的マイルドなものにとどまり，引続き物価安定の基調が維持された」。その背景としては，89年5月以降における公定歩合の引き上げの下で，「①インフレ期待の落着きが景気拡大下でも維持されたこと，②『輸入の安全弁』効果〈注1を参照〉が引続き作用したこ

と，③収益好調等もあって企業の製品価格引上げ意欲が顕現化しなかったこと，等が大きく寄与したものと思われる」(同上，1990年5月号，11ページ)。

〔1990年度〕　1.5％

「……①製品需給がタイトな中で，幅広い業種において，人件費・物流費・原材料費等のコストアップを製品価格に転嫁する動きが年度中一貫してみられたこと，②湾岸危機に伴う原油価格の高騰を背景に，秋口以降，石油関連製品が大幅な上昇をみたこと，等から……続伸した」(『日』1991年5月号，71ページ)。また，「……大枠においてはこれまでの落着き基調を持続した」が，景気拡大が続くなかで，「物価上昇圧力がじわじわと高まった……」。「〈その〉基本的な背景としては，①製品・労働需給がかなり引締まった状態で推移し，②その下で，企業の人件費，物流費，外注加工費などが上昇傾向をたどったこと，など，5％前後の高い経済成長が4年以上にわたって続いたことにより基調的な物価上昇圧力がじわじわと高まってきたことであろう」。「……人件費の影響を受け易い製品・サービス価格がじわじわと一貫して上昇を続けている」(同上，1991年6月号，8－9ページ)。

(2)　消費者物価

消費者物価は，1985－90年度の間全体として上昇を続けた(表1－26)。85－88年度の上昇は年率1％前後にとどまっていたが，89－90年度にはそれが3％前後へと高まった。まず，サービス価格はこの時期を通じて年率3％前後の上昇を続けた。これに次いで，物的諸商品価格のなかの農水産物価格と中小企業性工業製品価格が上昇し，この両者はとくに89年度・90年度において上昇率を高めた。他方，大企業性製品価格はこの間総じて安定的に推移した。

このような消費者物価の変動要因を，経済企画庁と日銀の説明をもとにみることにする。[3]

【1985－88年度】　この時期における消費者物価の安定(低位上昇)の要因となったものは，前記の卸売物価のばあいと同じく，まず輸入物価の下落と輸入数量の増加であった。輸入原材料価格の下落は，消費資料の生産コスト

表1-26 消費者物価の動き

(対前年度比,%)

年　　度	1985	86	87	88	89	90	84:90
総　合	1.9	0.0	0.5	0.8	2.9	3.3	9.6
商　品	1.1	△ 1.6	△ 0.6	0.2	2.3	3.6	5.0
農水畜産物	2.1	△ 3.9	△ 0.4	2.0	3.1	7.7	11.1
工業製品	0.9	△ 0.6	△ 0.5	△ 0.2	2.1	3.0	4.5
大企業性製品	△ 0.3	△ 2.5	△ 1.4	△ 1.9	0.4	2.5	△ 3.5
中小企業性製品	1.9	1.2	0.4	1.2	3.7	3.3	12.2
サービス	3.1	2.3	2.0	1.4	3.6	2.8	16.1

〔備考〕 △は下落を示す。
〔出所〕 総務庁統計局・消費者物価指数。

の減少に寄与し、これを通じて消費者物価の安定（上昇抑制）の要因となった。また、消費資料の製品輸入価格の下落と製品輸入の増加は、それら消費資料の卸売価格および競合する国内品の卸売価格の引き下げ・上昇の抑制を通じて、あるいは直接的に、消費者物価の下落・上昇抑制に寄与した。こうした動きは、とくに中小企業性工業製品価格の上昇抑制に作用した。

なお、この時期を通じて消費者物価の引き上げ要因として指摘されたものは、低生産性部門における賃金コストの増加とその製品販売価格への転嫁であった。賃金コストの動きについては2節の(3)でみるが、この増加は、中小企業部門において、上記の輸入条件の価格引き下げ作用に抗して消費者物価の引き上げ圧力を形成し、とくにサービス部門においては、需要増加の進行を裏付けに、増加した賃金コストが価格へと転嫁されていった。

【1989年度・90年度の上昇】　消費者物価は、89年度・90年度には年率3％前後へと上昇率を高めた。農水畜産物、中小企業性工業製品、サービスの価格が上昇率を高めたのをはじめ、これまで安定していた大企業性工業製品価格も上昇に転じた。

89年度の上昇には、消費税の導入とその販売価格への転嫁という状況があったが、89年度・90年度の上昇についてはとくに、輸入物価（その上昇）が引き上げ要因へと転化した。製品輸入の増加は引き続き引き下げ要因を形成したが、その力は弱まった。さらに、賃金上昇（→賃金コストの増加）の消費者物価引き上げ圧力が強まり、この賃金コストの増加は、需給の引き締ま

りのなかで，サービス価格や中小企業性工業製品価格をはじめとして，消費者物価全体の上昇をもたらした。

（3） 1985－90年度における消費者物価の変動要因について，『経』と『日』の説明を摘記する。

〔1985年度〕　1.9％

「……消費者物価が安定基調で推移したのは，原油価格の引き続く下落や海外一次産品価格の安定等により卸売物価が下落傾向で推移したことのほか，生鮮果物の下落などが主な要因である」（『経』昭和61年版，参考資料78ページ）。

〔1986年度〕　0.0％

「〈86〉年度中の消費者物価……が極めて落着いた推移をたどったのは，為替円高の進行，海外原油相場の下落，海外原料品市況の低迷による輸入財価格の下落によるところが大きいとみられる」（『日』1987年4月号，61，64ページ──直接には東京都区部の消費者物価を対象とする説明）。

〔1987年度〕　0.5％

商品（サービス以外の）価格の安定──「……円高，原油等の輸入原材料価格低下の効果が波及したことや，輸入品との競合による価格低下に加え，生鮮食品の下落も寄与している」。サービス価格は上昇が続く──「……輸入価格の低下の効果が小さく，人件費等コスト面からみてもその下落効果は小さいことや，そもそも景気や需給要因等による価格変化があまりみられないこと等によるものと考えられる」（以上，『経』昭和63年版，57ページ）。

〔1988年度〕　0.8％

「……前年度に引き続き安定した動きとなったのは，サービス価格の上昇が鈍化したこと，円高・原油安の下で輸入原材料価格の下落に加え，製品輸入の拡大等により耐久消費財等が下落したことなどが主な要因として挙げられる」（『経』平成元年版，参考資料75ページ）。

〔1989年度〕　2.9％

「……消費税の転嫁による上昇に加え，除生鮮食品のうち被服，石油製品，民間サービスの値上がりが大きく響き，……〈81年度〉以来の上昇率となった」。生鮮食品価格の上昇──天候不順による入荷減など。商品価格

の上昇——被服(「材料・加工賃高の転嫁」など),石油製品(「円安・原油高による仕入価格上昇分の小売価格への転嫁」)。民間サービス価格の上昇——「消費税の転嫁を主因に……大幅に上昇した」。および「人手不足のなか人件費高の転嫁」,家賃の上昇(諸コストの上昇による),など(以上,『日』1990年4月号,138-141ページ——東京都区部を対象とする)。
〔1990年度〕 3.3%
　「……消費税転嫁要因が一巡したものの,①生鮮食品が天候不順等により高騰したこと,②労働需給の逼迫等を映じて民間サービスも騰勢地合いを持続したこと,③人件費・物流費等既往コスト上昇分を製品価格に転嫁する動きが工業製品において幅広くみられたこと,④原油高を映じて石油製品が値上がりしたこと」などによる(『日』1991年5月号,77ページ——東京都区部を対象とする)。

(3) 物価安定の諸要因

　以上,1985-90年度の卸売物価と消費者物価の動きについて概括したが,この時期における全体としての物価の安定的な推移——卸売物価の安定,消費者物価上昇の低位維持——は,輸入の好条件(輸入価格の下落と輸入量の増加,あるいはわが国の必需物資の低価格での輸入とその輸入量の確保)に大きく依存していた。
　まず,原材料をはじめ製品(中間財・消費財)の輸入価格の下落であり,これは円高の進行,および当該輸入諸商品の国際価格の安定によってもたらされた。このような輸入価格の下落は,生産コストの減少作用を通じて,工業製品の卸売物価の安定と消費者物価の上昇の抑制に寄与した。また,この輸入物価の下落によって促進された製品輸入の増加は,国内市場への供給を増加させ,競合する関連諸商品との販売競争を強めることによって,とくに中小企業性工業製品価格(その卸売価格および消費者価格)の上昇抑制作用を果たした。
　また,この時期を通じて物価の引き上げ要因として指摘されたものは,賃金コストの増加であった。後にみるように,大企業・工業部門では労働生産性の向上が賃金コストの減少をもたらした。しかし中小企業・工業部門やサ

ービス業においては，賃金コストは——販売の好調さによる操業度の上昇がその増加の抑制に作用したものの——増加を続けた。そして，こうした賃金コストの増加は，景気の拡大とこれにもとづく需要増加の進行（→需給の引き締まり）のなかで，販売価格に転嫁され，サービス価格や中小企業性工業製品価格（その卸売・消費者価格）の上昇をもたらすことになった。

　この時期における物価の総体的な安定は，このように主として，わが国の輸入における好条件によって支えられたものであり，他方，賃金コストの増加や需要の拡大（内需拡大の進行）といった国内的諸条件が，物価引き上げ要因として根強く存在していた（このことは，輸入面の引き下げ作用が弱まった89年度・90年度における物価の上昇に現われた）。

　このような当時の物価変動の諸要因について，需給条件の面から次にみることにする。

2　需給状況

　前記のような物価の動きの背後にあってこれを規制している諸商品の生産や需給関係について，1985－90年の状況を概括する。そしてこれを通じて，この時期の物価の安定が何によって支えられていたかをみることにする。

(1)　需要の動き

　国内需要は，1985－90年度を通じて増加を続けたが，とくに87年度から90年度にかけて年率6％前後の高い増加率を示した(表1－27)。内需拡大の進展である。また86年度には，民間需要の停滞にたいして，公的需要の増加率の高さが目立った。この85－90年度における国内の需要規模の拡大（国内市場の拡大）はまた，輸出の停滞の下で，輸入を大幅に増加させながらそれを吸収しつつ進行したものであった。

　このような内需拡大の進行（とくに1987年度以降における）を支えた主体は民間需要（民間の消費支出および設備投資）の増加であったが，公的需要もまた1986－90年度において毎年度増加し，この民間需要の拡大を下支えし

表1-27 需要の指標(1985-90年度)

(対前年度比, %)

年　度	1985	86	87	88	89	90
A．GDE						
名目	6.5	4.7	5.0	6.8	7.3	7.7
実質	4.1	3.1	4.8	6.0	4.4	5.5
B．国内需要,輸出入(実質)						
国内需要	3.8	4.1	5.9	7.0	5.1	5.3
民間需要	5.2	3.8	6.4	8.2	5.7	5.6
うち最終消費支出	3.5	3.9	4.1	5.6	4.2	4.2
住宅	2.8	10.7	25.9	4.6	1.6	4.9
企業設備投資	12.0	3.2	7.9	16.5	12.3	11.3
公的需要	△ 2.2	5.6	3.6	1.1	1.8	3.4
うち最終消費支出	0.9	5.0	1.5	2.3	1.6	2.2
公的固定資本形成	△ 6.5	5.6	8.5	△ 0.0	1.7	4.6
財・サービスの純輸出	12.3	△19.5	△29.1	△37.6	△44.8	45.4
同, 輸出	2.4	△ 4.8	0.4	8.0	8.2	6.5
同, 輸入	△ 2.6	3.9	14.0	21.0	16.0	3.7
C．GDE(実質)増加率寄与度(%)						
GDE(実質)	4.1	3.1	4.8	6.0	4.4	5.5
国内需要	3.6	4.0	5.7	6.8	5.0	5.2
民間需要	4.0	3.0	5.1	6.6	4.7	4.7
うち最終消費支出	2.1	2.3	2.4	3.3	2.5	2.4
住宅	0.1	0.5	1.3	0.3	0.1	0.3
企業設備投資	1.7	0.5	1.2	2.6	2.1	2.1
公的需要	△ 0.4	0.9	0.6	0.2	0.3	0.5
うち最終消費支出	0.1	0.5	0.2	0.2	0.2	0.2
公的固定資本形成	△ 0.5	0.4	0.6	△ 0.0	0.1	0.3
財・サービスの純輸出	0.5	△ 0.8	△ 1.0	△ 0.8	△ 0.6	0.3
同, 輸出	0.3	△ 0.5	0.0	0.8	0.8	0.7
同, 輸入	0.2	△ 0.3	△ 1.0	△ 1.6	△ 1.4	△ 0.4

〔備考〕 △は減少を示す。なお, Cの財・サービスの輸入の△は, これらの輸入の増加を示す。
〔出所〕 経済企画庁『国民経済計算年報』平成12年版。

刺激する役割を果たした[4]。とくに民間企業の設備投資が低落した86年度および87年度には，政府（および地方公共団体，公的企業）による建設事業や設備投資（公的固定資本形成）が拡大して，建設資材や機械設備などの公的需要が増加し，これが前者の停滞を下支えした。

すなわち，この時期の内需の拡大は，上記のように，直接的には民間需要の増加の進行によるものであったが，この内需拡大を刺激し下支えしたものは，まず，政府の経済政策運営（内需拡大推進政策）とこれにもとづく公的需要の増加であった。また，この内需拡大の金融的手段となったのが金融緩和政策の推進であり，これにもとづく市中金融機関の信用活動の拡大と市場金利の低下が，民間企業の設備投資の拡張を促すことになった（大幅な金融緩和状況の長期化はまた「バブル」の膨張を生み出したが，企業の設備投資もこの「バブル」の膨張に包まれて増加した）。

そしてこのような需要規模の拡大の進行は，前記のように，生産・供給側の企業にとっては，売上高を伸ばし，賃金コストなどの生産・供給コストの増加を販売価格に転嫁させ，さらに収益の増加を可能にする好環境となった。

（4） 経済活動や景気の拡大を促し，またはその減退を下支えした1985－90年度の諸要因について，『経』と『日』から摘記する。
〔1985年度〕
『経』；「……輸出が弱含む一方で，国内需要は引き続き緩やかな増加を示した。……家計部門の需要が，緩やかながら着実な増加を続けるとともに，設備投資も総じて着実な増加を示した。……」（昭和61年版，101ページ）。
〔1986年度〕
『日』；「……外需が減少する一方で，国内需要は家計支出や非製造業設備投資を中心にほぼ一貫して堅調な足取りを維持し，全体の景気を下支える役割を果した」（1987年5月号，10ページ）。
〔1987年度〕
『日』；「〈わが国の経済は〉内需の急速な回復を背景として本格的な拡大過程に入った」。「……円高によるデフレ効果が一巡するなかで，円高によ

る交易条件の変化が, 物価安定の支出拡大効果や内需向け設備投資促進効果を通じて有効需要に結びつく〈いた〉」。そして, 経済活動拡大の要因として, ①個人消費の堅調, ②非製造業部門の設備投資の盛り上がり, ③製造業部門における内需転換のための設備投資の展開, ④拡張的財政政策, などを指摘する（以上, 1988年5月号, 8, 20ページ）。

『経』；「〈87〉年度の日本経済は, 急速な景気上昇の年となった。国内需要は民間需要, 公的需要とも堅調な伸びを示し, 内需主導型経済成長が実現した」。87年度において, ①「全体を通じて底流として景気上昇を支えたもの」——「円高メリットの波及」（輸入価格の低下は, 製造業者や流通業者の収益増加をもたらし, また最終需要財の価格低下によってこれにたいする需要を増加させた）,「在庫・設備の調整の完了」（これにもとづく企業投資の増加への転換）,「金融緩和」（これが非製造業の設備投資などの増加をうながした）, ②87年度後半の急速な景気上昇をもたらしたもの——「緊急経済対策の効果」,「企業の内需転換努力や消費者の消費意欲の高まり」（以上, 昭和63年版, 9-10ページ）。

〔1988年度〕

『日』；「内需主導の持続的景気拡大」。①非製造業および製造業における設備投資の拡大——「需要面で〈88〉年度経済の最大の牽引役は, 民間設備投資であった」, ②個人消費の好調, ③公共投資を中心とする財政支出の拡張（以上, 1989年5月号, 11, 14, 17ページ）。

『経』；「〈88〉年度の我が国経済は, ……堅調な個人消費と力強い民間設備投資に牽引され, 内需が内需を増大させる自律的拡大を続けた」。また民間設備投資の拡大について——「①将来の成長見込みの上方修正, ②生産の拡大による稼動率の上昇, ③販売数量増や投入価格の低下等による企業収益の大幅な増加等, 良好な投資環境が, 製造業, 非製造業の投資をともに拡大させた……」（以上, 平成元年版, 5, 9ページ）。

〔1989年度〕

『日』；「〈89〉年度以降は, 景気が成熟局面入りした後, 高原状態を続けている……」。「〈89年度は〉外需が一貫してGNPに対しマイナス寄与を続ける一方で, 設備投資, 個人消費を中心とする国内民需の好調がGNPを押上げており……」,「〈87年からの〉今次景気拡大局面の最大の特徴は, 設備投資の力強い拡大〈技術革新の進展とその下での企業経営の積極化, 労働代替的な省力・合理化投資の活発化などによる〉が景気の牽引車となっ

IV章 物価 81

てきたことである」(以上，1990年5月号，6－13ページ)。

『経』；「……設備投資，個人消費に牽引された自律的な性格の強い内需主導の拡大を続けた。とりわけ，設備投資の伸びは著しく，……」(平成2年版，7ページ)。

〔1990年度〕

『日』；わが国の経済は「堅調な拡大を続けた」。これを支えたものは，①前年度で指摘したような「設備投資の高い伸び」，②労働需要の増大による雇用者所得の増大にもとづく「個人消費の着実な増加」(以上，1991年6月号，3－7ページ)。

『経』；「消費と設備投資の二本柱」に支えられて内需の拡大が続いた(上記の『日』と同様な点を指摘——平成3年版，38－39ページ)。

(2) 生産・供給の動き

まず，1985－90年における製造業の生産・出荷量は，88年・89年を中心に，投資財をはじめとして，全体として増加を続けた(表1‐28)。この時期にはまた，円高・輸入価格の低下を背景に輸入(とくに加工製品)の増加が著しかったが(表1‐28，29)，国内品の生産・供給もこのなかで増加を続けた。

このように，この時期には，国産品の供給量の増加に輸入品の増加が加わり，国内市場への製品の供給量が増加を続けた。そしてこうした供給の増加は，需給の緩和を通じて物価上昇の抑制要因として作用した。また，増加した輸入品のなかでは中小企業性製品に属するものの割合が大きく(表1‐29)，これは国内の中小企業製品との競争を強めることによって，中小企業性工業製品価格の上昇を抑制する作用をもった。

上記のように，この時期には生産と輸入による国内市場への供給・販売量が増加を続け，これらは需給を緩和することによって物価の上昇を抑制する作用を果たしたが，こうしたなかで，金額で表わされる企業の売上高や企業収益もまた全産業・全企業的に増加した。

売上高は，この時期には1987－88年を中心に総じて増加を続け，こうした売上高の増加を背景に，企業収益もこの間増加を示した(製造業で86年に売上高・企業収益が減少したのを除いて；表1‐30)。

表1-28 生産・供給の動き (1985-90年)

A. 生産 (対前年比, %)

年	1985	86	87	88	89	90
製造工業・計	3.7	△0.2	3.4	9.6	6.2	4.6
最終需要財	5.5	0.6	2.6	8.7	6.0	4.6
うち投資財	5.0	△0.8	4.0	11.7	8.3	4.6
消費財	5.9	2.1	1.1	5.7	3.4	4.7
生産財	1.6	△1.3	4.5	10.5	6.1	4.5

B. 生産者出荷

年	1985	86	87	88	89	90
製造工業・計	3.5	0.5	4.0	8.6	6.2	5.2
最終需要財	5.9	1.1	3.0	7.2	5.8	5.3
うち投資財	2.9	△0.3	5.1	9.7	8.5	5.8
消費財	5.8	2.3	1.3	4.8	8.3	4.9
生産財	0.6	△0.2	5.0	10.4	6.3	4.9

C. 供給（鉱工業）

	年	鉱工業	最終需要財 計	投資財	消費財	生産財
総供給	1986	1.2	2.8	1.5	3.9	0.1
	87	4.7	5.3	6.7	4.0	4.9
	88	9.8	7.9	10.3	5.7	12.4
	89	6.8	6.9	9.0	5.1	6.9
	90	5.4	5.5	6.5	4.7	5.1
国産	1986	△0.2	0.9	1.1	0.7	△1.5
	87	3.9	3.5	6.2	1.1	4.6
	88	9.5	7.8	10.0	5.8	11.7
	89	6.7	6.8	8.7	4.9	6.8
	90	5.4	5.7	5.8	5.8	4.9
輸入	1986	13.0	39.7	11.5	54.6	19.9
	87	10.5	30.0	16.1	35.3	9.3
	88	11.4	8.8	20.9	4.8	19.7
	89	7.3	8.8	12.5	7.3	8.0
	90	5.8	2.8	19.6	△3.8	6.5

〔備考〕 Cの生産財は鉱業を除く。
〔出所〕 A・Bは通産省「生産指数」,「生産者出荷指数」(1985年基準指数), Cは同「鉱工業総供給表」(1985年基準指数)。

表1-29 輸出入の動き (1985-90年)

A. 輸出入 (対前年比, %)

年	1985	86	87	88	89	90
輸 出						
価格指数	△ 0.5	△15.4	△ 5.8	△ 3.1	7.3	3.9
数量指数	4.6	△ 0.6	0.3	5.1	3.8	5.5
輸 入						
価格指数	△ 4.2	△36.7	△ 7.7	△ 5.3	11.9	10.5
うち原料品	△ 9.3	30.8	△ 1.0	7.6	13.4	1.9
加工製品	△ 4.0	△23.9	△ 4.1	△ 4.9	10.7	5.9
数量指数	0.4	9.5	9.3	16.7	7.8	5.8
うち原料品	3.6	△ 0.6	8.4	2.9	3.0	△ 3.8
加工製品	1.8	22.6	12.5	30.5	12.3	10.3

B. 輸出入額の規模別構成 (%)

年	輸　　出		輸　　入	
	大企業性製品	中小企業性製品	大企業性製品	中小企業性製品
1985	49.9	13.5	32.9	39.6
86	49.8	13.0	29.8	42.3
87	50.8	12.8	29.3	43.3
88	51.5	13.0	28.7	44.1
89	50.7	13.0	29.0	45.3
90	50.0	13.5	31.5	42.9

〔備考〕　1)　△は減少を示す。
　　　　　2)　B：輸出額，輸入額の全体に占めるそれぞれの割合を示す。
〔出所〕　A：大蔵省・貿易指数（1985年基準）。B：『中小』の付属統計。

売上高や企業収益の動きではまた，大企業および非製造業部門の好調さが目立ち，これらの増加は，中小商業・サービス部門をはじめとして，中小企業全体に及ぶものとなった。前記のように，この時期には製品輸入が増加したが，その輸入価格の動きと国内の卸売・消費者物価の動きとの間の大幅なズレに示されるように，この輸入製品を扱う商業部門（中小商業を含めて）は円高差益を享受することになった。他方，製品輸入の増加によって国内の中小企業は販売競争の高まりに直面したが，こうした状況のなかでも，中小企業部門は全体として売上高や収益を増加させた。

この時期には，このように，国内市場にたいする生産・供給量が増加するとともに企業の売上高も増加し，収益も好調さを示した。この時期の物価は，さきにみたように，安定的に（卸売物価）あるいは低率の上昇で（消費者物

表 1 - 30　売上高と企業収益の動き

A．産業別　　　　　　　　　　　　　　　　　　（対前年度比，％）

年　度	1985	86	87	88	89	90
全産業						
売上高	6.9	△ 0.2	5.6	13.9	2.8	9.2
営業利益	1.0	△ 5.8	24.1	23.3	7.0	8.1
経常収益	4.2	△ 2.0	31.7	29.6	8.3	△ 2.0
製造業						
売上高	7.8	△ 2.7	0.2	9.6	8.9	5.1
営業利益	△ 7.8	△19.9	28.6	29.6	10.3	0.7
経常収益	△ 1.9	△16.8	34.5	34.0	12.3	△ 3.8
非製造業						
売上高	6.4	1.0	8.0	15.6	0.5	10.9
営業利益	9.3	5.5	21.4	21.0	4.7	13.5
経常収益	11.2	12.9	29.6	26.2	5.0	△ 0.5

B．売上高純利益率（全産業・規模別）　　　　　　　　　（％）

	1985	86	87	88	89	90
大企業	2.7	2.6	3.0	3.6	3.4	3.2
中小企業	1.4	1.5	2.1	2.2	2.5	2.1

〔備考〕　1)　△は減少を示す。
　　　　2)　Aの営業利益＝売上高－売上原価－販売費および一般管理費。経常収益＝営業利益＋営業外収益－営業外費用。『法人企業統計年報』による。
　　　　　　Bの売上高純利益率＝売上高÷純利益(税引き前)。大企業＝資本金1億円以上，中小企業＝同1億円未満。『中小』平成4年版による。

価) 推移したが，こうした物価の安定状況のなかで，企業は，全体として，販売を増加させ収益を伸ばした。あるいはまた，賃金コストを中心に生産・供給コストは増加したが(後述)，企業はそのコストの増加を多かれ少なかれ販売価格に転嫁し収益を確保するとともに，販売量をも増加させていった，とみることができる。換言すれば，この時期の安定した物価は，生産・供給企業にとって，全体として有利な水準のものであった。

　そしてこのような状況は，当時の需要規模の拡大・内需拡大の進行によって支えられたものであった。

（5）「今回の内需中心の景気拡大期〈1987－89年〉は，中小企業にとって規模・業種を問わず，また，地域的な偏りもなく好影響が広く及ぶものとな

っている」(『中小』平成3年版,31ページ)。また,「……今回は,中小企業が大企業と同様のテンポで回復を続けたことが特徴的である」(87年からの状況,同上,平成元年版,4ページ)。「今回の内需の拡大は,多業種にわたり中小企業にビジネスチャンスを与えている」(同上,平成2年版,10ページ)。
(6)「〈中小企業が〉円高によるメリットを享受している部分を無視することはできない。とくに今回の円高とほぼ時期を同じくして原油価格の下落が加わり,中小製造業にとっては原材料・燃料価格の低下,中小商業にとっては輸入商品の取扱いというかたちのメリットが生じている」(『中小』昭和62年版,127ページ)。

(3) 生産・供給コストの動き

【賃金コスト】　賃金コストについては資料の制約が大きいが,若干の資料から当時の状況を推定してみる。

まず表1-31(および表1-32)によれば,製造業部門では,1985-89年の間,賃金コストは全体として減少を続けたと推定される(90年には増加に転じたが)。すなわち,製造業全体としてみて,この時期には,労働生産性の上昇(産出高の増加と労働投入量の減少による)が続き,そしてこの労働生産性の上昇が賃金の上昇を上回るという状況によって,賃金コストの減少が続いたと推定される。とくに大企業部面では,賃金は上昇を続けたが,同時に機械器具製造業をはじめとして労働生産性の向上が著しく,賃金コストは減少を続けたとみることができる。

しかし中小企業部面では,賃金の上昇が続いたのにたいして労働生産性の上昇は遅れ,全体として賃金コストが増加を続けたとみられる。ただしこの中小企業部面においても,設備投資が1987年頃から増加し(表1-33参照),労働装備率も高まっており,これらは,省力化に寄与し賃金コストの増加にたいする抑制作用をもったことであろう。また,表1-31の労働生産性の数字は,前記のように,生産活動の変化によって大きく左右される。操業度が高まれば——生産技術の面で変化がなくとも——労働生産性の数字は上昇の動きを示す。こうして,生産・販売量が増加した87年以降は,中小企業部面

表 1 - 31　賃金コストの動き (1985－90年)

(1) 製造業全体　　　　　　　　　　　　　　　　(対前年比，%)

年	1985	86	87	88	89	90
A．労働投入量	△0.8	△2.1	△1.9	△2.0	△0.1	0.6
B．産出量	3.7	△0.2	3.4	9.6	6.1	4.7
C．労働生産性	4.4	1.8	5.8	11.5	6.2	4.2
D．賃金	3.1	1.5	1.7	4.5	5.8	5.3
E．賃金コスト	△1.3	△0.3	△3.9	△6.3	△0.6	1.0

(2) 産業別 (1985年対90年)　　　　　　　　　　　　　　　　　　　　(%)

産業別	A．労働投入量	B．産出量	C．労働生産性	D．賃金	E．賃金コスト
製造工業・計	△ 5.4	25.6	33.0	20.4	△ 9.8
鉄鋼	△ 8.3	8.9	33.3	20.4	△ 9.7
非鉄金属	△ 0.1	30.2	30.4	22.3	△ 6.2
金属製品	△ 0.9	20.3	21.3	22.0	0.6
一般機器	△ 5.8	28.0	35.9	18.4	△12.9
電気機器	△ 0.7	49.6	50.5	22.9	△18.3
輸送用機械	△ 2.6	25.7	29.0	20.0	△ 7.0
精密機械	△19.1	35.9	67.9	21.3	△27.8
窯業・土石製品	△15.3	19.4	49.9	20.8	△14.3
化学	△ 4.3	34.4	40.6	21.2	△13.8
石油・石炭製品	△24.7	10.4	46.7	24.6	△15.1
繊維	△17.6	△ 9.2	10.2	18.3	7.4
食料品・たばこ	1.1	6.0	4.7	18.9	13.6

〔備考〕　1)　△は減少を示す。
　　　　　2)　C＝B÷A，E＝D÷C
〔出所〕　日本生産性本部調べ (『活用労働統計』所収)。

においても，賃金コストの増加はかなり抑えられたと推測される。しかし，中小企業・製造業部門における上記のような設備投資の増加や操業度の高まりは，賃金コストの増加度を抑制する段階にとどまり，賃金コストは現実に増加を続けた，とみることができる。[8]

　非製造業部門（とくにその中小企業部面）においては，全体として，賃金コストは製造業の中小企業部面をも上回って増加を続けたとみられる。非製造業部門では，内需拡大の利益をいち早く受けることによって，製造業部門に先んじて1985年頃から設備投資が活発化し (表 1 - 33)，労働装備率もまた高まった。そしてこれらは省力化に寄与した。しかしこの時期には，建設業やサービス業をはじめとして――労働力需要の増加・需給の逼迫を背景に

表 1 - 32　賃金の動き

A．産業別　　　　　　　　　　　　　　　　（対前年比，％）

年	1985	86	87	88	89	90
調査産業・計	2.8	2.7	1.9	3.5	4.2	4.7
製　造　業	3.1	1.5	1.7	4.6	5.7	5.3
建　設　業	3.5	4.3	2.7	5.0	6.5	7.3
運輸・通信業	1.7	2.1	3.7	4.8	4.0	4.6
卸・小売業	1.5	2.7	1.5	2.9	4.2	5.0
サービス業	3.2	3.7	1.1	1.7	1.9	4.5

B．事業所規模別（全産業）

	1985	86	87	88	89	90
500人以上	3.6	1.3	2.3	5.2	5.6	4.6
100－499人	△0.5	2.3	3.4	4.1	5.2	4.6
30－99人	2.6	2.9	3.5	0.7	4.1	3.6
5－29人	1.3	4.4	2.1	3.0	4.9	—*

〔備考〕　1)　△は減少を示す。
　　　　 2)　A・Bとも，1カ月当たり現金給与総額について。
　　　　 3)　A：従業員30人以上の事業所を対象とする。
　　　　　　 Aの業種は，調査産業のうち，賃金の動きを代表的に示すとみられるものを摘記した。
　　　　 4)　Bの*は，調査対象変更のため，計算せず。
〔出所〕　原資料は労働省・毎月勤労統計調査。なおBは『中小』平成4年版。

表 1 - 33　設備投資の動き

（対前年度比，％）

年度	1985	86	87	88	89	90
製　造　業	9.0	△ 7.6	7.1	30.9	14.9	18.2
大 企 業	12.6	△ 7.2	0.7	32.7	15.5	18.1
中堅企業	4.6	△16.5	16.0			
中小企業	1.8	△ 2.2	20.8	25.4	12.7	18.6
非製造業	27.3	13.0	12.0	23.6	16.4	8.5
大・中堅企業	—	—	—	24.3	12.9	13.0
中 小 企 業	—	—	—	22.2	23.8	△ 0.2

〔備考〕　1)　実質値の動き。△は減少を示す。
　　　　 2)　大企業は資本金10億円以上，中堅企業は同1億円以上10億円未満，中小企業は同1000万円以上1億円未満。
〔出所〕　1985－87年は『経』昭和63年版，参考資料，21ページ，1988－90年は同上，平成3年版，20ページ。

表1-34 生産と原材料消費の動き（製造業）

(対前年比，%)

年平均	1985	86	87	88	89	90	84:90
生産指数	3.7	△ 0.2	3.4	9.6	6.2	4.6	30.3
原材料消費指数	1.0	△ 3.9	1.6	8.0	4.9	4.8	17.1
素原材料(電力を除く)	△ 2.8	△ 3.7	0.1	4.3	4.2	5.0	6.9
国　産	2.2	△ 4.1	2.5	4.6	4.7	5.0	15.5
輸　入	△ 4.9	△ 3.5	△ 1.0	4.1	3.8	5.0	3.2
製品原材料							
輸　入	△ 1.2	6.7	11.7	7.9	6.2	1.4	36.9
国　産(重油を除く)	2.2	△ 4.3	2.1	9.1	5.2	4.9	20.2

〔備考〕 △は減少を示す。
〔出所〕 通産省「鉱工業生産指数」，「原材料消費指数」。

表1-35 投入・産出物価の動き（製造業）

(対前年比，%)

年平均	1985	86	87	88	89	90	84:90
投入物価	△ 1.4	△10.6	△ 4.3	△ 1.0	2.7	1.7	△11.4
産出物価	△ 0.9	△ 5.6	△ 3.2	△ 0.8	2.3	1.9	△ 5.4
投入 国内品	△ 1.2	△ 5.9	△ 4.0	△ 0.5	2.1	0.8	△ 7.4
輸入品	△ 2.4	△38.0	△ 7.8	△ 4.2	7.8	9.6	△35.2
産出 国内品	△ 2.1	△ 4.3	△ 3.1	△ 0.7	2.1	1.8	△ 4.2
輸出品	△ 2.7	△14.7	△ 4.9	△ 2.0	4.9	2.5	△14.4

〔備考〕 1) △は下落を示す。
　　　　2) 製造業総合・グロスウエイトベース指数の動き。
　　　　3) 1985年の対前年比は80年基準指数に，86年以降は85年基準指数にもとづく。
〔出所〕 日銀「製造業部門投入・産出物価指数」。

——非製造業部門における賃金の上昇が高まり，これが労働生産性上昇の動きを上回ることになったと推定される。

【原材料コスト】　製造業における1985-90年の原材料コストの状況をうかがうものとして，まず生産と原材料消費の動きとを対比すると（表1-34），全般的にみてこの時期には，原材料の消費量の増加が生産量の増加を大幅に下回った。このような状況は，この時期における投入物価の下落の動きと相まって（表1-35），製造業における原材料コストの減少をもたらすことになった，とみることができる。

この原材料の消費においてはまた，輸入素原材料の消費量の増加率が低い

IV章　物　価　89

のにたいして，とくに輸入製品原材料（製品輸入）の消費量の増加が目立ったが，このような輸入製品の使用の増加も，当時におけるその輸入価格の下落によって（表1‐24, 25を参照），生産・供給コストの減少に寄与したことであろう。

なお，製造業における投入物価と産出物価の動きを対比すると（表1‐35），この時期には産出物価も下落したが，その下落率は投入物価のそれを大幅に下回っていた。これらの物価の下落率の大きさにおいてはまた，輸入品（投入物価）＞輸出品（産出物価）＞国内品（投入物価）＞国内品（産出物価）となっていて，輸入品投入物価の下落（→輸入品原材料コストの減少）にたいする国内品産出物価（国内市場における諸商品販売価格）の下落の小ささ，両者のズレの大きさが目立った。そして，これらの状況は，当時の生産・供給企業にとって，収益増加の好環境となったことであろう。

（7）中小企業の設備投資とその役割について。①供給面での役割──「〈設備投資の増加は〉わが国経済における財・サービスの供給基盤の形成に大きな役割を果たし，生産性向上等を通じ物価の安定に寄与するとともに，わが国経済の持続的成長を供給面から支えてきた」。②需要面での役割──中小企業の設備投資は，民間企業設備投資の4割以上を占めており，……内需を中心とした持続的成長を確保する上で，その果たす役割は大きいものとなっている。今回の景気拡大局面においては，中小企業の設備投資も大企業に先行して大きな役割を果たした」（以上，『中小』平成3年版，83－84ページ）。また，「〈中小企業は〉これまで一定水準の省力化投資を維持し，輸入品との競争の中で価格競争力をつけている」（同上，平成2年版，11ページ）。「賃金上昇によるコスト増については，生産性の向上，製品の高付加価値化等により吸収可能とする企業が大半を占めており，また，人件費上昇により販売価格の値上げをした企業は建設業で若干目立つものの総じて少な〈い〉」（1989年12月の中小企業庁調査，同上，平成2年版，38ページ）。

製造業・中小企業における資本装備率の上昇について──「……このところ特に人手不足感の強い中小企業において，過去と比べてもより急ピッチで上昇しており，人手不足への対応が設備投資の大きな誘因となってい

表1-36　企業向けサービス価格の動き（1985年対90年）
(%)

総平均	10.4
金融・保険	△ 5.6
不動産（不動産賃貸）	26.5
運輸	5.5
情報サービス	10.0
通信	4.4
広告	25.1
諸サービス*	11.8

〔備考〕 1)「企業間における国内および輸入のサービス取引の価格を対象とした指数」（原注）。△ は下落を示す。
2)　＊はリース・レンタルなどのサービス価格。
〔出所〕　日銀「企業向けサービス価格指数」。

る……」（『日』1991年6月号，7ページ）。

(8) 製造業の賃金コストについて，『物』によれば，1985-90年の間，耐久消費財（あるいは一般に大企業性工業製品）および中間財の賃金コストは減少し，非耐久財（あるいは一般に中小企業性工業製品）のそれは上昇傾向を示した（1992年版，43-46ページ）。

(9) 第三次産業における賃金コストについて，『物』は，1983年から91年にかけて，第三次産業では全体として，賃金の上昇が労働生産性の上昇をかなり上回り，賃金コストが増加を続けた，と指摘している（1991年版，34-35ページ）。

また，非製造業における省力化投資については，労働力不足対策として「ロボットの導入やマイクロエレクトロニクス化・OA化等の省力化投資を挙げる企業が製造業では62%に達しているほか，卸売・小売業，飲食店で36%，サービス業で21%と，非製造業においても省力化投資が実施されていることが示されている」（1990年11月の労働省調査による，『経』平成3年版，245ページ）。

(10) 生産・供給コストの動きに関連して，企業向けサービス価格の動きをみると（表1-36），このサービス価格は，この時期には全体としてかなりの上昇を示した。各産業・企業が，その生産・販売活動における外部のサービスの利用・依存を高めている状況のなかで，こうした企業向けサービス価格の上昇は，企業の生産・販売コストを増加させ，販売価格の引き下げの抑制あるいはその引き上げ要因として作用したとみられる。

(11)「……85年以降の円高局面では,わが国の輸出企業が円建て輸出価格を低下させる一方,国内向け価格は余り下げないという価格戦略をとったとの指摘があり……」(西川広親「1980年代のわが国の物価動向について」,日銀『金融研究』1990年7月,21ページ)。

【付】企業の価格維持行動

　生産・供給の1985-90年度における動きに関連して,企業が生産・供給や販売などの面で共同して自らの利益の維持・増加を図ろうとする動き,その当時の状況について,触れておく。

　まず,不況業種として独禁法の適用を除外されたカルテルの結成(不況カルテル)は,1970年代から80年代初には数多く存在していたが,この時期にはほとんどみられなくなった(表1-37,同じく独禁法適用除外の合理化カルテルは70年代後半以降存在しなくなっていた)。このほか,中小企業部面や貿易部面,商業・サービス業を対象に,保護的な特例法によって認められているカルテルは,依然として数多く存在しているが,この時期には,これらの件数も以前に比べればかなり少なくなった。

　ただし,このようないわば合法的なカルテルは減少したが,その代わりに,独禁法違反のカルテル行為として公取委によってその排除を命じられ,同様にまたその違反に当たるとして警告や注意をうけた行為(闇カルテル)が,販売価格の協定をはじめとして多数発生した(表1-38)。

　このような状況は,まず,近年の対外関係における経済摩擦の激化とわが国の市場開放の促進にたいする諸外国の要求の高まりを背景に,公取委が独禁法の適用の強化に改めて熱を入れるに至ったことによるものである。その背後にはさらに,現代経済の体質――寡占的大企業およびそのグループが支配的な経済力をもつとともに,その一方では中小企業部面を対象にさまざまな政策的な保護の網がはりめぐらされているという――が横たわっている。これが,競争面では非価格競争を維持し,さらに闇カルテル(直接的な共同行動)の多発を執拗に生み出す地盤となっている,ということができる。そ

表1-37　独禁法適用除外カルテルの動き（1985-90年度）

(件)

年　度	計	A.独禁法・不況カルテル	B.中小企業関係	C.貿易関係	D.商業・サービス業関係
1985	426	—	226	59	116
86	382	—	224	57	76
87	310	2	185	54	53
88	276	2	179	46	40
89	261	—	174	43	37
90	248	—	170	34	37

〔備考〕　1)　各年度末における存在件数を示す。
　　　　2)　Aは独禁法第24条の3にもとづく（同第24条の4にもとづく合理化カルテルは，この時期は存在しなかった）。BからDは件数の多いものを掲げた。Bは中小企業団体の組織に関する法律など，Cは輸出入取引法，Dは環境衛生関係産業の適正化に関する法律，にもとづく。
〔出所〕　公正取引委員会『年次報告』。

表1-38　独禁法違反の動き（1985-90年度）

(件)

年　度	1985	86	87	88	89	90
A．勧告審決						
価格カルテル	3	4	4	5	7	9
不公正な取引方法・計（再販価格維持，取引拒絶など）	7	—	1	—	3	6
その他	—	—	1	—	—	2
合計	10	4	6	5	10	17
B．警告						
価格カルテル	22	43	21	25	74	33
その他のカルテル	1	4	3	3	3	3
不公正な取引方法・計（同上）	46	32	48	48	31	18
その他	11	9	12	12	7	6
合計	80	88	84	84	115	60
C．注意						
価格カルテル			9	4	8	35
その他のカルテル			—	—	2	1
不公正な取引方法・計（同上）			18	12	16	42
その他			1	1	2	7
合計	62	37	28	17	28	85

〔備考〕　1)　A：公取委が独禁法違反行為として，その排除を命じ，相手方が応諾したばあい。B，C：同じく公取委が警告または注意の措置をとったもの。Cのうち1985年・86年については，内訳の数字が発表されていない。
　　　　2)　その他のカルテル：数量，販路，値引き禁止，顧客異動禁止，設備制限などのカルテル。その他：事業者団体による構成員の機能活動制限など。
　　　　3)　Bの1989年度における件数の増加は，「消費税の導入前に，料金又は販売価格を共同して引上げた事業者団体等に対する警告」が多発したことによるとみられる。
〔出所〕　公正取引委員会『年次報告』。

してまた物価にたいしては，こうした企業の行動は，直接・間接に，物価の下落の抑制あるいはその引き上げへと繋がっている。[14]

(12) 独禁法適用除外の不況カルテルとしてこの時期に認められたものは，1987年度・88年度における次の2件であった——鋼製船舶と舶用大型ディーゼル機関の生産数量制限のための共同行為。

(13) 例えば——1985年度；「市場機能の有効性を歪める価格協定，不公正な取引方法等の独占禁止法違反被疑事件の処理に積極的に取り組んだ」(『公』昭和60年度，1ページ)。86年度も同様。87年度；「特に，入札談合，建設用資材の価格カルテル，輸入阻害事件に重点的に取り組んだ」(同上，昭和62年度，2ページ)。88年度も同様。90年度；「……我が国経済を国際的により開かれたものとするため，独占禁止法違反行為に対する抑止力の強化を図ることが政府の重要課題の一つとなっている。公正取引委員会は，……違反事件の審査体制の強化を始めとして，〈上記の〉の抑止力を強化するため，〈カルテル行為の事業者にたいする課徴金の引き上げ，悪質な違反事件にたいする積極的な刑事処罰のための告発，など〉の施策を講じた」(同上，平成2年度，2ページ)。

(14) 例えば，公取委の依託による経済調査研究会の調査(「高度寡占産業」である食缶，板ガラス，自動車用タイヤ・チューブなど10業種について，1977－90年を対象に実施した)は，これらの業種の製品価格の動きについて，次のような点を指摘している——①「対象10業種においては，価格の同調的引上げの事例も多い。また状況によっては価格維持的効果を生じやすくする流通慣行もみられる」。②「中間財については，おおむね総合卸売物価指数（中間財）と同様の動きを示して〈いる〉。〈しかし〉変動の幅は〈同上指数〉に比べて小さくなっており，変動の時期はやや遅れる」。③「消費財については，……物価上昇期においてはおおむね上昇傾向を示しており，……物価安定期においても上昇傾向を示しているものがいくつかあり，……物価下落期において下降せず安定的であ〈る〉」。「変動の幅については，上昇する場合には総合卸売物価指数（消費財）に比べて大幅であり，変動の時期については遅れる傾向がうかがえる」。④「各業種において卸売物価が大きく上昇している時には，同調的な価格の引上げが行われていることが多い」(以上，公正取引委員会編『高度寡占産業における競争の実態』1992年，58，12，42ページから摘記)。

第2部　1991－99年度
―――長期不況期―――

第2部では，1991－99年度を対象に，第1部とほぼ同じく，日銀の通貨供給，政府の経済政策運営と日銀の金融政策運営，財政・金融およびマネー・サプライの動き，そして，これらの動きや諸商品の生産・需給状況と関連させて，物価の動きについてみる。

　この時期は，わが国経済が抱える負の諸問題が一挙に噴出した世紀末であった。「バブル」の崩壊後，不況が長期化し激化するなかで，政府は景気対策拡大路線を突っ走り，これは景気悪化の下支えには寄与したが，同時に，後は野となれの国債の山を築くことになった。この政府の政策運営に応じて日銀は，超低金利による潤沢な資金供給を続けてきたが，「もっとカネを」の要求の高まりに，今や，その通貨供給手段の行使の自主性を失いつつある。

　この時期にはまた，金融システムの安定にひびが入り，金融機関の破綻が増加するとともに，その整理・統合の動きが急進した。不良債権に悩む市中金融機関は，政府・日銀の保護政策の下で再建に努めてきたが，その融資活動の収縮は，企業への資金供給推進における金融の限界性を現わすものとなった。一般企業の領域では，倒産が続出するとともに，企業は「リストラ」の推進に生き残りをかけ，これを強行した。そして物価の動きは，こうしたなかで安定から下落へと傾斜し，政府の「デフレ」認定が発表されるに至った。

I章 通貨供給

1 概況

　日銀の通貨供給は，1991-99年度を通じ，全体として趨勢的に増加を続け累積した。これをまず，その通貨供給の裏付けとなっている日銀の保有資産の動き（増減）の面から概括する（表2-1）。

　日銀の通貨供給の動き（増減）は，その保有資産の動き（増減）として現われる。日銀保有資産（およびその資産の内容構成）はまた，政府・政府関係機関や市中金融機関との間での中央銀行としての日銀の活動により，その結果として変動（増減）する。そして，これらは同時に，日銀による通貨の造出・供給とその手段の動きを示すものとなっている。

　この日銀の通貨供給はまた，最近——1997年度以降，その増加が著しくなっている。そしてこれは，長期不況とその激化にたいして，なんとしても早期回復へともっていこうとする政府の景気対策の拡大のためと，それに加えてこの不況の長期化のなかで高まった金融システム不安の抑止のための，日銀による「潤沢」・「豊富」な資金供給の手段となっている（こうした通貨供給の増加を促すものが政府の政策運営であるが，これについては後にII章でみる）。

　このような通貨供給の手段（そしてこの結果として増加する日銀の保有資産とその内容構成）は，時期によって変動が著しいが，まず1991-99年度の間，通貨供給の増加の主要手段となったものは，対市中金融機関貸出，対預金保険機構貸付，手形やCPの買い入れ，政府短期証券（FB）発行の引き受けと買い入れ，国債（FB以外）の買い入れ，などであった。

表2-1 日銀の通貨供給指標(1)（日銀勘定・資産の動き）

(対前年度末，百億円)

年　　度	1991	92	93	94	95	96	97	98	99
貸出金									
対市中金融機関	48	101	13	△197	△288	△43	415	△393	△2
対預金保険機構	—	—	—	—	—	53	125	488	△638
買入手形	}408	}△7	}△449	}△128	399	△371	△8	△413	80
買入CP					163	△163	528	△129	△7
国債	52	122	414	304	200	900	△243	492	2,070
保管国債	—	—	—	—	—	—	685	△275	384
FB	△424	△169	505	△143	247	66	881	△827	443
外貨	2	△5	△33	△5	6	43	32	50	△53
計	86	42	450	△169	727	483	2,415	△1,007	2,275
売出手形	—	—	—	△180	△151	△238	△1,461	△1,030	620
合計	86	42	450	△349	576	245	954	23	2,895

〔備考〕 1) 対前年度末増減(△)。ただし，売出手形の△は，その振り出しによる日銀への資金の引き揚げを示す。
2) 買入手形と買入CPの数字は，1994年度まで一括されている。
3) 国債は長期国債と短期国債を合わせた数字である。
〔出所〕 日銀「日本銀行勘定」。

【付表】日銀保有国債の内訳

(百億円)

年　度　末	1997	98	99
短期国債	62	40	1,489
長期国債	2,459	2,973	3,594
FB	2,761	1,934	2,377

〔備考〕 保管国債は国債のレポ・オペによる（112ページを参照）。資金需給統計の資金供給の数字を掲げた。

　最近では（とくに1997年度以降），上記の貸出における破綻金融機関対策としての日銀特別融資，および金融システム安定化対策としての預金保険機構への貸付，企業金融対策としてのCPの買い入れ，そして政府の特別会計などの資金繰り（およびこれと結んでFBの市中公募発行）を支援するFBの引き受け・買い入れ，国債の大量発行の継続を支える国債の買い入れ（および国債の借り入れ——国債のレポ・オペ）などの増加の動きが目立っており，通貨供給の手段とその役割もまたこうして多様化している。[(1)(2)]

　なお，このような日銀資産の動きのほか，その負債の面から通貨供給の増減に作用するものに，日銀の手形（売出手形）の振り出しと回収がある。売

I章　通貨供給　99

出手形の振り出しは，金融市場の資金余剰の吸収手段として1994年度から始まり，94-97年度の間引き揚げ要因となったが，98年度・99年度にはその期限回収（支払い）が増加し，通貨供給の増加作用を果たした。

1991-99年度における日銀の通貨供給の動き（日銀保有が増加している主要資産の動き）について，以下，説明を加える。

（1） 1999年度の通貨供給の増加には，「コンピューター2000年問題」対策も加わった。すなわち，99年10月頃から年末にかけて，これに備えるための市中金融機関や企業の資金需要が増加し，これに応じて日銀は通貨供給を増加させた。日銀の記述によれば──「2000年問題等を背景として，短期金融市場における資金需要が大きく高まったのに対して，短期国債買現先オペ等を用いて豊富で弾力的な資金供給を行ったため，大幅に増加」（日銀『業務概況書』1999年度，296ページ）。

（2） 日銀による各種の機関への出資・拠出も，通貨供給の増加に加えることができよう。これを概括すれば，次のようである（1999年度末の状況）。
①預貯金保険機構出資金 2.25億円
預金保険機構と農水産業協同組合貯金保険機構（農協および漁協系機関の設置）にたいするもの。
②預金保険機構・住専勘定拠出金 1000億円
同機構の「特定住宅金融専門会社債権債務処理勘定」へ（96年7月）。住宅債権管理機構（→整理回収機構に統合）へ預金保険機構が出資する，その出資の支援のための預金保険機構への拠出金。
③新金融安定化基金拠出金 200億円（98年度末1000億円）
㈳新金融安定化基金へ（96年10月）。このうち，日銀は，日本債券信用銀行向けとして，同銀行の優先株式800億円を取得していたが，その後，同銀行の特別公的管理により，その損失が確立した。これによって日銀は，上記の拠出金にたいして98年度決算で計上した損失引当金800億円を，99年度決算において損失として取り崩した。
④金融機関出資 200億円（98年度末，ゼロとなる）。㈱整理回収銀行（破綻信用組合の処理機関）へ。
その後，同銀行は整理回収機構へ統合されたが(99年4月)，その際，同銀行への出資（日銀200億円，民間銀行200億円）のうち，328億円が焦げつ

くことになり、双方それぞれ164億円を損失処理とした(すなわち、整理回収銀行への出資・取得株式を、整理回収機構へ、ディスカウントして時価で売却した)。

以上、『業務概況書』などの日銀資料、預金保険機構『年報』による。

(1) 市中金融機関への貸出

ここでは特融(後述)を除く市中金融機関への一般貸出についてみるが、この貸出は近年全体として小規模となっており、1994-96年度には減少となった(表2-2)。

すなわち、日銀貸出は、これまで都銀を中心対象として市中銀行の現金準備の補給の主要手段となってきたが、この都銀の日銀貸出依存の低下とともに減少した。この背景にはまた、金融の自由化・国際化の進行と企業の設備投資の停滞状態の下で、都市銀行貸出の中心対象となってきた大企業の、資金調達における銀行依存の低下があった。日銀貸出の減少は、これらを主因とするものであり、そして1996年1月から、日銀は、金融調節手段としてのこの貸出の使用を停止した。[3]

しかし最近、この日銀貸出には、金融システム不安対策の役割が加わり、このための応急的な供給手段としての利用が高まっている(表2-2)。日銀貸出は1997年度に著増したが、この動きが目立ったのは同年11月から98年2月、金融システム不安が激化した時期においてであり、それは、金融システム不安対策として、市中金融機関の資金繰りの支援と市場金利の上昇抑制を意図したものであった。[4]

すなわち、最近の対市中金融機関貸出は、金融システム不安の高まり(この一環としての預金の現金流出の増加)に対処する市中金融機関の現金準備の確保・増額を支援するために、あるいは、不良債権の処理に迫られ経営が悪化している金融機関の年末・年度末の資金繰りを支援するための通貨供給の一手段として、利用されている。

さらに1998年12月から99年2月には、政府・日銀による市中金融機関の「貸し渋り」対策として、金融機関の企業融資促進のための市中金融機関への通

表2-2　日銀貸出の動き（1991-99年度）

A. 対前年度比，増・減(△)　　　　　　　　　　　　　　　　　　　　　（百億円）

年　度	1991	92	93	94	95	96	97	98	99
貸出・計	48	101	13	△197	△288	△43	416	△393	△2
うち一般[(1)]	48	101	13	△197	△370	6	128	△132	△47
特別融資	—	—	—	—	82	△48	287	△261	45
対預金保険機構貸付						53	125	488	△638

B. 対象金融機関（年度末残高）

年度末	1991	92	93	94	95	96	97	98	99
全国銀行・計	453	563	555	371	56	63	494	87	106
都銀	264	349	348	236	10	10	440	59	33
地銀	37	35	34	33	11	8	5	12	1
第二地銀	5[(2)]	14	13	13	34	44	32	14	73
信託銀行	78	80	83	41	0.4	0.2	—	2	—
長信銀行	70	86	77	49	0.3	1	17	0.1	0.1
商中・農中・信金など	70	61	81	68	96	46	30	44	23
合計	523	624	636	440	151	109	524	131	129
預金保険機構	—	—	—	—	—	53	178	665	27

〔備考〕　1）　(1)は特別融資を除いたもの。(2)は相互銀行を含む。
　　　　2）　BはAの貸出・計の内訳（残高）。1995年度からは特融を含む数字。
〔出所〕　日銀「日本銀行貸出」。

貸供給手段としても，用いられるに至った。[(5)]

（3）　1996年1月，都銀9行を対象とした貸出限度額制度（1962年導入）の廃止について——「……近年，日本銀行では，日銀貸出以外のオペレーション手段の多様化を進め，……。この結果，金融調節面では，原則として貸出に依存しない資金供給・吸収を行っていくことが可能となっており，通常の場合，市中金融機関にとっての日銀貸出に対する必要性は著しく低下している。日本銀行は，今後ともこうしたオペレーション中心の金融調節を続けていく方針であり，云々」（『日』1996年3月号，50ページ）。
　　また，「特に，市場から安定的に資金を調達することが可能な都銀9行は，すでに日銀貸し出しには依存しておらず……」。「『新規の日銀貸し出しは，ほぼゼロ』（都市銀行）の状態になった」（『朝日』1996年1月13日）。

（4）　「〈97〉年秋に金融システム不安が高まった際には，市場金利の上昇圧力を抑制するため，日銀貸出を利用した」（『通貨及び金融』2000年6月，79

ページ)。また,「同貸出の残高は,〈98〉年2月末に一時1.5兆円に達した……」(同上,1999年6月,97ページ)。
(5) 1998年11月,「企業金融支援のための臨時貸出制度」の創設——市中金融機関が企業融資の担保とした民間企業債務(企業発行の手形,CP,証書貸付)を,当該金融機関がさらに担保として日銀貸出を受けることができる,というもの。この制度による貸付は,98年12月－99年2月に実施され,満期は99年4月であり,4月中に全額返済された。貸付金は,総額1兆835億円(『通貨及び金融』1999年6月,107ページなど)。

(2) 特別融資

日銀の「特別融資」(6)(日銀特融)は,1995年8月,破綻したコスモ信用組合にたいする融資から始まったが(融資額の発表は同年9月から),以後,金融機関の破綻の続出とこれにもとづく金融システムの動揺の抑制のための,日銀の直接的・即応的な資金供給手段として,大いに利用されている。それとともに,日銀貸出全体に占めるその比率が高まり,この特融の動きが,貸出全体の動き(増減)に大きく作用するようになっている(表2-2参照)。

日銀特融の動きを概括すれば以下のようである(金額は年月末残高〔単位10億円〕,%は日銀貸出全体に占める比率)。

1995年9月(融資額の発表が始まる) 940 (47%)
　　　→12月 1,253 (52.4%)。以後,減少する。
1996年8月から増加→12月 1,209 (61%)——阪和銀行などへ。
1997年1月 1,222 (61.5%)。以後,減少する。
1997年11月著増 3,822 (80.7%),12月 3,672 (79.2%)
　　　北海道拓殖銀行,山一証券(7),徳陽シティ銀行へ——日銀特融は「空前の規模」(『朝日』1997年11月25日)。
1998年度減少 ただし,10月まで,残高は3兆円前後,貸出全体の80%以上を占める。98年度末残高 599 (45.6%)。
1999年度再増 国民銀行(4月),幸福銀行(5月),東京相和銀行(6月),なみはや銀行(8月),新潟中央銀行(10月)などの破綻が続き,特融が発動された。99年度末残高 1,050 (81.8%)。

1章 通貨供給 103

なお，この日銀特融は，これまで，当該金融機関の破綻処理が終わった段階で，返済・回収されてきているが，最近，山一証券の破綻処理に関連して，かつての同証券にたいする特融（97年11月，4890億円といわれる）の返済不能化が問題となっている。[8]

(6)　日銀法第38条「信用秩序の維持」(1998年3月までは同第25条「信用制度の保持育成」)にもとづく。

　　なお，98年5月，日銀はこの特融の実施のための条件として，次の「四原則」を発表した——①システミック・リスクが顕現化する惧れがあること。②日銀の資金供与が必要不可欠であること。③関係者の責任の明確化など，適切な対応が講じられること（モラルハザードの防止）。④日銀自身の財務の健全性維持に配慮すること。詳細は，『政策委月報』1999年5月号，40ページ以下。

(7)　1997年11月，拓銀へ特融——「……当面の資金繰りは日銀が無担保無制限の特別融資をすることで補い……」（『朝日』1997年11月17日）。

　　同年11月，山一証券へ特融——「臨時異例の措置」として，「……わが国金融システムに対する著しい信認の低下，内外金融市場の混乱を惹き起し，ひいては実体経済にも大きな影響が及ぶ懸念があったことから，決断した……」（日銀政策委員会『年次報告書』平成9年，51ページ）。

(8)　1999年7月の時点では，蔵相は，山一証券の日銀特融を政府の責任で返済する，と述べているが，日銀は，同年度の決算で，山一証券向け特融の25％に相当する金額1222億円を，貸倒引当金として計上した。

　　なお，その後，山一証券に破産宣告がなされ，日銀はこれによって，同社への特融の一部を回収したと述べている（日銀『業務概況書』平成11年度，134ページなど）。ただしその回収額は発表されていない。

(3) 預金保険機構への貸付

　預金保険機構への貸付は，1996年9月から日銀勘定に発表され始めたが，以後，97年度・98年度と増加を続け，とくに98年度には，国債の買オペとともに，日銀の通貨供給の増加の主因の一つとなった（表2-1，2参照）。そして，この日銀資金は，預金保険機構を通じて，破綻金融機関の処理や悪化

表2-3 預金保険機構に対する日銀貸付（1998-99年度）

(百億円)

年度末残高	1998年度	99年度
A．一般勘定へ	63	7
B．特例業務勘定へ	186	0
C．金融再生勘定へ	300	0
D．金融機能早期健全化勘定へ	116	20
計	665	27

〔備考〕 1) 各勘定の資金の使用目的は以下の通り。
A：破綻金融機関の預金者保護（1000万円まで）など。
B：同，1000万円超の預金金額払い戻し。2002年3月まで。
C：「特別公的管理」となった金融機関の処理。
D：金融機関の経営改善支援のための資本投入。
2) 上記日銀貸付のうち，B，C，Dには政府補償が付されている。Aには1999年度まで付されていなかったが，2000年度から政府保証付きとなった。
〔出所〕 預金保険機構『年報』，日銀資料など。

した金融機関の経営建て直しの支援のために，用いられている（表2-3）。

また，同機構への日銀貸付は1999年度に大幅に減少したが，これは，同機構の市中金融機関からの借入や預金保険機構債券（政府保証債）の発行による資金調達が増加し，日銀への返済が進んだことによるものであった（預金保険機構の活動については後のⅡ章5節でみる）。

なお，この預金保険機構にたいする日銀貸付は，政府保証付き融資であり，「公的資金投入」（1998年10月に成立した金融機能再生法や金融機能健全化法にもとづく）の一形態として，金融システム安定化対策のための政府の直接的な財政支出を肩代わりし，代行する役割を果たしている。

(4) FBの引き受け・買い入れ

FBの発行は1993年度以降増加を続けるとともに，発行残高が累増している（表2-4）。

このFBの発行は，1998年度までほとんど日銀引き受けによって行なわれてきたが，99年度から原則として「公募入札」の方式に移行した（なお，99年度は日銀の引き受けと市中公募とが併用され，2000年度から公募方式に完

表 2 - 4　政府短期証券の発行（1991-99年度）

A. FBの発行　　　　　　　　　　　　　　　　　　　　　　　　　　　　（千億円）

年　度	1991	92	93	94	95	96	97	98	99
発行額・計	1,576	1,552	1,634	1,787	1,835	1,890	2,113	2,222	2,219
うち公募	―	8	―	―	18	2	18	13	890
（年度末残高）	(221)	(228)	(222)	(233)	(294)	(306)	(373)	(298)	(397)
蔵券	622	610	512	478	226	173	267	472	573
（同上）	(63)	(72)	(―)	(4)	(―)	(―)	(66)	(―)	(―)
糧券	32	24	11	14	45	26	60	84	42
（同上）	(4)	(3)	(―)	(4)	(6)	(8)	(10)	(10)	(1)
外為証券	922	918	1,110	1,295	1,564	1,690	1,786	1,666	1,603
（同上）	(154)	(153)	(222)	(226)	(288)	(298)	(296)	(288)	(396)

B. FBの発行による政府の対日銀資金調達・償還（△）　　　　　　　　　（百億円）

	1991	92	93	94	95	96	97	98	99
計	△86	△10	27	123	638	184	727	△672	△2,669
蔵券	△35	84	△718	35	△35	―	659	△659	＊
糧券	△20	△10	△26	35	25	20	23	△2	＊
外為証券	△32	△84	771	52	649	164	46	△11	＊

C. 日銀保有　　　　　　　　　　　　　　　　　　　　　　　　　　　　（千億円）

	1991	92	93	94	95	96	97	98	99
発行残高・計	221	278	222	233	294	306	373	298	442
うち日銀保有	137	120	171	157	181	188	276	193	238
（％）	(62.1)	(52.9)	(77.0)	(67.1)	(61.8)	(61.4)	(74.1)	(64.9)	(53.8)
日銀保有増減（△）	△42	△17	51	△14	25	7	88	△83	44

〔備考〕　1）　1999年度のFBの発行残高が，A（397），B（442）で違っているが，そのまま掲げた。
　　　　 2）　Bの＊＝99年度は内訳金額がないが，主体は外為証券とみられる。
　　　　 3）　Cの99年度末発行残高442（千億円）のFB保有機関の内訳は，日銀238，政府機関（資金運用部，国債整理基金など）11，市中金融機関93，市中金融機関の信託運用（信託口）36，など。
〔出所〕　大蔵省『財政金融統計月報』第583号より。A・B：大蔵省・国庫対日銀収支，C：日銀勘定などによる。

全に移行した）。そしてまた，市中金融機関が消化・保有するこのFBにたいする日銀のオペレーションが，短期国債（TB）のオペとあわせて「短期国債オペ」という形で行なわれることになった（2000年度には，この「短期国債」――FBと短期国債――の買オペが急拡大し，日銀の通貨供給の主要手段の一つとなる）。

　FBの発行は，98年度までにおいてはもっぱら日銀引き受けで行なわれ，これによってまず，日銀から政府（一般会計や特別会計）へ直接的に資金供給が行なわれた。次いで日銀は，このFBの政府機関（資金運用部，国債整理基

金特別会計など）や市中金融機関への売却を進め，これらを通じて投入資金の引き揚げを図るが，日銀のFB引き受けの動きが政府の日銀への償還や日銀による売却の動きを上回ると，日銀のFB保有が増加する。このFBの日銀保有が増加した（→FBが日銀の通貨供給増加の主要手段となった）のは，1993，95-97，99年度などであった。

なお，99年度には，上記のようにFBの市中公募発行が始まり，FBの発行は，日銀引き受けと市中消化の両者によって行なわれたが，このうち，政府と日銀の間では，年度を通じて，政府によるFBの償還が進んだ（これは，日銀の政府ルートでの通貨供給では，その引き揚げの要因となる）。他方，日銀と市中金融機関の間では，公募発行（→市中金融機関保有）のFBの日銀による買オペが増加し，これによって日銀のFB保有が増加した。

1991-99年度に発行が増加したFBは，外為証券と大蔵省証券（蔵券）であり（表2-4），これまで大量に発行されてきた食糧証券は，近年減少した。

まず蔵券の発行は，一般会計の一時的な資金繰りをまかなうためのものであり，これはすべて日銀引き受けで発行されてきたが，この発行は1997年度にとくに大規模となり，政府ルートでの日銀の通貨供給の主因となった。ただし，これまでを通じて，日銀引き受けで発行された蔵券は，次年度には全額償還され，その残高の増加が進むという動きはみせていない。

この時期に発行（および発行残高）が増加するとともに，日銀保有増加の主体となったのは，外為証券であった。そして，この外為証券の引き受けによって日銀から政府（外為資金特別会計）へ供給された資金は，円高是正（円高の高進を，あるいは円高への動きを抑止する）のための為替市場への円売り介入資金として用いられ，流出した。

(9) 本文で記したように，1998年度までほとんど日銀引き受けで発行されてきたFBの中心は外為証券であったが，この発行によって日銀の通貨供給を受ける外為会計では，その毎年度の決算における剰余金（同会計の外貨の売買などにおける差益）の一部を，一般会計へ繰り入れてきた。例えば――94年度8300億円（93年度の剰余金より），95年度6300億円（同，94年度

より)，96年度5300億円 (95年度より)，97年度9300億円 (96年度より)，98年度1兆4000億円 (97年度より)，99年度1兆5000億円 (98年度より)。このように，外為会計の外貨買い入れ用円貨（その不足）は日銀に依存し，その外貨の売買で利益が生じると，これを一般会計に差し出す，というやり方が制度的に行なわれてきたわけである。

(5) CP の買い入れ

市中金融機関からの CP の買い入れ (CP 買現先オペ) による日銀の通貨供給は，とくに1997年度に著増したが，これは同年10月から98年2月にかけての増加によるものであった。

当時，金融システム不安の高まりから，企業は，これに備えて資金（運転資金）の確保・保有の増加を図り，この手段の一つとして，CP の発行による資金調達を増加させたが，これに応えて日銀は，この CP の買い入れを積極化した。CP 買オペは，こうして，企業（とくに CP の発行が可能な大企業）の資金調達を支援する役割を果たした。[10]

98年度には，この CP オペは全体として日銀の売却超（引き揚げ要因）となったが，このなかでも，98年7月－9月，11月－12月などの時期には，日銀は，「CP オペの積極的活用」によって企業金融の緩和を支援し，また，この買オペの促進のために，CP 買入条件の緩和を行なった。[11] CP オペは，99年度にも，企業金融の支援をはじめとする日銀の「豊富な資金供給」の一手段として活用されている。

 (10) CP 買オペの1997－99年度の状況について，日銀の記述を掲げる。
  〔1997年度〕「……金融機関が自らの流動性に対する懸念から CP の購入に消極的な局面を中心に，CP 買現先オペは，企業金融の円滑化にも資する有力な資金供給手段である。……日本銀行は〈97〉年11月，金融システム不安の高まりから一時的に機能停止に陥っていた CP 市場の回復を図るべく，CP 買現先オペの活用を積極化した」(『通貨及び金融』1999年12月，72ページ)。また，97年11月以降の CP 買い入れオペの増加に関して――「……金融システム不安発生から，一般に信用リスクや流動性リスクに対

する警戒感が高まる下で，一部の企業は，……資金を前倒しに調達しようとした」。そして，運転資金の調達のための企業による普通社債発行の急増の指摘に続けて，「短期の銀行借入との代替性が高いCPについても，〈97年〉11月末からの日本銀行によるCP買オペの積極化〈などにより〉，12月以降発行残高が急伸した」。また，こうした〝借り急ぎ〟あるいは〝借り溜め〟の動きは，あくまで資本市場での調達が可能な優良大企業が中心であった」（以上，『日』1998年6月号，70，82ページ）。

〔1998年度〕「……〈98〉年秋には，金融機関の年末資金繰りに懸念が生じ，それが企業金融の面にも悪影響を与えたため，日本銀行は，買い入れ対象とするCPの範囲拡大〈これまでの満期3カ月から1年以内のものへ；98年11月から実施〉……などの措置を講じた」（『通貨及び金融』1999年12月，72ページ）。

また，「〈98〉年9月末の日本銀行によるCP買オペ残高は5.6兆円となり，同市場残高の約4割に達した」（日銀『通貨及び金融』1998年11月，52ページ）。「CP発行金利は，〈日銀〉によるCPオペの拡充をきっかけに，一段と低下した」。そして，年末に向けた企業金融緩和の役割を果たした（『日』1999年1月，37ページ）。

〔1999年度上期〕「……日本銀行は，市場に潤沢な資金供給を行う手段のひとつとして，CP現先オペを引続き積極的に利用した」（『通貨及び金融』1999年12月，72ページ）。

〔1999年度下期〕「……コンピューター2000年問題が企業金融面へ不安を与える可能性を未然に防ぐ意味合いもあって，12月にかけて〈CP〉オペを拡大した。その結果，12月末の同オペ残高は過去最高の9.5兆円に達した。云々」（『通貨及び金融』2000年6月，78ページ）。

(11) 「〈日銀〉の日々の金融調節の中で，CPオペを一層積極的に活用することとし，そのため，買入れ対象となるCPの期間を拡大する」（これまでの満期3カ月のものから1年以内へ──98年11月から実施，『日』1999年1月号，89ページ）。また，98年12月，「金融調節の一層の円滑化を図る」対策の一つとして，上記を含むCPオペの「基本要領」を発表（同上，2月号，112ページ）。

I章 通貨供給

表2－5　国債の保有状況（1991－99年度）

（千億円）

年度末	1991	92	93	94	95	96	97	98	99
政府 （資金運用部など） （％）	706 (41.1)	705 (39.5)	719 (37.3)	710 (34.4)	807 (35.9)	876 (35.8)	1,043 (40.4)	1,245 (42.2)	1,254 (39.1)
日銀 （％）	82 (4.8)	93 (5.2)	131 (6.8)	163 (7.9)	175 (7.8)	258 (10.5)	289 (11.2)	314 (10.6)	522 (16.3)
市中金融機関 （％）	484 (28.2)	540 (30.3)	583 (30.3)	632 (30.6)	702 (31.2)	656 (26.8)	588 (22.8)	631 (21.4)	698 (21.8)
証券会社 （％）	50 (2.9)	47 (2.6)	69 (3.6)	89 (4.3)	58 (2.6)	68 (2.8)	46 (1.8)	69 (2.3)	61 (1.9)
個人等 （％）	396 (23.1)	399 (22.4)	424 (22.0)	471 (22.8)	510 (22.6)	589 (24.1)	614 (23.8)	693 (23.5)	671 (20.9)
合計 （％）	1,716 (100.0)	1,784 (100.0)	1,925 (100.0)	2,066 (100.0)	2,252 (100.0)	2,447 (100.0)	2,580 (100.0)	2,952 (100.0)	3,205 (100.0)

〔備考〕　1)　金額は額面ベース。
　　　　2)　市中金融機関の保有は登録国債分。
　　　　3)　1999年度は，12月末の数字。
〔出所〕　参議院予算委員会調査室『財政関係資料集』平成12年度。

(6) 国債の買い入れ

　国債（FBを除く）の日銀保有は，市中金融機関や政府機関（資金運用部など）から日銀が買い入れたものであるが，1991－99年度を通じほぼ一貫して増加を続けており，金融ルートや政府ルートによる日銀の通貨供給の主要手段となっている（表2－1，5）。

　この日銀の国債保有はまた，これまで長期国債がほとんどであったが，1999年度には短期国債の保有が急増した（表2－1の付表参照）。これは，最近の政府による短期国債発行の増加（発行国債の期限の短期化，期限の多様化，あるいは10年もの長期国債中心からヨリ短期限の国債の発行増加へ，および償還のさいの長期国債から短期国債への切り替えなどの動き）に応じて，これを消化・保有する市中金融機関からの短期国債の買いオペが増加したためである。[12]

　こうした国債の買い入れによる日銀の通貨供給は，直接には，政府発行の国債を消化・保有する市中金融機関（および政府機関）にたいする資金供給の一手段をなすものであるが，これを通じてさらに，国債の市中消化の促進・

国債市場の拡大を支援し,政府による国債の増発とその続行を支える役割を果たしている(また,市中金融機関からのこの国債買い入れのうち,長期国債の買い入れ〔買い切りオペ〕は,「成長通貨の供給」の役割を果たしているといわれているが,この問題については,後の3節でみる)。

そして最近,この国債には,大量発行の継続(→発行残高の急膨張)を背景に,その市中消化・保有の負担の高まり,需給不均衡にもとづく市場価格の下落(→長期金利の上昇)が絶えず懸念されるようになっているが,こうした状況のなかで,政府の国債増発とその市場価格を支えるという日銀の国債オペの役割はさらに高まっていくであろうし,これを通じてまた,日銀の通貨供給における国債オペの比重が高まり,日銀の国債保有も増加していくことになろう[13](国債の日銀引き受けや国債買い切りオペの増加を求める最近の議論については,後にⅡ章3節の【付】でみる)。

(12) 「『短期国債』(TB,FBの総称)の市中発行残高が〈1999〉年度中に急速に拡大するとともに(TB,FBの合計〈98年度末〉17.4兆円→〈99年度末〉62.5兆円),流通市場の厚みも格段に増した。このように,〈99〉年4月以降,短期国債市場が金融調節の場として優れた市場に育ってきた情勢を踏まえて,日本銀行は,『短期国債買現先オペ』を,機動性が高い中核的な資金供給手段として,積極的に活用するようになった」(『通貨及び金融』2000年6月,76ページ)。

また,この短期国債の99年度における日銀保有は,「……買現先オペの積極的な実施や満期が到来した保有長期国債のTB1年物への借換えのための引受け……などにより大幅に増加〈した〉」(日銀『業務概況書』1999年度,296ページ)。この金額については,表2−1の付表を参照。

(13) 国債発行とその発行残高は,近年膨脹の一途を辿っている(後述)。この国債の最近の保有においては,政府機関(資金運用部など)および市中金融機関,個人などが主体となっているが,日銀の保有額も近年(とくに1996年度以降)増加を続けており,国債発行に占める日銀保有の比率も上昇している(表2−5)。そしてこれは,国債の大量発行が政府機関(資金運用部など),市中金融機関や個人の消化・保有によって支えられ,これを日銀が下支えするという状況を示している。

(7) 国債レポ・オペ

　国債レポ・オペ（金銭を担保とする国債の借り入れ）は，日銀が国債を借り入れ，その担保として資金を相手に渡すという形で，市中金融機関に通貨供給を行なうものである。これは1997年11月から始まり，同年度における金融ルートでの通貨供給の主要手段となった（表2‐1）。

　97年度におけるこの国債借り入れの増加は，97年12月－98年2月の時期の増加によるものであった。すなわち，この国債レポ・オペの実施の目的は，「金融調節の一層の円滑化を図る」ためと説明されているが，上記の時期には，大手金融機関の破綻の発生（97年11月）によって金融システムの動揺が高まり，その沈静化のため，市中金融機関（あるいは金融市場）への通貨供給の拡大が急務となっていた。国債レポ・オペは，その拡大の手段の一つ（市中金融機関保有の国債を利用しての）として，始まったものといえよう。

　その後，98年度には，金融システム不安の高まりにもとづく市中金融機関の資金需要が一段落し，この国債借り入れオペも縮小したが（日銀の売出手形の期限決済の増加とともに，「両建てオペ」の縮小），99年度には，「コンピューター2000年問題」対策などの通貨供給拡大の主要手段として，この国債借り入れが積極化し，日銀の借り入れ残高が再増した。

　　(14)　日銀，1997年10月末に国債レポ・オペの実施を発表――日銀が借り手として，本店の取引先の金融機関や証券会社など（貸し手）から利付国債を借り入れ，担保金を貸し手に差し入れる。金額は，「借入れる国債の時価総額に一定の比率（基準担保率）を掛けた金額」。資金は借り手から貸し手へ。借り入れ期間は6カ月以内（『日』1997年2月号，65ページ）。

　　(15)　日銀の説明――「レポ市場」の最近の拡大を背景として，「金融調節の一層の円滑化を図るため，金銭を担保とする国債その他の債券の貸借を行〈う〉。云々」（1997年10月，日銀・政策委員会の決定，日銀『年次報告書』平成9年，81ページ）。

　　(16)　「……コンピューター2000年問題へ対応しながらゼロ金利政策の効果浸透を図るもとで，『国債借入オペ』も引き続き有力な資金供給手段として活用した。また，国債市場において，発行年限の多様化が進み，2年物国債

の発行残高が増加してきたことも踏まえて，〈99〉年10月には，『国債借入オペ』の対象国債〈従来は4年－20年もの〉に2年物国債を加え，本オペの機能強化を進めた」(『通貨及び金融』2000年6月，77ページ)。

【付】日銀の「バランスシートの拡大」

　これまでみたような日銀の通貨供給の増加は，同時に，その裏付けである日銀の資産の膨脹をもたらす(あるいはその資産の膨脹として現われる)ことになるが，最近におけるこの通貨供給の増加のなかで，この日銀の「バランスシートの大幅な拡大」が問題となった。これに加えて，通貨供給の拡張のためにその供給の手段が広がり，それらの対象物件の適格基準の緩和が進められたが，これに関連して，日銀資産(あるいはバランスシート)の内容の「劣化」が指摘されるに至った。すなわち，日銀資産のなかに，長期・固定化する，さらには回収不能が懸念される資産(債権)が増加しているという指摘である(例えば，企業発行のCP買い入れの増加，企業の社債などを担保とする手形オペの導入，特別融資や対預金保険機構貸付の増加について)。[17]これらはとくに1997・98年度の日銀勘定の資産内容の状況にたいして指摘されたものであったが，この問題は今後再発する懸念もあり，ここで記しておく。

　こうした指摘にたいして，日銀は，まずバランスシートの拡大は，最近の金融緩和政策運営によるものであり，これは景気対策と金融システム安定化のために推進せねばならないものであること，および「両建てオペ」(「長めの資金供給と短めの資金吸収を組み合わせた金融市場調節」)の実施など，資金の供給と回収のあり方によるものであること，をあげ，そして，資産の「劣化」の指摘にたいしては，日銀資産(債権)にはさまざまな保証が付されていてその回収は確実であり，資産内容は悪化していない，とした。[18]

　また，最近——1999年度の日銀資産の動きについて，日銀は，保有資産は著増したが，そこには同時に，対預金保険機構貸付および買い入れCPの減少，特融の著増の一服，保有国債に占める短期国債の増加(→保有国債の流動性の高まり)などの動きがあり，これによって，保有資産の健全性が確保

I章　通貨供給　113

されていることをうたっている。
(19)

　この「劣化」の問題が現実化するかどうかは，予断を許さないが（前記のような，整理回収銀行や日債銀向け出資における損失の発生，山一証券向け特融の返済不安などの動きがあるが），こうした日銀資産の膨脹とその資産内容の「劣化」問題の発生は，日銀が，通貨供給の拡大（「潤沢・豊富な資金供給」の推進）にいかに努めてきたかを示すものであり，そしてそのためには，通貨供給の短期回収や買い入れ（買オペ）物件の健全性の確保といった条件を緩めざるをえなかった，という状況を反映したものであったということができる。

(17) 日銀資産の「劣化」について，例えば次のような指摘がある。
　　日銀の買い入れCP保有の増加について──「日銀は買い入れ期間中（最長1年）に企業が倒産して，資金が返ってこなくなるリスクを抱える。……CPの発行元にはノンバンクやゼネコンの名前もある」。特融と預金保険機構向けの貸し出しについて──「〈破綻金融機関にたいする同機構の資金援助が〉特融返済の原資になっているが，〈同機構〉の資金源は大半が日銀からの融資だ」（『朝日』1999年1月23日）。
　　また，「〈日銀は〉信用秩序の維持政策では『最後の貸手』として資金を拠出し，日銀の資産劣化も同時に進んでいる」。日銀の出資のうち，「日債銀向けの800億円は同行の国有化で紙くずになり，整理回収銀への200億円も8割以上が焦げついた」（以上，『朝日』1999年3月31日）。
　　「特融」金利の引き上げ（99年4月，1％へ）に関連して──「金利上乗せの背景にはここ数年，信用秩序維持のために拠出した日銀資金が，相次いで損失となった問題がある。日銀には『政府保証だからといって，信用できない』（幹部）との意識が強い」（『朝日』1999年4月13日）。
(18) 日銀資産の膨脹とその「劣化」の問題にたいする日銀の説明を摘記する。
　　1．「……基本的には，景気の低迷と金融システム不安の強まりに対して，日本銀行が実施してきた政策運営の結果である。……思い切った金融緩和策の遂行によりデフレ的な状況を回避しようとすれば，日本銀行は金融資産の取得を増加させて資金の供給を増加させるため，自ずとバランス

シートは拡大することになる。実際の日本銀行のバランスシートも，基調としては，これまでの金融緩和政策により拡大傾向を辿ってきている」（『通貨及び金融』1999年6月，103ページ）。

2. バランスシートの拡大要因について。

①両建てオペの拡大——各種の買オペによる資金供給の増加（→日銀資産の増加）と資金吸収手段としての売出手形オペの活用（→負債の増加）。②銀行券の増発および準備預金の積み上げに対応した資金供給の拡大——買オペによる保有国債などの増加（資産の増加）と発行銀行券および市中金融機関の日銀準備預金の増加（負債の増加）。③レポ・オペの経理処理——保管国債（資産）の増加と借り入れ国債（負債）の増加（同上，1998年11月，66-68ページ）。

3. 「……〈97年〉秋に金融システム不安が高まって以来，……市場金利全般が上昇する傾向がみられたため，これに対処するために〈日銀〉が大量の資金供給を行ったことが挙げられます。（中略）更に，金融システム安定化のための……日銀特融や預金保険機構向けの貸出が増加したことも，バランスシートが膨らんだ一つの要因です」（日銀・篠塚審議委員の説明，『日』1999年3月号，5ページ）。

4. バランスシートの安全性について。

①各種の買オペによって供給された資金は，売出手形を通じて日銀に再び吸収されている。「したがって，こうした両建てオペレーションの部分が過剰流動性につながるとは考え難い」。②日銀資産の増加のかなりの部分は，国債，ないしは国債を見合いとする資産である。③増加している買い入れCPは，「CP発行企業の信用力に買い入れ先の金融機関の信用力を付け加えることによって，二重に安全性が補強されたものである」。④「特融」についても，「〈破綻の〉処理方策が実施された時点で，預金保険機構の資金援助等により，これまですべて全額が回収されており，貸し倒れが生じた事例はない。ただ，特融は多くの場合，無担保で行われるものであるので，回収の不確実性も勘案して，〈この特融にたいして日銀は〉必要な引当金を積むことにしている」（『通貨及び金融』1998年11月，68-71ページ）。

また，預金保険機構にたいする日銀貸付の増加について——「〈この〉貸付けは，保険料収入等による財源の確保や政府による債務保証がなされていることにより，信用の面で懸念がある訳ではない。しかしながら，……

〈この〉日銀貸付けは，本来一時的なつなぎ資金であり，……〈これ〉が著しく増加し，あるいは長期に亘って固定化する事態が生じる場合には，日本銀行のバランスシートの健全性や適切な金融市場調節の実施の観点から，問題を生じかねない。云々」(同上，1999年6月，104ページ)。

　日銀の買オペ対象物件や対市中金融機関貸出の担保における「民間企業債務の活用」について――「……こうした民間債務は，その発行企業の信用力等について，……十分審査を行ったうえで，オペの対象や担保としている。……対象金融機関等の信用力と民間企業の信用力とで二重に安全性が補強されている」(同上，103-104ページ)。

(19) 『通貨及び金融』1999年12月，76ページ以下，同上，2000年6月，83ページ以下を参照。

2　政府ルートと金融ルート

　上記のような諸手段による日銀の通貨供給は――これまでも触れたように――，政府・政府機関と市中金融機関（あるいは短期金融市場）を対象に，大別して政府ルートと金融ルートを通じて，行なわれている（表2-6）。

　政府ルートでの通貨供給は，政府の蔵券や外為証券の発行の引き受けによって一般会計や外為会計の資金繰りを支援し，また政府機関からの国債やFBの買い入れによって，その資金調達をまかなう（表2-7参照）。

　金融ルートでの通貨供給は，日銀の金融調節の手段として，市中金融機関への貸出，国債やFB，手形やCPの買い入れなどによって，市中金融機関の資金不足（現金準備の逼迫）を補塡し，これを通じて，企業や政府・地方公共団体にたいする市中金融機関の金融活動の拡張を支え，あるいは拡張した金融活動を事後的に支える，という役割を果たしている。さらに，特別融資や対預金保険機構貸付によって，金融システム安定対策を資金的に支える。

　また，これら両ルートでの通貨供給は――さきに第1部のⅠ章でも記したが――，時期によってそれぞれ大きく変動（増減）するとともに，相互に補完し合う動きを示している。[20]そして，一方での引き揚げは他方でのこれを上回る供給の増加をもってカバーされる（あるいは一方での供給増加が他方で

表 2 − 6　日銀の通貨供給指標(2)（供給ルート別）

（百億円）

年　　度	1991	92	93	94	95	96	97	98	99
政府ルート・計	△1,018	△100	1,012	△83	△335	633	121	△363	△1,494
A. FBの引受・買入超 　（△　償還・売却超）	△543	△49	616	△253	147	176	641	△438	△1,947
B. 国債(FB以外)の買入超 　（△　償還・売却超）	△477	△46	429	175	△488	414	△552	25	506
C. 外資の買入 　（△　売却超）	2	△5	△33	△5	6	43	32	50	△53
金融ルート・計	1,104	142	△561	△266	911	△387	832	386	4,391
D. 対市中金融機関貸出 　（△　減少）	48	101	13	△197	△288	△43	415	△393	△2
E. 対預金保険機構貸付 　（△　減少）	—	—	—	—	—	53	125	488	△638
F. 手形の買入 　（△　減少）	⎫	⎪	⎪	⎪	399	△371	△8	△413	80
G. CPの買入 　（△　売り戻し）	⎬ 408	△7	△449	△127	163	△163	528	△129	△7
H. 売出手形・回収 　（△　振り出し）	⎭			△180	△151	△238	△1,461	1,030	620
I. FBの買入 　（△　売却・償還超）	119	△120	△110	110	100	△110	△69	△389	2,390
J. 国債(FB以外)の買入 　（△　売却超）	529	168	△15	129	688	487	617	467	1,564
K. 国債の借入（レポ・オペ） 　（△　返還）	—	—	—	—	—	—	685	△275	384
合　　計	86	42	451	△349	576	246	953	23	2,897

〔備考〕
1) △は引き揚げを示す。
2) A・B＝日銀勘定と日銀・資金需給統計から推計した。C＝日銀勘定による。金融ルートのE＝日銀勘定による（資金需給統計には入っていない）。他は資金需給統計による。
3) 本表の合計は，表2−1の合計と一致する(100億円単位で四捨五入したので若干のズレがあるが）。
4) 日銀の出資・拠出は加わっていない（これについては100ページの注2を参照）。
5) Jの1999年度＝長期国債と短期国債を合わせたもの。99年度の資金需給統計では，長期国債と短期国債（FB＋短期国債）という区分となったが，筆者の推定により1991−98年度の区分と揃えた。
6) 全体として，筆者の推定による数字である。

I章　通貨供給　117

表 2 – 7　日銀の通貨供給指標(3)（対政府機関）

(百億円)

年　　度	1991	92	93	94	95	96	97	98	99
対政府機関・計 (△日銀への引き揚げ)	△1,039	28	1,121	△187	△952	461	△365	461	1,287
うち資金運用部・計	△892	150	773	238	△950	643	△502	248	1,030
FBの買入	△314	84	202	7	△335	287	△164	582	101
長期国債の買入 (△=売却)	△578	66	571	231	△615	359	△338	△334	929
国債整理基金・計	△149	△122	348	△425	71	△161	48	221	237
FBの買入	△149	△122	396	△224	△27	△161	48	221	601
長期国債の買入 (△=売却)	—	—	△48	△201	98	—	—	—	△364

〔出所〕　大蔵省「国庫対日銀収支」(『財政金融統計月報』所収)。

の引き揚げを可能にする）という動きによって，これまで全体として供給超過が積み重ねられてきた。

1991-99年度の通貨供給における両ルートの動きを推定してみると，表2-6のようである。

まず，両ルートにおける通貨供給の動き（増加あるいは引き揚げ）とその要因（あるいは主要手段）となったものを概括すれば，およそ次のようである。

〔1991・92年度〕通貨供給・増加──Ⓐ政府ルート・引き揚げ＜Ⓑ金融ルート・増加。

Ⓐの引き揚げ──政府の日銀へのFBの償還超，日銀の政府機関への国債やFBの売却超，などによる。

Ⓑの増加──市中金融機関からの国債や手形の買い入れの増加，および貸出の増加による。

〔1993年度〕供給・著増──Ⓐ増加＜Ⓑ引き揚げ。

Ⓐ著増──外為証券（為券）の引き受け超過，政府機関からの国債や為券の買い入れ増加。

Ⓑ引き揚げ──買入手形の減少，およびFBの売却。

〔1994年度〕ⒶⒷとも引き揚げ。

Ⓐ引き揚げ──政府機関へのFBの売却（国債基金特別会計への為券の売却な

ど)。これがFB(為券,蔵券および糧券)の引き受けの増加を上回る。

Ⓑ引き揚げ——貸出の減少,買入手形の減少(および日銀売出手形の振り出し。これらが国債やFBの買オペを上回る。

〔1995年度〕供給・著増——Ⓐ引き揚げ＜Ⓑ増加。

Ⓐ引き揚げ——政府による日銀保有国債の償還,日銀による政府機関への国債・FBの売却。これらがFB(とくに為券)の引き受けを上回る。

Ⓑ著増——国債買い入れ著増,および手形,FB,CPの買い入れ増加。

〔1996年度〕供給・増加——Ⓐ増加＞Ⓑ引き揚げ。

Ⓐ著増——政府機関からの為券や国債の買い入れ増加,およびFB(為券)の引き受け増加。

Ⓑ引き揚げ——手形,CP,FBの売りオペの増加。これが国債買いオペの増加を上回る。

〔1997年度〕供給・著増——両ルートとも増加。

Ⓐ増加——FB(とくに蔵券)の引き受け増加。

Ⓑ著増——国債借り入れ(レポ・オペ)増加,国債やCPの買い入れ増加,対市中金融機関貸出(特融を含む)と対預金保険機構貸付の増加。

〔1998年度〕供給・増加——Ⓐ引き揚げ＜Ⓑ増加。

Ⓐ引き揚げ——政府によるFB(主に蔵券)の日銀への償還増加。

Ⓑ増加——日銀売出手形の期限支払い増加,国債買い入れ増加,対預金保険機構貸付の増加。

〔1999年度〕供給・著増——Ⓐ引き揚げ＜Ⓑ増加。

Ⓐ引き揚げ——政府によるFB(為券が主体)償還の増加(政府はFBを公募発行し,その収入をもって日銀保有FBの償還を進めたとみられる)。

Ⓑ著増——FBおよび国債(短期国債・長期国債)の買オペの著増,国債借り入れ(レポ・オペ)の増加,日銀売出手形の期限支払いの増加,など。

このような両ルートによる通貨供給の増加について付言する。

【政府ルート】　政府ルートによる通貨供給が増加したのは,1993,96および97年度であり,その手段となった(供給増加を促した)のは,政府によるFB(主体は為券と蔵券)の発行の引き受けであった(これについては1節で

みた)。また，国債やFBの買い入れによる政府機関(資金運用部や国債整理基金特別会計など)への通貨供給が，これに加わり(表2－7参照)，資金運用部にたいする通貨供給は，景気対策の一環としての財政活動(政府金融機関による民間融資)の拡張のための資金調達を支えた。

【金融ルート】　金融ルートでの通貨供給が増加したのは，1991・92年度，95年度，1997－99年度であり，とくに99年度をはじめ最近の増加が著しい。

これらの供給手段となったのは，市中金融機関への貸出(1991・92年度，97年度)，預金保険機構への貸付(96－98年度)，手形の買い入れ(91年度，95年度)，CPの買い入れ(95，97年度)，FBの買い入れ(91年度，94・95年度，99年度)，国債の買い入れ(93年度を除く毎年度)，国債のレポ・オペ(97年度，99年度)であった。また最近では，国債の買オペがますます拡大し，FBの市中公募発行への移行の他面では，これに応募した市中金融機関からのFBの日銀買い入れが著増している。

(20)　この両ルートの動きは，実際には，直接対応して操作されてはいない。これはさきに第1部Ⅰ章2節でも記したが，政府ルートでの通貨供給は，財政支出の背後でこの拡大を支え，財政の対民間収支(その支払い超過)→金融市場の資金需給(資金余剰の発生)→これに対応する日銀の金融調節(日銀信用の減少)，といった過程を媒介として，金融ルートでの引き揚げの動きとなる。逆に，財政対民間収支の受け入れ超過のばあいには，金融市場の資金不足→金融調節としての日銀信用の増加により，金融ルートでの供給増加となる。こうした動きには，なお他の諸要因が加わっており，日銀の金融調節(金融ルートでの通貨供給の動き)も，上記の金融市場での資金需給・資金過不足に自動的に順応して行なわれているわけではないが，これについては次節3でみる。

3　日銀の金融調節

これまでみた金融ルートでの通貨供給について，日銀の金融調節運営の面から，その1991－99年度の動きをみることにする。

表 2 - 8　資金需給と日銀の金融調節 (1991-99年度)

(百億円)

年度中	1991	92	93	94	95	96	97	98	98*	99*
日銀券発行 (△ 増加)	△ 33	△ 74	△ 166	△ 167	△ 401	△ 315	△ 372	△ 299	△ 229	△ 583
財政要因・計 (△ 対民間受超)	△ 1,851	△ 367	734	500	△ 559	770	△ 126	338	366	△ 3,175
うち一般財政 (△ 受超)	△ 756	△ 444	1,385	1,497	600	2,093	669	2,136	2,136	3,627
国債 (△ 発行・受超)	△ 1,076	△ 665	△ 1,041	△ 1,408	△ 1,750	△ 1,440	△ 897	△ 2,251	△ 2,551	△ 3,780
FB (△ 発行>償還)	—	—	—	—	—	—	—	—	—	△ 3,669
外為資金 (△ 円貨の受超)	△ 21	△ 131	384	310	560	57	△ 41	△ 162	△ 162	889
その他	609	245	47	71	30	61	143	615	643*	△ 242
資金過不足(△ 不足)	△ 1,275	△ 181	567	334	△ 960	455	△ 498	109	138	△ 3,759
金融調節 (△ 日銀信用減)	1,104	142	△ 561	△ 267	911	△ 439	708	△ 103	△ 103	4,976
準備預金 (△ 積み増し)	171	38	△ 6	△ 66	49	△ 16	△ 210	△ 6	△ 6	△ 739
日銀当座預金 (準備預金を含む, △ 積み増し)	—	—	—	—	—	—	—	—	△ 35	△ 1,217

〔備考〕「その他」は日銀対民間で行なわれる取引のうち，金融市場での資金の増減に影響を及ぼすもの(資金需給実績統計の原注より)。なお，1998年度の＊「その他」は2000年3月からの定義の見直しにより，以前の数字とは連続しない。
〔出所〕日銀・資金需給実績統計。98・99年度＊は変更された新しい発表形式によるもの(本文129ページを参照)。
　　　なお，この統計には，日銀の対預金保険機構貸付は含まれていない。表2-6の金融ルートの数字は，この貸付を含んだもの。

　金融ルートによる通貨供給（その増加または引き揚げ）は，具体的には，金融市場にたいする日銀の金融調節（金融市場調節）を通じて行なわれる。すなわち，金融市場の日々の資金需給における「資金不足」を補うために日銀信用を増加させる，またはその「資金余剰」にたいしこれを吸収するものとして引き揚げを行なう，といった金融調節運営を通じて行なわれる(表2-8の動きは，この結果を示したものである)。

　この金融調節の対象はまた，直接には市中金融機関の現金準備と，この確保のための市中金融機関間の資金調達金利であるコールレート（無担保・ONもの）に置かれる。すなわち，日銀の金融調節運営は，短期金融市場の資金不足（あるいは市中金融機関の現金準備の逼迫）にたいして，日銀信用の増

I章　通貨供給　121

加によって，市中金融機関の資金繰りを助けるとともに，コールレート（短期市場金利）の上昇を抑え，これを政策的な水準に保つ，ということに置かれている（なお，最近，とくに99年度からは，このような資金不足の補塡の段階を越えて，日銀による「潤沢・豊富な資金供給」が図られているが，こうした動きについては後で述べる）。

なお，こうした日銀の金融調節運営の背景となる金融市場の「資金需給」を示したのが資金需給表であるが(表2-8)，この資金需給統計の発表形式が，2000年3月から変更された。[21] したがって，まず1991-98年度について，これまでの資金需給統計によって，日銀の金融調節運営の動きを概観することにする。

> (21) 資金需給と金融調節の関係は――資金不足と日銀信用の増加のばあいを例として――，銀行券要因（発行日銀券の増加）と財政要因（財政の対民間受け入れ超過にもとづく金融市場の資金不足），および市中金融機関による準備預金積み増しの動きに対応して，これを金融調節（日銀信用の増加）をもって埋める，というものであるが，最近，日銀によるこの資金需給統計（資金需給表）の発表形式が，これまでの「資金過不足＋金融調節＝準備預金増減」という形式から「資金過不足＋金融調節＝日銀当座預金増減」というものへと変更された（2000年3月から実施；表2-8を参照）。この変更の理由について日銀は，最近では，「法定所要準備額＜準備預金残高＜日銀当座預金残高という状態が恒常化しており」，こうした状況においては，従来の形式は実情にそぐわなくなった，と述べているが，これについては本文の99年度の項でみる。
> 　なお，このように，準備預金制度対象金融機関の準備預金以外の，市中金融機関全体の日銀当座預金の増加が著しくなったのは，99年2月頃からであり，少なくとも98年までは，準備預金と日銀当座預金とはほぼイコールの状態が続いてきた（後出，表2-10参照）。

(1) 1991-98年度

1991-98年度の間，金融市場の資金不足によって日銀信用が増加したのは91・92年度，95年度，97年度であり，他方，資金余剰となり日銀信用が減少

したのは93・94年度，96年度，98年度であった。

なお，ここでは年度ごとの動きとして概括するが，これらの動きのほか，近年においては短期的な変動がきわめて大きくなっている。例えば，97年12月をはじめとして金融システム不安の波が高まった時期に資金需要が急増するとともに，引き続くその不安定状況を背景に，各年末や年度末などに資金需要が増大し，これらを満たすため日銀信用が短期的に著増する，といった動きを示している。

まず，上記の資金不足となった時期において，その不足（→金融ルートを通じた日銀の通貨供給の増加）の主因となったものは，①発行銀行券の増加（日銀券の増発）と②財政の対民間受け入れ超過，および③市中金融機関の準備預金の積み増しであった。他方，資金余剰（→金融ルートでの引き揚げ）となった時期には，財政の対民間支払い超過がその主因となった。

【①日銀券の増発】　日銀券は1991-99年度を通じて増発を続けた。バブルが崩壊した90-91年度にはその増加率が急低下したが，92年から再び上昇し始め，とくに95年度以後著しくなっている。

日銀券の発行の増加は，まず，預金からの現金流出として現われ，市中金融機関の現金準備の減少をもたらす。こうして，金融市場の資金不足要因となり，金融調節における日銀信用の増加の必要をもたらす，という関係にある。そして，この日銀券の増発をカバーするための日銀信用の増加は，これまで一般に，「成長通貨の供給」として必要なものである，と説かれてきた。[22]

これに関連してまた，この日銀券の増発にたいする日銀信用の増加について，日銀は，日銀信用のうち，国債買い切りオペによる通貨供給をもってこれに対応してきた，という説明を行なっている。さらに，最近における国債の直接的な日銀引き受け発行や日銀の国債買オペ増加の主張に反対するなかで，日銀は，この日銀券の増発（その増加トレンド）に見合う国債買い切りオペを，日銀の国債買い切りオペの「ルール」として強調している。[23]

すなわち，最近，景気対策推進のための国債増発の支援策として（あるいは景気回復策の一環としての物価の低落傾向の阻止・引き上げの一手段として），国債の日銀引き受け発行（直接引き受け発行）を求める声があがり，ま

表2－9　日銀券増発と国債買オペの動き（1991－99年度）

(百億円)

年度中	日銀券・増発	（月平均）	国債・買い切りオペ*	（月平均）	GDP（名目）対前年度比（％）
1991	33	3	244	20	5.6
92	74	6	270	23	1.9
93	166	14	174	15	1.0
94	167	14	131	11	0.4
95	401	33	503	42	2.3
96	315	26	468	39	3.0
97	372	31	410	34	0.6
98	229	19	582	48	△2.0
99	583	49	536	45	△0.7（速報値）

〔備考〕　＊は日銀・資金需給統計による。うち1991－97年度は債券買い入れ，98－99年度は国債買い入れ，の数字。

【付表】　日銀券発行の著増期の動き（例）

年　月	日銀券・増発	国債買い切りオペ
1997年11月	288	51
12月	658	49
1998年1月	630	49
12月	606	48
1999年12月	1,267	42

たは，その前段として，日銀による国債買いオペの増加の必要性が持ち出された。

　日銀による上記の説明は，こうした主張に反対するなかで行なわれたものであるが，これは，日銀券の発行増加の動きを指標とする（あるいはその発行の趨勢的な動きに対応した），国債買い切りオペによる成長通貨の供給，といった考え方である，とみることができよう（国債の日銀引き受け発行論や日銀の国債買オペ増加論，これにたいする日銀の態度については，後にみる）。

　日銀券の増加は，これまでは（とくに1960年代・70年代の経済成長期には），総じて，市中金融機関の融資活動の拡張（→企業や個人の預金の増加→その部分的な現金化）にもとづくものであった。しかし最近では，金融システム不安の高まり（およびその懸念の継続）にもとづく現金需要・保有の増

加の動きが，これに大きく作用することになっている。

　すなわち，個々の金融機関の破綻や経営悪化の顕在化を契機とする金融システムの動揺と金融機関にたいする不信が，個人や企業による預金の払い戻し・現金保有を増加させ（あるいは金融資産の保有において現金保有を増加させ），金融機関もまた，こうした預金の現金流出増加の動きに備えて，支払い準備の増加の一部として現金での保有を増加させる，という動きである。個人や企業の現金保有の増加にはまた，預金金利の超低位状況の長期化が促進要因として加わった（これらの動きについてはなお，後のⅢ章2節でみる）。

　この日銀券発行の動きについて，前記の日銀の国債買い切りオペの動きと関連させてみてみよう（表2-9）。

　まず，Ⓐ日銀券発行の動きは，季節的な要因により，そして，近年においてはとくに金融システムの動揺を背景に，月ごとに増減が大きい。他方，Ⓑ日銀の国債買い切りオペは，Ⓐの動きとは直接対応せず，毎月ほぼ同額の買い入れが続いてきた。これは，日銀の「長い目でみた日銀券の増加トレンドにほぼ見合うように行うという考え方」（注23参照）にもとづくものである。

　しかし，例えばⒶ・Ⓑの年度ごとの対比では，両者は乖離するとともに，総じてⒷはⒶを大幅に上回る結果となっている。またこの時期のⒷは，毎月2200億円前後(1997年1月-10月)，あるいは4500億円前後(1997年11月-2000年3月)となっているが，経済活動の停滞が続くなかで，毎月こういう規模のⒷが，「成長通貨の供給」として必要であろうか。

　なお，上記の，97年秋のⒷの増額について，日銀は「日銀券需要の拡大テンポが速かったことに対応したものである」と述べている（注23参照）。こうして，ⒶとⒷの関係については，結局，まず現実問題としてⒶの動きがあり，ここからⒶの趨勢的な動きについての当面の予想を立ててⒷの額を設定する（この金額が「成長通貨の供給」に当たっているかどうかはさておき），そして，このなかで生じたⒶの著増（市中金融機関預金からの現金流出の増加→現金準備の逼迫）には即応の必要があり，これにたいしてはⒷを直接動かすことなく，他の種々の手段をもって供給増加を図ってきた——これまでの運

Ⅰ章　通貨供給　125

営状況はおよそこのようなものであったとみることができよう。[24]

　【②財政の対民間収支】　財政の対民間収支では，税収とともに，国債の発行による政府の資金調達が，受け入れ（引き揚げ）の主因となっているが，ここでは近年，国債の大量発行（→市中消化）による政府への資金の流れが，大きく作用している。[25]

　そして，上記の1991・92年度，95年度，97年度には，財政支出の動きがこの国債発行による資金吸収の動きに遅れ，財政全体として受け入れ超過（→金融市場における資金不足要因）となり，93・94年度，96年度，98年度には，反対の動きによって支払い超過（→資金余剰要因）となった。

　また，1995年度の財政収支は全体として受け入れ超過となったが，このうち外為特別会計は，円高対策としての円売り・ドル買いの増加により多額の支払い超過を示した。この外為会計の支払いは，同様に93・94年度にも大きく，これが財政全体の支払い超過を加速した（そして，この外為会計の支払い増加は為券の日銀引き受け発行によってまかなわれた）。なお98年度の外為会計は，反対に受け入れ超過となったが，これは，円安対策としての（97年2月から98年7月にかけて円安が進み，当時「日本売り」といわれた）円買い・ドル売りが増加したことによるものであった。

　【③準備預金の積み増し】　市中金融機関の準備預金は，とくに1997年度，および94年度などに積み増しとなり，資金不足要因となった。反対に91年度および92，95年度にはこれが取り崩され，資金不足の緩和要因となった。

　なお，準備預金制度の準備率は，この間，91年3月に全体として引き下げが行なわれた以外，変更されていない（91年3月の引き下げ——例えば市中銀行の定期預金2兆5000億円超の準備率1.75％→1.2％）。91年度および92年度には準備預金の取り崩しが行なわれたが，これには上記の準備率の引き下げが寄与したとみられる。

　その後における準備預金の積み増しは，現金準備の逼迫（あるいは現金準備を法定準備率以上に増加させる）ための，市中金融機関の積み増しによるものとみられるが，この積み増しの動きでは，97年度におけるその著増が目立った。

すなわち，この積み増しが著増したのは，97年11月をはじめとして金融システム不安が高まった時期であり，またこの動揺が続くなかでの年末や年度末（不良債権の処理を抱えた決算期）においてであった。これらの時期には，市中金融機関は，預金の現金化・現金流出の増加，現金準備の逼迫のさいの資金調達難などに備えて，現金準備の保有を増加させた。そしてこの動きに応じて，日銀は——さきにみた日銀券増発のばあいと同じく——この現金準備の積み増しを助けるために，同時に，市中金融機関の資金調達・資金需要の増加による市場金利の上昇を抑え，超低金利状況を維持するために，日銀信用を増加し，「潤沢な資金供給」を進めた。

　さきにみた日銀券の増発をカバーするための通貨供給の増加も，直接には，こうした市中金融機関の現金準備対策と市場金利の上昇抑制・超低金利維持の対策から発しており，このための通貨供給（日銀信用）の増加を通じて進められた，ということができる。

　その後，98年度末（99年2月頃）からこの準備預金（所要準備額を上回る余剰準備，および準備預金制度の適用外の金融機関の日銀当座預金）が著増するようになるが，これについては次にみる。

(22)　「成長通貨の供給」について，一般に説かれているのは——経済活動の拡大・経済成長の進行に伴って現金通貨の増加も必要となるのであって，このような現金通貨の増加（現金需要の増加）は，「成長通貨」の供給として，日銀信用の増加によって当然充足されていくべき性質のものである，というものである。

　　このような説明は，すでに1960年代の経済成長期から行なわれているが，ただし，この日銀券の増発＝成長通貨の増加→この充足のための日銀信用の増加，といった結合関係は曖昧な性質のものである，ということができる。この点については，拙著『わが国のインフレーション』（法政大学出版局，1991年，14－18ページ）で私見を記した。

(23)　「日本銀行は，長期国債買切りオペについては，従来から，長い目でみた日銀券の増加トレンドにほぼ見合うように行うという考え方を採ってきた。……日銀券の増加トレンドは，……経済規模の拡大など中長期的な要

I章　通貨供給　127

因を反映しているものであって，これに見合う資金供給には期間の長いオペレーションを当てるのが自然なのではないかとの考え方によるものである。また，国債の買切りオペを際限なく実施していくと，国債の直接引受けと同様に財政規律の弛緩をもたらす惧れがあるため，買切りオペ額の目途について一定のルールを設けておくことは，この面でも有益と考えられる。(中略) こうしたもとで，〈97〉年秋以降，……〈1カ月〉4千億円程度 (……〈97〉年10月までは月2千億円程度) のペースで国債買切りオペを実行している。〈こうした国債買い切りオペの増額は〉最近数年間における日銀券需要の拡大テンポが速かったことに対応したものであり，過去最高の実行ペースとなっている」(『通貨及び金融』1999年6月, 94-95ページ。同上, 1999年12月, 2000年6月でも同様な説明が行なわれている)。

また,「〈97〉年秋以降，銀行券の発行残高は，〈年にして約4兆−5兆円〉の高い伸びを示した。こうした状況を受けて，〈日銀〉も，〈毎月約4000億−5000億円〉のペースで国債買切りオペを実行してきた」(同上, 1998年11月, 62ページ)。

(24) 「銀行券増発および準備預金積み上げに対応した資金供給の拡大」——「〈97〉年秋以降の一部金融機関の経営破綻をきっかけに，金融市場では，預金引き出しの増加に伴う銀行券需要や金融機関の準備預金需要が高まりをみせ，これが資金需給の逼迫要因として働いた。これに対して〈日銀〉は，オーバーナイト金利の上昇を抑制するため，国債買切りオペやその他の手段を用いて，積極的な資金供給を行った」(『通貨及び金融』1998年11月, 66-67ページ)。

(25) 財政の受け入れ超過 (→金融市場の資金不足作用) においては，全体の財政支出超過の動きにたいする，国債の大量発行とその「市中消化」による政府の資金吸収の動きの先行が主因となっているが，これは同時に，反面では，市中金融機関の国債投資 (国債への資金運用) の拡張を示している。財政の受け入れ超過による金融市場の資金不足をカバーする日銀信用の増加は，こうして，市中金融機関の国債投資の増加 (→国債の大量発行とその市中消化の促進) を支える役割を果たしている，とみることができる。

(2) 1999年度

　1999年度の資金需給表は，前記のように，新形式によるものとなった。これによると，99年度は大幅な資金不足となり，金融調節として日銀の通貨供給が著増しているが，この資金不足要因となったのは，まず，これまでと同じく日銀券の増発と財政の受け入れ超過であった。

　また，99年度の財政の対民間収支では，国債の発行（市中消化）による受け入れとともに，新たにFBの市中公募発行による受け入れが加った。そして，これらの大量の受け入れ（資金吸収）にたいして財政支出の拡大の動きが遅れ，財政全体として受け入れ超過となった（このうち外為会計については，円高是正の介入により対民間支出が増加した）。

　さらに，99年度の大きな資金不足要因となったのは，市中金融機関の日銀当座預金の著増であり，99年度の資金需給表では，このような市中金融機関による余剰準備の積み増しの増大と，これを充足するものとしての日銀の金融調節による金融ルートでの通貨供給の増加の動きが，大きく現われた（表2－8参照）。

　市中金融機関部門の余剰準備の積み増しの動きについては，後に【付】でみるが，99年度には，このような積み増しを金融市場の資金不足の増加（あるいは資金需要の増加）として，これを充足すべくさきにみた諸手段をもって，「潤沢・豊富」な通貨供給が金融調節として行なわれた。新形式による資金需給表には，こうした状況が端的に示されている。(26)

(26)　「新形式の資金需給表では，……当座預金残高全体〈超過準備額を含む準備預金残高＋非適用先当座預金残高〉の増減をもたらす要因のみを『資金過不足』として定義する……」（『通貨及び金融』2000年6月，73－74ページ）。

　　　換言すれば，99年度の資金需給では，日銀券と財政収支の動きは統計上変わりはなく，日銀の金融調節（日銀信用）の額も実行されたものであるから，市中金融機関部門の余剰準備での積み上げ全体を，資金「不足」要因（金融市場における資金不足の増加）として調整するということになる。

Ⅰ章　通貨供給

(3) 概 括

以上，日銀の金融調節（日銀信用の増減）は，発行日銀券と財政収支の動き，および市中金融機関の準備預金（あるいは市中金融機関部門の日銀当座預金）の動きからくる，金融市場の資金過不足に対応するものとして，運営されている。

こうして，日銀の金融調節運営は，上記のような資金過不足の動きに受動的に対応するような姿をとっており，また，そうした受動的な性質のものとして説かれてもいる。

しかし，金融調節としての日銀信用の増加（前記のような①②③の金融市場にたいする資金不足要因としての作用とこれを補うものとしての金融ルートでの通貨供給の増加）の背後には，市中金融機関による金融活動の拡張——企業にたいする貸出や証券投資の増加，政府・地方公共団体にたいする国債や地方債への投資の拡張，貸付の増加——があり，さらに市中金融機関自身の準備預金の積立の動きも加わっていて，日銀の通貨供給の増加は，このような市中金融機関の行動と結びついている。これと関連してまた，この金融調節には，日銀の金融政策運営（景気対策のための市中金融機関による企業融資の促進と金融市場における低金利の維持，および金融システム不安対策）にもとづく通貨供給の推進が加わっている。

このように，日銀の金融調節はたんに受動的な性質のものではなく，市中金融機関の企業や政府・地方公共団体にたいする資金供給の拡張を支え促し，これにもとづく現金準備の不足を補い，金融システムの混乱を抑止し，こうして全体として金融緩和を推進し維持するという役割をもっており，またそうした意図の下に運営されてきたということができる。

【付】1997－99年度における日銀の金融調節

金融ルートによる日銀の通貨供給は，前記のように，最近では1997年度そして99年度に著増した（98年度の金融調節では減少となっているが〔表2－8〕，対預金保険機構貸付の増加を加えると金融ルート通貨供給は増加とな

る)。この増加が目立ったのは，まず，97年11月・12月をはじめとして，金融システムの動揺が高まった時であり，市中金融機関はそのなかで，増加する預金の現金流出と資金調達難に備えて，現金準備の確保と増加に努めた。金融ルートでの通貨供給の拡大は，こうした市中金融機関の資金繰りを支援するものであり，また，年末・年度末における金融市場の資金需給の逼迫，企業金融の逼迫に対処するものであった。そして，これを通じて，これまで景気対策として推進してきた超低金利状況を維持しようとするものであった。

日銀はこのため，これまでみたような各種の手段を動員して通貨供給の拡大に努めるとともに，買オペ対象物件の適格基準の緩和を進めた。

このような通貨供給の増加の意図・役割を概括すれば，それは，景気対策と金融システム安定化対策——この両者は結びついているが——のための通貨手段として役立つ，ということである。

まず全体として，景気対策としての金融緩和・超低金利の維持である。すなわち，市場金利（無担保コールローンONもの金利）を，98年8月までは公定歩合0.5％の水準に，9月以降は，それ以下の0.25％の水準に，そして99年2月からは（2000年8月にかけて）実質ゼロ金利状況に保つための（これを通じてまた，長期金利の上昇を抑制し，国債や株式の市場価格の下支えを意図した），日銀の「潤沢・豊富な資金供給」[27]の推進である。

また，このなかで，金融システムに不安・動揺の高波が起こると，この沈静化（市中金融機関の現金準備の確保，市場金利の上昇抑制）のために，通貨供給が拡大した。

さらに，金融システム安定化のための直接・個別的な措置として，破綻金融機関にたいする特別融資，預金保険機構への貸付，および各種の出資・拠出，などによる資金供給が増加した。

この金融ルートによる通貨供給は，99年度にも著増したが，ここでは，前記のように，市中金融機関部門による日銀当座預金の積み増しに応じた通貨供給の増加が目立った。[28]

市中金融機関による準備預金の積み増しは，上記のようにまず，97年11月をはじめとする金融システム不安の高まりと，引き続くその動揺のなかで増

I章　通貨供給　131

表2-10 市中金融機関の準備預金積立の動き

(千億円)

年月	I. 準備預金制度適用先 A. 準備預金残高	I. 準備預金制度適用先 B. Aから所要準備を除く額	II. 非適用先・日銀当座預金残高	年月	I. 準備預金制度適用先 A. 準備預金残高	I. 準備預金制度適用先 B. Aから所要準備を除く額	II. 非適用先・日銀当座預金残高
1997年10月		7	1	1999年1月	1,180	13	17
11		44	51	2	1,093	41	64
12		15	10	3	1,301	110	153
1998年1月	1,112	8	5	4	1,225	95	143
2	999	4	3	5	1,297	96	126
3	1,108	12	8	6	1,264	107	118
4	1,065	3	2	7	1,296	96	192
5	1,117	5	2	8	1,266	69	224
6	1,104	25	7	9	1,221	66	173
7	1,138	17	2	10	1,243	49	209
8	1,148	19	9	11	1,227	65	220
9	1,109	26	9	12	3,003	1,780	1,132
10	1,223	104	17	2000年1月	1,287	68	242
11	1,120	21	8	2	1,474	353	389
12	1,185	21	14	3	1,586	383	719

〔備考〕 IのAは,積み期間中の累計額(当月16日から翌月15日)を示す。
Ⅱは,証券会社,証券金融会社,短資会社,など。
〔出所〕 日銀資料による。

加した。すなわち,預金の払い戻し・流出や現金準備不足の調達難に備えるための積み増しの動きである。

しかし,こうした状況が一段落した99年度においても,金融活動の停滞が続くなかで,この積み増しは増加している。この動きは,99年2月頃から高まり,準備預金制度の対象である金融機関の準備預金が余剰準備として増加するとともに,とくに,この制度の適用外の金融機関(短資会社など)の保有する日銀当座預金が著増し(表2-10),こうして市中金融機関部門全体の準備金が積み上げられている。そして,これにたいして日銀は,金融緩和とゼロ・超低金利を維持,景気の回復を図る金融調節として,「潤沢・豊富」な通貨供給を続けてきた。
(29)

(27) 日銀による「潤沢な資金供給」の状況について摘記する。

1997年秋以降の動き——「……預金を引き出し，現金のまま手許に保管するといった動きが強まった……。また，金融機関のなかには，不測の預金引き出しや市場での調達難に備えて，みずから準備預金を積み増す動きがみられた。こうした銀行券や準備預金に対する資金需要の強まりに対して，日本銀行は，金融市場に引き締まりが生じることのないよう，市場に対して潤沢な資金供給を行った」(『通貨及び金融』1998年11月，37-38ページ)。

また，「……金融機関の窓口から現金が引き出される，あるいは，銀行等が日本銀行の当座預金に資金を厚めに確保しようとすれば，金融市場において，新たな資金需要が生まれ，オーバーナイト金利は強い上昇圧力を受けることになる。こうした状況を受けて，日本銀行は，〈97〉年11月以降，様々な調節手段を駆使して，市場に大量の資金を供給し，オーバーナイト金利の跳ね上がりを防止するよう努めた」。「とくに〈97〉年11月から〈98〉年3月までの間は，市場の引き締まりに対応して，〈日銀の〉資金供給の額は所要準備額を大幅に上回るものとなった」(同上，49-50ページ)。

「〈97年〉11月に至り，……大手を含む銀行や証券会社が相次いで破綻すると，信用リスクに対する市場の認識が，一気に高まった。民間部門の負債にかかるターム物金利や社債利回りが上昇〈した〉」。こうした「短期市場金利の跳ね上がり等に対応するため，〈日銀〉は，潤沢な資金供給を行い，安定的な市場金利の形成に努めた。すなわち，11月下旬以降，日々の〈所要準備額を超える市中銀行の準備預金額〉を1兆円以上，日によっては3兆円を超える水準まで拡大することで，市場に対して潤沢な資金供給を行う姿勢を明確に示した。また資金供給に当っては，〈国債レポ・オペ，CP買オペ，貸出など〉各種の調節手段を駆使して資金供給に努めた」(『日』1998年6月，63，70ページ)。

1998年春以降の動き——「……金融市場では，金融システム問題の帰趨を巡る不透明感などを背景に，オーバーナイト金利に上昇圧力がかかる場面がその後もしばしばみられた。日本銀行は，こうした市場の動向に応じて潤沢な資金供給を行ない，云々」『経』平成10年版，50ページ)。

98年6月——「……一部金融機関〈長期信用銀行〉の経営問題を巡る報道をきっかけに，金融機関の信用リスクに対する警戒感が再び強まり，〈98年〉6月末にかけて金利上昇圧力が急速に高まった。しかしその後は，〈日

I章 通貨供給 133

銀〉が潤沢な資金供給を続けたことや，金融再生トータルプランが公表されたことなどを受けて，市場の不安心理も徐々に沈静化に向かい，金利上昇圧力は次第に後退した」（『日』1998年8月号，29ページ）。また，「〈日銀は6月29日〉短期金融市場で，市場が必要とする額を約3兆3千億円上回る大幅な緩めの調節をした。……先週からの信用不安の再燃の中で上昇しがちな短期金利を，抑え込む動きとみられる」（『朝日』1998年6月30日）。

　　98年9月――「〈日銀〉は，〈98年〉9月9日，……一段の金融緩和措置（金融市場調節方針の変更）を決定，実施した」。短期市場金利は「〈日銀〉による潤沢な資金供給の継続の下で，新しい誘導水準（0.25％前後）に沿った動きとなっている」（『日』1998年11月号，38ページ）。

　　98年11月，日銀「最近の企業金融を踏まえたオペ・貸出面の措置について」を発表――「年末から年度末にかけて企業金融は一層厳しさを増す可能性がある」として，「金融機関借入・市場調達の両面での企業金融の円滑化に資する」ために，次の措置をとった。①CPオペの積極的活用――買い入れCPの対象を，これまでの満期3カ月以内から1年以内へ。②企業金融支援のための臨時貸出制度の創設――「企業向け貸出が季節的に増加する10－12月期における金融機関の貸出増加額の一定割合（50％）を対象〈とする〉リファイナンスのための日銀貸出制度」。国債のほか，民間企業振り出しの手形，CP，社債，証書貸付を担保とする。③社債等を担保とするオペレーションの導入――民間企業の社債，証書貸付債権を根担保として，市中金融機関が振り出す手形の買い入れ（『日』1999年1月号，88－89ページ）。

　　なお，この11月の措置について――「中央銀行としての枠を踏み出す措置だ」。「政府が最優先の景気対策に挙げる『貸し渋り対策』に，日銀として金融政策面から思い切った手を打った」。また，「日銀が企業金融支援に大きく踏み出すのは異例の措置。〈11月〉16日に景気対策をまとめる政府・自民党が日銀に協調を求めたことが，背景にあるとみられる」（以上，『朝日』1998年11月14日）。

　　99年2月――「実質ゼロ金利」政策を実施（後述）。このため，「より潤沢な資金供給を行〈う〉」（『日』1999年4月号，154ページ）。

(28)　1999年度の金融ルートによる通貨供給の増加にはまた「コンピューター2000年問題」対策が加わり，これが供給増加を促進した。すなわち，「〈99〉

年度下期の短期金融市場においては,コンピューター2000年問題を背景として年末越えの市場金利に上昇圧力がかかった」。「日本銀行はこうした年末越え資金に対する需要を十分に満たすよう,〈99年〉10月半ば以降,各種の金融調節手段を活用して,きわめて豊富な資金供給を行った」(『通貨及び金融』2000年6月,26ページ)。

(29) 「……金融機関が超過準備として実際に保存した資金の規模は,日本銀行が所要準備を上回って供給した余剰金の4-5割程度にとどまり,むしろ過半は短資会社など準備預金制度非適用先の日銀当座預金に滞留した。しかも,金融政策がゼロ金利政策のもとで,流動性に関する安心感を一段と強めるにつれて,当初準備預金を厚めに保存していた先でも,その額を徐々に減らしていった。このため,〈99年〉8-9月頃には,日本銀行が供給した余剰資金のうち超過準備として積まれる資金の割合は2-3割まで低下し,7-8割は短資会社等に残ることとなった」(99年度前期の動き,『通貨及び金融』1999年12月,26ページ)。

「日本銀行は,金利ゼロという状態が安定的に推移するよう,金融機関に保有が義務づけられている支払準備(1日平均約4兆円)を1兆円ほども上回る資金供給を続けています。そうした中で,金融機関サイドでは,ゼロ金利政策により『殆どコストのかからない資金をいつでも調達できる』という安心感が定着しているため,資金を保有する動機が低下しています。この結果,日本銀行が供給した余剰資金の7-8割は,資金仲介を行っている短資会社等に積み上がっているのが実情です」(同上,65ページ)。

また,「ゼロ金利政策が始まったあと,日銀当座預金残高は,日本銀行による豊富な資金供給を受けて,所要準備……を約1兆円上回る5兆円程度と高水準で推移してきたが,〈99年12月〉の日銀当座預金残高は,その2倍をはるかに上回る規模に相当するものであった。……金融機関の超過準備金,準備預金制度非適用先(短資会社等)の日銀当座預金ともに,過去最大の積み上がりとなった」(同上,2000年6月,26ページ)。

II章　政府の経済政策運営

　これまでみた日銀の通貨供給の動きと関連させて、この通貨供給を政策的に促す政府の政策運営の1991-99年度の動きについて、景気対策を中心に概観する。
　バブルの崩壊後、わが国の経済活動は急低下し、これまで10年の長期にわたって不況状況が続いてきた。
　例えば、この間、1985-90年度（バブル経済期）に毎年度5％前後の増加を続けたGDP（実質）は、92-94年度には1％以下へ低下した。95年度・96年度には4％前後の増加となり、景気回復の始動とみえたが、97年度・98年度には急転してマイナス成長となり、ようやく99年度にプラス成長（0.5％）を印した。
　こうしたなかで、政府は1992年度から景気対策を相次いで実施・拡充し、経済政策運営は不況脱出・早期の景気回復へと集中していった。そしてこれをまかなうため、財政支出が拡大するとともに財政赤字が急膨張し、国債の大量発行が続いてきた。
　日銀の金融政策運営も、政府の景気対策の推進に順応して、これを金融の面から支援するために、1991年7月の公定歩合の引き下げから緩和政策運営に転じ、超低金利政策運営からゼロ金利政策へと進み、これを維持するために（加えて、この間発生した金融システム不安の高まりを抑えるために）、金融ルートを通じて「潤沢・豊富」な通貨供給を続けた。
　なお、この政府の政策運営は、そのときどきに直面する政策問題にたいする政府としての対応にもとづいているが、この政策運営が日銀の通貨供給の増加に依拠して進められ、あるいは政策目的の達成のためにその通貨供給への依存を不可欠なものとするとき、この政策は――インフレ発生・進行の誘

因を形成するものとして——，インフレ政策としての性質をもつものになる，ということができる。

1　経済政策の運営方針

(1)　1991－94年度

　まず，政府の各年度における経済政策の運営方針を表明する「経済運営の基本的態度」(以下，「基本的態度」)では，景気の早期回復と経済成長の確保を目標として，このための内需拡大の推進がうたわれた[1]。

　同時に，この運営方針にもとづいて，その目標と手段とを数字で具体的に示す「政府の経済見通し」(以下，「見通し」)が発表された(表2－11)。

　この「見通し」は，政府のたんなる予想ではなく，その達成を目指す政策目標としての性格をもつものであるが，ここでは経済成長の見通しとして，GNP(実質)で1991－93年度には毎年度3.5％前後，94年度も2.4％の増加が掲げられた。なお，この成長見通しについて，これまでの「見通し」においては，とくに不況期には，政府による景気対策の推進とその効力を強調するため，当該年度の成長率の見通しが前年度より高めに設定されるのが恒例であった。しかし92年度以降は(96年度にかけて)，その成長見通しも毎年度引き下げざるをえなかったし，さらに実績は，92－94年度においてその見通しを大幅に下回り，成長目標の見通しと実際との乖離が甚だしくなった[2]。

　そして，こうした経済成長目標の実現は内需拡大の推進によるものとされたが，とくに93年度以降，この国内需要の増加における公共投資の比重が高まった。すなわち，民間企業の設備投資の減退をはじめとして，民間需要の停滞の継続が予想されるなかで(さらに輸入の増加率が高まる反面輸出が停滞し，あるいは円高状態と貿易摩擦によって輸出の拡大が制約されるなかで)，公共投資の拡大が，内需拡大と成長維持の下支えのための中心的な担い手とされた。1992－94年度にはまた，成長維持の一つとして民間住宅建設の増加が見込まれたが，このために政府金融機関による融資の拡大(超低金利政策運営を背景とする)が図られた。

表 2 - 11　政府の経済見通し (1991-2000年度)

A. GNP, GDP (対前年度比, %)

年度		1991	92	93	94	95	96	97	98	99	2000
		GNP			GDP						
名目	見通し	5.5	5.0	4.9	3.8	3.6	2.7	3.1	2.4	0.5	0.8
	実績	5.6	2.2	0.9	0.4	2.3	3.0	0.6	△2.0	△0.7*	
実質	見通し	3.8	3.5	3.3	2.4	2.8	2.5	1.9	1.9	0.5	1.0
	実績	3.0	0.7	0.3	0.6	3.0	4.4	△0.1	△1.9	0.5*	

B. GNP, GDP (名目, 見通し) の内訳 (対前年度比, %)

年度	1991	92	93	94	95	96	97	98	99	2000
民間最終消費支出	6.3	5.8	4.9	4.0	4.2	2.7	3.1	3.3	0.5	1.3
民間住宅	△0.1	4.5	9.7	6.3	1.9	2.6	△3.5	5.7	7.2	△1.8
民間企業設備	7.9	5.1	2.9	0.1	4.0	3.6	7.1	3.0	△6.9	0.3
政府支出	3.1	3.0	6.2	7.8	3.4	1.8	1.1	△1.8	3.8	0.4
うち固定資本形成	3.6	3.3	9.5	12.5	3.8	1.0	0.5	△5.9	7.8	0.7
輸出と海外からの所得	1.8	4.9	3.4	3.9	4.3	7.1	4.7	5.6	△3.2	0.8
(控除) 同輸入	3.2	6.7	5.1	9.4	8.8	10.0	5.3	6.6	△2.1	2.9

94年度以降：財貨・サービスの輸出／(控除) 同輸入

C. 物価 (対前年度比, %)

年度	1991	92	93	94	95	96	97	98	99	2000
卸売物価		総合卸売物価						国内卸売物価			
見通し	△0.1	△0.2	0.3	0.2	0.5	0.1	1.3	△0.8	△0.9	△0.1
実績	△1.2	△1.5	△3.3	△1.4	△0.9	0.4	1.0	△2.1	△1.0	
消費者物価										
見通し	2.4	2.3	2.1	1.5	0.9	0.5	1.6	0.7	0.1	0.3
実績	2.8	1.6	1.2	0.4	△0.1	0.4	2.0	0.2	△0.5	

〔備考〕　A・Bの政府の経済見通しは「……%程度」として発表されている。ただし99年度の実績は速報値。

〔出所〕　A・Bは経済企画庁「経済見通し」(毎年度)。また，Aの実績は経済企画庁『国民経済計算年報』平成12年版など，Cの実績は各物価指数。

物価については，政府の見通しでは低率ながら全体として上昇基調が続くものとされたが，実際の動きはこの見通しを下回った。すなわち，卸売物価は，1993－95年度の間，低率ながら上昇を続けるとした政府見通しにたいして，下落を示した。消費者物価は「バブル」後の不況・景気停滞下でも根強い上昇を続けているが，92年度以降の上昇率は，政府見通しの上昇率を下回るものとなった。この時期の物価は，こうして政府の見通し以上に全体として安定的に推移したが，この物価の動きについては後にⅣ章でみる。

　なお，近年，政権担当の政党グループや内閣が目まぐるしく交替したが，これらの政府による経済政策運営の基本方針には変化がなかった（むしろ，他にとるべき方策を見出しえなかった），ということができる。

　すなわち，その基本的な政策目標は，「バブル」後の長期化した景気停滞の早期回復であり，そのための内需拡大の推進（→自律的な経済成長の回復）にあった。そして，その中心的な手段となったのは，政府・地方公共団体による公共投資の拡大（公的需要の増加）と金融緩和・超低金利政策の推進であり，これによって民間企業の投資を刺激し，その回復・拡張を促し，民間企業投資主導の内需拡大と，これにもとづく経済成長の再進展を図ろうとするものであった。

　　（1）　政府の「経済運営の基本的態度」は，当該年度の開始（4月）に先立って，毎年1月に，これまでの経済動向を踏まえて策定される。
　　　1991－94年度の「基本的態度」を摘記すれば──
　　　〔1991年度〕「第一は，内需を中心とした景気の持続的な拡大を図ることである」（91年1月閣議決定：海部俊樹内閣）。
　　　〔1992年度〕「第一は，内需を中心とするインフレなき持続可能な成長を図ることである」（92年1月閣議決定：宮澤喜一内閣）。
　　　〔1993年度〕「第一は，現在調整過程にある我が国経済を内需を中心とするインフレなき持続可能な成長路線へ円滑に移行させることである」（93年1月閣議決定：宮澤内閣）。
　　　〔1994年度〕「第一は，総じて低迷が続き厳しい状況にある現在の我が国経済を，できるだけ早い時期に本格的な回復軌道に乗せ，〈95〉年度以降の

安定成長を確かなものとすることである」(94年1月閣議決定：細川護熙内閣)。

（2） 本文に掲げた政府の経済見通しは，当時，「アナウンスメント効果」を狙った作文だったといわれた。

例えば，1992－94年度における政府の成長率見通しと実際との大幅なズレに関連して──「政府の示す数字の信頼性が落ちている」，「現実離れした成長率を掲げ〈た〉」，「あえて高めの数字を掲げることで民間を刺激するというアナウンスメント効果をたてに，大蔵，通産両省に押し切られてきた。云々」(経済企画庁側の発言，『朝日』1996年12月20日)。こうであるとすれば，「閣議決定」として公表された数字は，たんに景気づけの政策宣伝にすぎなかったのであろうか。

(2) 1995年度・96年度

バブル崩壊後停滞を続けたわが国経済は，95年末から景気回復の始動が，そして96年度には（とくにその後期から）民間主導による「自律回復」の動きが，指摘されるようになった。GDP も95年度・96年度には実質4％前後の増加となり，政府の増加見通しを上回った（表2－11参照）。

すなわち，95年度・96年度の「基本的態度」では，これまでの延長として，景気の回復とそのための内需拡大の推進，そして民需中心の自律的な成長回復の実現がうたわれ，このため，公共事業の拡大，経済機構や行政面での種々の改革の推進が強調された。また，「見通し」では，実質2％台の経済成長の確保を意図し，その中心的な担い手として民間企業の設備投資の増加に期待が置かれた。その後，95年度・96年度の実績は，こうした政府の成長見通しを上回るものとなった（表2－11参照）。

（3） 「……95年以降景気には明るい動きがみられるようになっている」(『経』平成8年版，37ページ)。そして，「……96年度下期には民間需要主導による自律回復的循環がみられるようになった」。「〈96年度の〉日本経済は，自律的回復過程への移行を完了しつつある」(同上，平成9年版，3，4ページ)。

（4） 1995年度・96年度の「基本的態度」を摘記する。

〔1995年度〕「第一は，回復局面にあるわが国経済の内需を中心とした安定成長の確保に向け〈る〉」（95年1月閣議決定：村山富市内閣）。
　〔1996年度〕「〈96〉年度の我が国経済においては，景気の回復を確実にし中長期的な安定成長につなげていくために，全力を挙げて内需振興に努める……」。「民間需要主導の自律的回復への移行を速やかに実現すべく，内需拡大を図る……」（96年1月閣議決定：橋本龍太郎内閣）。
　また，こうした景気対策の推進に関連して，当時の経済政策運営においては，「規制緩和」の推進（あるいは日本版ビッグバンの断行）が強調された。これは——この問題についての検討は措くが——，近年の「自由化・国際化」の進行を加速するとともに，これを通じてわが国経済の構造改革を進め，その閉塞状況の打開と活性化を図ろうというものである。そしてここでは，今後の21世紀に向けた国際経済におけるわが国経済の生き残りのためにというスローガンの下，さまざまな改革案や答申が発表され，高論卓説のオン・パレードを呈した。しかしこれは，他方ではまた，試行錯誤的な解体・破壊の進行とこれにもとづく優勝劣敗・弱肉強食・人為淘汰の全社会的な推進を意味するものといえよう。

(3)　1997年度・98年度

　景気回復の動きは，97年度に入って急転した。97・98年度とマイナス成長が続き，98年度は「戦後最悪の不況」となった。[5] 不況が長期化し激化し，わが国経済の運行に深刻な影響を与えることになった。このなかでまた，97年11月をはじめとして金融システム不安が高まり，その動揺が続いた。
　97年度の「基本的態度」では，96年度における自律回復始動の認識などを背景に，この景気回復の支援とともに，とくに財政改革や経済構造改革といった「改革」や「規制緩和」の推進が，いわば万能薬のように強調された。[6]
　しかし，その後，97年度のマイナス成長（実質GDPの減少）が必至と予想されるに及んで，政府の政策運営は，景気対策の再拡大へと転じた。そして，98年度の政策運営は，景気対策，および緊急課題となった金融システム安定化の対策に集中した。
　政府は（とくに98年7月登場の小渕恵三内閣によって），不況脱出と景気の

II章　政府の経済政策運営　141

早期回復・プラス成長への転換を目指して，景気対策に邁進し，その財政措置として補正予算を積み重ね，赤字財政を拡大した。98年度の経済政策運営は，切羽詰まると，政府がどんなことをやるか(また，やろうとするか)，の代表例を示すものといえる。そして，こうした政策運営の手段となったのは，「カネ」であって，その捻出においては，結局，上記の日銀の通貨供給に依存せざるをえなかった。

97年度・98年度の「見通し」では，政府の当初のプラス成長の想定（GDP実質2％弱）に反して，マイナス成長となった（表2‒11参照）。これにたいして政府は，何がなんでもこのマイナス成長からの脱出を図ろうと，景気対策を拡大するとともに，99年度における0.5％成長の達成を，公約として表明した。

97年度の「見通し」において，経済成長の手段として掲げられたもの（あるいは成長の担い手として期待されたもの）は，民間の経済活動では企業の設備投資の拡張であったが，これへの期待はその後望みえなくなった。このため98年度の「見通し」では（引き続き99年度においても），住宅建設に重点が置かれることになり，これを促進するため，政府は，税制の優遇や住宅ローン（とくに政府系金融機関による）の条件緩和など，あの手この手で国民の住宅購入（建築需要）の増加を図った。

　（5）〔1997年度〕「自律回復過程への復帰が挫折して景気が足踏みし，停滞状態になった……」（『経』平成10年版，3ページ）。「景気は，〈97年〉4月以降，それまでの回復傾向から一転して減速局面入りし，その後，期を逐って停滞色を強める展開となった」（『日』1998年6月号，24ページ）。
　〔1998年度〕「1998年度の日本経済は，極めて厳しい不況を経験し，ある時期には危機的な様相さえ呈した」（『経』平成11年版，「前文」）。「〈98年1月－9月の〉経済情勢は全般に悪化を示した」（『通貨及び金融』1998年11月，1ページ）。また，「99年度は，いわば『どん底』からはじまった。〈この〉戦後12回目の景気循環の『谷』は，99年4月と判定されている。それまで〈生産・設備投資は1年以上にわたって〉減少または低下していた。正に『戦後最悪の不況』である」（『経』平成12年版，序言）。

（6） 1997年度・98年度の「基本的態度」を摘記する。

〔1997年度〕「……〈96〉年度の我が国経済は，回復の動きを続けており，……民間需要中心の自律的景気回復への基盤が整いつつある状況となっている」。そして，「〈97〉年度の我が国経済においては，……自律的な景気回復を実現する。同時に，……経済社会の構造改革及び行政改革に取り組む」（97年1月閣議決定：橋本内閣）。

〔1998年度〕「我が国経済は，バブル期の後，累次の経済対策の実施により景気を下支えしてきたにもかかわらず，未だ力強い景気回復の軌道に乗っていない。〈98〉年度には，……景気は足踏み状態となった。また，……金融システムの安定性確保が重要な課題となっている」。98年度には，「……『21世紀を切りひらく緊急経済対策』の確実な実行など……により，我が国経済を民間需要中心の自律的な安定成長軌道に乗せていく」。以下，「金融システムの改革と安定性確保」，「経済構造改革の推進」，「行財政改革の推進」，などを掲げる（98年1月閣議決定：橋本内閣）。

(4) 1999年度

1999年度に入り——4月を「底」として——，景気は下げ止まり，回復に転じたとされたが，(7) この回復への動きを確かなものとすべく，政府は引き続き大規模な景気対策を推進した。すなわち，99年度には，補正予算の積み重ねで拡大した98年度の財政支出を受け継ぐとともに，当初から大型予算を編成し，公共事業の拡大を中心手段として，公約のプラス成長を是が非でも実現しようと，景気回復第一の政策運営が進められた。(8)

99年度の「見通し」では，民間消費の停滞，企業の設備投資の減少（および輸出の減少）を予想し，民間住宅と公的需要の増加によって0.5％成長を実現しようとする政府の意図が示された（表2-11）。

また，政府の固定資本形成は，96-98年度の間低調に推移したが（98年度は減少と予想），99年度においては，民間企業の設備投資の減退の予想の下に，これをカバーすべく積極的な拡大が図られることになった。

なお，物価は，1991-99年度の間全体として安定状態を続けてきた。国内卸売物価は，政府の「見通し」よりも安定化するとともに，さらに下落の動

きを示している。消費者物価は根強い上昇を続けてきたが,その上昇率は低く,これも政府の上昇予想を下回ってきた(表2‐11)。物価の動きについては後にⅣ章でみる。

(7)「日本経済は97年春以降,景気後退局面に入っていたが,……99年春ごろ下げ止まり,その後緩やかな改善が続いた。云々」(『経』平成12年版,1ページ)。

「……景気は,〈99〉年度上期中,下げ止まりの状況が続く……」(『通貨及び金融』1999年12月,1ページ)。そして,「〈99〉年度下期中,下げ止まりから持ち直しに転じ,……」(同上,2000年6月,1ページ)。

また,政府(経済企画庁)は,99年4月,「景気底入れ」を宣言した(『朝日』2000年6月20日)。

(8) 1999年度の「基本的態度」——98年度のわが国経済は「極めて厳しい状況にある」として,99年度は「はっきりとしたプラス成長へ転換する年と位置づけられる。不況の環を断ち,3年連続のマイナス成長を回避し,回復基盤を固める年にしなければならない。云々」。

景気対策について——「〈99〉年度において,はっきりプラス成長と自信を持って言える需要を創造する,云々」。「……引続き積極的な内需拡大を図り,……景気回復を最優先とした経済運営を行う」(以上,99年1月閣議決定:小渕内閣)。

2 景気対策の推進

これまでみた政府の経済政策運営を,景気対策の動きの面からまとめてみる。

バブルの崩壊後,「経済対策」と銘打って政府の景気対策が発動されたのは1992年度からであり,以後まず95年度にかけて,その策定・発動が相次いだ。

その後,96年度・97年度には——95年度・96年度における成長回復の動きを背景に——,景気対策としての特定の対策は打ち出されなかった。しかし,97年度・98年度とマイナス成長になるに及んで,政府の(とくに小渕内閣に

よる）景気対策が大規模化した。

　まず，1992－99年度における経済対策を一括して掲げれば，以下のようである（これらの対策内容については注9，12を参照）。

　　　1992年3月「緊急経済対策」　　　（特別の金額設定なし）
　　　　　8月「総合経済対策」　　　総規模10兆7000億円
　　　93年4月「総合的な経済対策」　同13兆2000億円
　　　　　9月「緊急経済対策」　　　同6兆1500億円
　　　94年2月「総合経済対策」　　　同15兆2500億円（減税分を含む）
　　　95年4月「緊急円高・経済対策」(特別の金額設定なし)
　　　　　9月「経済対策」　　　　　同14兆2200億円
　　　98年4月「総合経済対策」　　　同16兆6000億円（および減税4兆3000億円）
　　　　11月「緊急経済対策」　　　同17兆9000億円（および減税6兆円超）
　　　99年11月「経済新生対策」　　同約17兆円

(1)　1992－95年度

　この時期に策定・実施された経済対策は，全体としてまず，景気回復・浮揚を目標に，これを内需拡大の推進によって図ろうとするものであった。

　この内需拡大の中心手段となったのは，まず公共事業（あるいは公共投資）の継続的な拡大とその大規模化であったが，これと相補う内需拡大策として――公共用地取得の促進（バブルの崩壊で縮小した土地取引の活発化），所得減税，住宅建設の促進，民間企業の設備投資の促進，規制緩和の推進（→「民間活力」の喚起），等々が打ち出され，他方ではまた，対外経済摩擦対策として輸入の促進が掲げられた。そして政府は，これらの相次ぐ経済対策の実施が，需要を維持し景気の下支えに寄与したことを強調した（これについてはIV章2節で後にみる）。

　さらに95年度には，「バブル」の後遺症である巨額の不良債権を抱えた金融機関の経営悪化と破綻の拡大から，金融システムの危機的状況が表面化したが，この対策のために，政府は直接的な財政資金の投入を決定し（95年12月19日，実施は96年度），また日銀による救済融資が行なわれるに至った（これ

らについては，後に5節でみる)。

こうして，バブル後に拡大を続けた政府の不況・景気対策は，財政赤字の拡大を伴いながら，95年度に一つの頂点に達した。

(9) 1992-95年度における経済対策を摘記する。

92年3月：「緊急経済対策」(宮澤内閣)——①公共事業等の施行促進(政府・地方公共団体による)，②民間設備投資の促進，③住宅投資等の促進(このため住宅金融公庫などによる融資を促進する)，④中小企業対策(政府金融機関および民間金融機関による中小企業金融の促進，など)。

92年8月：「総合経済対策」(総規模10兆7000億円：宮澤内閣)——前回と同様の対策の拡充に，公共用地の先行取得が加わった。すなわち，「高い水準の公共投資等を切れ目なく実施するための公共投資等の大幅な追加や公共事業等の円滑な実施を図るための公共用地の先行取得等の措置を講ずる」(『経』平成5年版，62ページ)。また，「従来の経済対策とは異なり，……低迷している土地取引の流動化に資することを期待して，公共投資のうち約1.6兆円を公共用地の先行取得に向けた」(『銀』平成5年版，4ページ)。

93年4月：「総合的な経済対策」(総規模13兆2000億円，うち公共投資等の拡大10兆6200億円：宮澤内閣)——「我が国経済は，……依然として低迷を続けており，未だ予断を許さない状況にある」。「景気の足取りを確実なものとするため，〈上記の対策〉に加え，……総規模13兆円を上回る総合的な経済対策を講ずることとする。この経済対策においては，公共事業等の施行促進及びその追加，社会資本整備の新たな展開，融資や税制上の措置等による住宅投資や民間設備投資の促進を図る……」。「以上のような経済対策は，……民間部門の活力を引き出すことにつながるものであり……」(以上，「総合的な経済対策の推進について」より)。「……景気の足取りを一層確実なものにするため，〈この〉13.2兆円という史上最大規模の総合的な経済対策を……決定した」(『銀』平成6年版，4ページ)。

93年9月：「緊急経済対策」(総規模6兆1500億円，うち公共投資等の拡大5兆1500億円：細川内閣)——「……現下の経済の緊急状況を克服し，我が国経済を内需を中心とするインフレなき持続可能な成長路線へ円滑に移行させていくことは，現内閣に課せられた喫緊の課題である」。

94年2月:「総合経済対策」(総規模15兆2500億円,うち公共投資等の拡大7兆2000億円:細川内閣)——「……我が国経済を〈94〉年度中の出来るだけ早い時期に本格的な回復軌道に乗せくるなどのために〉,15兆円を上回る史上最大の規模の総合的な経済対策を講ずることとした」。「第一に,……景気浮揚のための内需拡大を図ることが重要である。このため,所得減税の実施等,公共投資等の拡大,住宅投資や民間設備投資の促進策を行う」。以下,第二「土地の有効利用の促進」など,第三「規制緩和等の推進」など,多面的・総花的な経済対策の実施を掲げる(同対策の前文より)。

95年4月:「緊急円高・経済対策」(村山内閣)

①「……現在の回復基調をより確実なものとするとともに,我が国経済の中期的な発展を確保するため,機動的な内需振興を図る……」——95年度補正予算の編成(この「財源については4条公債に限らず公債政策を活用する」),公共事業等の積極的施行,など。②「経常収支黒字をさらに大幅に削減する」——規制緩和計画の前倒し実施,輸入の促進,など。

95年9月:「経済対策」(村山内閣)

「……最近の景気は足踏み状態が長引くなかで,弱含みで推移している」。このため,「……事業規模として史上最大の総額14兆2200億円にのぼる経済対策を講ずることとした」。

①「思い切った内需拡大策の実施」——このため,「過去最大規模の公共投資等を確保し……」,「総額12兆8100億円規模の公共投資等の拡大を行う」(なお,これまでの最大規模は94年2月の「総合経済対策」の15兆2500億円であるが,減税分を含めない事業費では,本対策が最大になるという)。②直面する課題の克服——土地の有効利用の促進,証券市場の活性化,金融機関の不良債権問題の処理,など。③経済構造改革の一層の推進。

また,本対策は「過去の景気対策の中でも最大級のものであり,中でも資金的な裏付けのある国費関連の公共事業(国の直轄事業および地方自治体の国費補助事業)の規模が大きいことが特徴的である」(『日』1996年6月号,25ページ)。

(2) 1996年度・97年度

96年度は,景気の回復がうたわれ,GDP(実質)もプラス4.4%と,政府の

予想を上回って増加した。こうした動きを背景に，96年度には「経済対策」の発動はなく，財政も抑制的に運営された。

97年度は，前記のように景気後退となり，マイナス成長となったが，しかし，97年度の当初は，96年度の「景気回復」を受けて，財政運営では抑制的な方針がとられた。政府の経済運営方針（前掲）も，構造改革の推進に重点が置かれた。

また，97年度には，前年度までの財政赤字の拡大に対処するため，国債発行（とくに特例国債）の削減が行なわれるとともに，健全財政の復活を目指す財政構造改革法が成立した（97年11月；同法については後に3節でみる）。

しかしその後，97年度のマイナス成長が確実視されることになると，緊急経済対策の発表（97年11月）(10)から，政府の政策運営は，景気対策優先へ，そしてこのための財政支出の拡大へと転じ，財政健全化を棚上げする政策転換の動きが強まっていった。同時にまた，景気対策を強化せよという，わが国政府にたいする外国からの要求・圧力が強まり，わが国の経済政策運営の具体的な内容に踏み込んだ要求が繰り返された。(11)

(10) 1997年11月「21世紀を切りひらく緊急経済対策」（橋本内閣）。
「……わが国経済は，バブル期の後の低成長から抜け切れないでいる。公共事業の追加等からなる累次の経済対策によって景気を下支えしたにもかかわらず，日本経済は未だ力強い景気回復の軌道に乗っていない。その結果，わが国財政は主要先進国の中で最悪の危機的状況となっている」として──「土地の取引活性化・有効活用」をはじめ，規制緩和を中心とする新構造改革によって「民間活力」を盛り上げ，景気回復・成長を図ろうとする。

(11) ここでは，新聞の見出しなどの摘記（『朝日』より）にとどめるが，例えば──
1998年2月，G7,「日本に内需拡大要求」（2月22日）。98年3月，米財務副長官，「10兆円景気対策を要求」（3月20日）。98年4月，G7,「日本が直面する課題は深刻で，数カ月で悪化した。……効果的な財政措置と構造改革の迅速な実施が重要。云々」（共同声明の要旨，4月17日）。98年10

月,G7,「日本に財政出動促す」(10月5日)。

99年2月,積極予算・公的資金注入・金融緩和策と,G7の開催を前に「日本は『政策総動員体制』に入った」(2月20日)。99年4月,G7,「日本に景気刺激強く促す」,「日本には内需主導の成長に向けたあらゆる景気刺激策が重要」(G7声明骨子,4月27日)。99年9月,G7声明;「日本は景気刺激策を継続し,金融政策で十分な流動性を与える」(共同声明の骨子より)。また,わが国が求めた円高是正のための国際協調にたいしては,「円高の潜在的な影響についての日本の懸念を共有した」(共同声明骨子)。しかし,「円高問題の解決は主として日本にゆだねる考え方を示した」(以上,9月27日)。

2000年1月,G7声明,「円高懸念の共有」(99年9月の共同声明と同じ)。そして,「〈日本は〉ゼロ金利政策で十分な流動性を供給」(共同声明の骨子より)。「日本政府は,景気回復を確実なものとすることを求められ,〈99年9月〉のG7と同様に財政,金融の両面から景気刺激策を継続していく姿勢を示した」(以上,1月23日)。また,米財務長官,ゼロ金利維持を求める(1月22日)。

2000年4月,G7声明,「〈日本〉当局は,ゼロ金利政策との関連で,デフレ懸念の払しょくを確かなものとするよう,十分な流動性を引き続き供給することを決定した」(声明の骨子より)。そして,わが国の「ゼロ金利政策の維持が明記された」(4月17日)。

(3) 1998年度・99年度

1998年度は前年度を上回るマイナス成長となり,わが国経済の「デフレ・スパイラル」への落ち込みの危惧が叫ばれるに至った。政府は,「過去最大規模」の経済対策を相次いで決定・実施し,公的需要の拡大によって景気悪化の下支えを図った。[12]

まず98年4月,政府(橋本内閣)は,総額16兆円を超える「過去最大規模」の「総合経済対策」を発表し,公共事業の拡大を中心とする内需拡大の推進を打ち出した。そしてその後(とくに98年7月に登場した小渕内閣によって),政府の経済政策運営は,景気回復・プラス成長への転換に集中し,そのためにはなんでもやるというものへと変わった。

98年秋には，98年度も引き続きマイナス成長になる見通しとなったが，こうしたなかで政府は，98年11月，「緊急経済対策」を決定した。すなわち，「我が国経済は極めて厳しい状況にある」とし，「デフレ・スパイラルの回避を緊急最大の目的」として，公共事業の拡大を中心とする「需要の創造・拡大」を打ち出した。そして，99年度をプラス成長に転換させることを強調した（これは後に，99年度実質0.5％成長達成の「公約」となる）。

98年度にはまた，97年11月の強震以降動揺が続く金融システムの安定化対策や市中金融機関の「貸し渋り対策」といった企業金融緩和の対策が加わった。97年11月に成立した「財政改革法」も凍結されることになり，「積極財政」への転換が明確となった（同法については3節でみる）。

99年度は，前年度に膨張した予算措置を引き継ぐとともに，借金による財政支出の一層の拡大（および99年11月の「経済新生対策」の実施）により，公共事業を中心とするさまざまな需要拡大策をもって景気回復に全力を傾け，プラス成長の実現を図った。そして政府は，公約の景気浮揚を目指して，非効率・無駄遣いであろうとなんであろうと，公的需要の継続的な増加のために，公共事業にジャブジャブとカネを流し込み続けた。

99年度にはこうして，ともかくもプラス成長（GDP 実質0.5％）へと漕ぎつけることができた。

 (12) 1998年度・99年度における経済対策などを摘記する。
  〔1998年度〕
  98年4月「総合経済対策」（橋本内閣）
  「現下の厳しい経済状況から早期に脱却して，我が国経済を力強い回復軌道に乗せるとともに，21世紀の活力ある我が国経済社会を実現する……」として，①「社会資本整備や減税による思い切った内需拡大策を実施する」，②「経済構造改革を強力に推進する」，③「景気回復の阻害要因となっている不良債権処理を促進する」（以上，『日』1998年6月号，178ページ）。

  このための景気浮揚策として，公共事業の追加・事業規模16兆6000億円，減税4兆3000億円，また国と地方との財政出動12兆3000億円。

98年11月「緊急経済対策」(小渕内閣)

総事業規模17兆9000億円,減税6兆円超,また国・地方の直接的な財政支出は10兆円超。

「今次の緊急経済対策は,日本経済を一両年のうちに回復軌道に乗せる第一歩であり,来たる〈99〉年度には,次の三つの目標を達成することとする。①〈99〉年度の経済を,はっきりプラス成長と自信をもって言える需要創造。②……雇用と起業の推進,③国際協調の推進,……」。「〈99〉年度にはっきりプラス成長と自信を持って言えるように,まず,金融システム安定・信用収縮対策,併せて景気回復策を緊急に実行する」(以上,『日』1999年1月号,90ページ)。

また,「……98年度後半には,デフレスパイラルの回避を緊急最大の目的とする一連の緊急政策を採った」(『経』平成12年版の序言)。そして,「この過去最大の経済対策により,我が国経済はデフレスパイラルに陥る危機を脱した(1999年4月,経済企画庁「緊急経済対策の実施状況と今後の予定」より)。

〔1999年度〕

「99年度の国の予算は,……98年11月の『緊急経済対策』の決定を受けた98年度第三次補正予算……と一体的にとらえ,当面の景気回復に全力を尽くすという観点に立って編成された。特に公共事業については,……98年度当初予算に比べて10%を上回る伸びとし,相当の事業量を確保した」。

「……政府は99年度上半期末における国の公共事業等の契約済額が,〈前年度同期〉実績と比較して10%を上回る伸びとなることを目指して,その積極的な施行を図った。加えて,地方公共団体に対しても,99年度上半期における公共事業等の積極的な施行を図る旨の要請を行った」。

「また,切れ目のない財政出動により,景気の腰折れを防ぐため,……99年9月に公共事業等予備費5000億円……の使用を閣議決定した。更に,……『経済新生対策』を決定し〈11月〉,全体としての事業規模17兆円程度……の事業を早急に実施することとした。云々」(以上,『経』平成12年版,104－106ページ)。

99年11月「経済新生対策」(小渕内閣)

①「民需中心の本格的な回復軌道に乗せるための新規需要を創造する」,②「わが国社会経済の構造改革の方向を決定的にし,経済新生を実現する」。全体としての事業規模17兆円程度。

11章 政府の経済政策運営

また,「〈98年度の緊急不況対策の推進により,日本経済は〉99年4月をどん底にして緩やかではあるが回復の兆しを示すようになった。こうした景気動向に対応して,政府は99年度には,景気下支え政策を継続すると共に,……構造改革政策にも力を注いだ」。「99年度における日本経済は,……深刻な不況の最悪期を脱したといえる」(『経』平成12年版,序言)。

3　赤字財政と国債の増発

　前記のような大規模な経済対策の実施は,いうまでもなく,これをまかなう財政支出を増大させた。そして,不況にもとづく税収不足の下で,財政赤字の拡大と国債発行の著増をもたらし,財政の国債への依存度を高めることになった。また,国債費(その大部分が利子の支払い)は,今や一般会計の歳出における最大の費目となっている(表2-12)。

　この国債の発行については,これまでも記したところであるが,最近の動きを中心にまとめてみることにする(地方財政もまた赤字財政・借金財政を重ね,その悪化が甚だしいが,これについては省く)。

　国債の発行は,バブル後,92年度から増発に転ずるとともに,93年度から大規模化した(表2-13)。建設国債の発行がまず著増した。特例国債の発行は,バブル景気の拡大(→税収の増加)で潤った財政収入の増加によって90年度から停止されていたが,94年度に再開され,96年度以降毎年度著増を続けた。

　なお,97年度の財政は抑制的に運営され(とくに当初は),税収の増加(消費税の5％への引き上げを含む)にもとづいて,国債発行は前年度より減少した。そして,財政再建が強調されることになり,財政構造改革法(財革法)の制定(97年11月)をもたらした。97年度のこうした動きの背景には,最近の財政体質の甚だしい悪化があり,また,95年度・96年度における政府の予想を上回る前年度のGDPの伸びが,これを促進する経済環境となった。

　しかしその後,97年度に入ってからの景気の悪化,同年度のマイナス成長の見通しの出現とともに,景気対策拡大のための補正予算が組まれ,国債も

表 2 - 12　財政と国債（1991－2000年度）

(千億円)

年　度	1991	92	93	94	95	96	97	98	99	2000
一般会計・歳出計	705	704	751	736	759	788	785	844	890	850
国債発行額(新規発行)	67	95	162	165	212	217	185	340	386	326
歳出の国債依存度(%)	9.5	13.5	21.5	22.4	28.0	27.6	23.5	40.3	43.4	38.4
歳出のうち国債費	155	146	137	134	128	161	159	177	20.3	220
同・国債費の比重(%)	22.0	20.7	18.2	18.2	20.4	20.3	20.6	21.0	22.8	25.9
国債費(同上)のうち										
債務償還	44	37	30	26	20	53	52	68	92	111
国債利払い	100	101	97	99	99	99	100	101	102	100

〔備考〕 1991－98年度は決算，99年度は補正後，2000年度は当初予算の数字。
〔出所〕 参議院予算委員会調査室『財政関係資料集』平成12年度。

表 2 - 13　国債の発行と償還（1991－2000年度）

(千億円)

年　度	1991	92	93	94	95	96	97	98	99	2000
A．発行										
新規発行・計	67	95	162	165	212	217	185	340	386	326
建設	67	95	162	123	164	107	99	171	132	91
特例	—	—	—	41	48	110	85	170	255	235
借換発行	301	367	386	387	475	483	533	656	445	533
B．償還										
現金	31	35	28	28	31	32	37	42	\}495	
借換	289	359	378	379	467	480	541	667		

〔備考〕 1)　A・Bの金額のうち，1991－98年度は決算，99年度は4月－12月の実績，2000年度は当初予算。
　　　　 2)　Aのうち，新規発行は収入金ベース，借換発行は額面ベース（ただし99年度は収入金ベース）。
　　　　 3)　Bの金額は額面ベース。
〔出所〕 経済企画庁『国民経済計算年報』平成12年版，および各物価指数。

増発に転ずることになった。財革法も，景気対策優先によって吹き飛ばされてしまった。[13]

98年度の当初予算は，さきに成立した財革法を踏まえて，抑制的に編成されたが，その後，相次ぐ補正予算の編成によって財政支出は著増し，99年度にはさらに拡大した。そして，これをまかなうために，国債の増発が甚だしくなり（特例・建設国債とも），歳出の国債依存度も高まった。[14]

また，このような引き続く国債の増発に伴って，その利払いと元本償還のための国債費が膨張し，これが一般会計の歳出における主要費目の一つとなった。この国債費の主体は支払い利子である。国債費の償還においては，現在，そのほとんどが借換債の発行（その繰り返し）によって行なわれ，元本の償還が先送りされているが，しかし利払いを止めることはできず，この支払いが嵩んでいく。こうして，国債発行で調達した資金の多くの部分が利子の支払いで流出する，という状況になっている（表2－12参照）。

そして，このような国債の大量発行と，これにもとづく景気対策拡大のための財政資金の調達は，結局，さきにみた日銀の追加的な通貨供給によって支えられることになっている。さらに，今後における赤字財政継続の見通しの下で，後にみるように，最近，日銀の通貨供給をもって財政赤字を直接まかなわせよという，国債の日銀引き受け発行論も登場するに至った。

国債増発のこのような状況にたいして，政府は当面，国債の流動化の促進でその打開を図ろうとしている。

すなわち，国債増発の継続とその市中保有残高の膨張は，国債市場価格の低落（→長期金利の上昇）の発生を絶えずはらむものとなっているが，これにたいして政府は，短期国債の発行を増加し（あるいは長期国債の発行を——借換債も含めて——短期国債に切り替え），また国債期限の多様化を図るなどによって，国債の流動性を高め，これを通じて，国債市場規模の拡大，国債のスムーズな市中消化とその保有の増加を図ろうとしている。[15]

そして日銀は，こうした政府の国債増発対策を支援するために，さきにみたような金融調節運営における国債のオペレーション（短期国債オペの拡充，オペ対象国債の多様化）を積極化するとともに，これを通じて結局，国債買

オペの増加を全体として進めることになっている。[16]

(13) 財政構造改革法の始末について，概括する。
96年12月「財政健全化目標について」（閣議決定：橋本内閣）
「我が国は，21世紀に……超高齢化社会を迎えようとしている。現在の財政構造を放置し，……財政赤字の拡大を招けば，経済・国民生活が破綻することは必至である。(中略)……子どもたちや孫たちに対する責任を果たすために……財政健全化目標を設定する……」。「国及び地方の財政健全化目標」──「……2005年度までのできるだけ早期に，国及び地方の財政赤字対GDP比を3％以下とし，公的債務残高の対GDPが上昇しない財政体質を実現する」。「国の一般会計の財政健全化目標」──その中心目標として，「2005年度までのできるだけ早期に，特例公債依存から脱却するとともに，公債依存度の引下げを図る」（以上，『日』1997年2月号，72－73ページ）。そしてその後の閣議で，上記の目標の達成を当面2003年までとすることになり，立法化された。
97年11月「財政構造改革の推進に関する特別措置法」成立（12月公布）──財政構造改革の当面，2003年度までの目標として，①国・地方の財政赤字の対GDP比を3％以下とする，②特例公債依存からの脱却及び公債依存度の引き下げ。
しかし，98年5月，同法の改正法が成立──上記の達成年次を2003年度から2005年度へ延長。さらに98年12月，同法の凍結法が成立──同法を当分の間凍結。
また，この財革法の凍結，98年度第三次補正予算による国債増発について，蔵相（小渕内閣）の国会答弁──「当面の経済運営にあたって，景気回復が至上命題なので，財政当局としてもやむを得ないと考える」（『朝日』1998年12月1日）。
(14) 財政の悪化については以前から問題となってきたが，とくに最近の赤字財政の拡大・継続と国債増発の累積にたいして，政府自ら，こういうことがいつまでも続けられるものではないと述べている。
例えば，『経』は「日本財政赤字は持続可能か」として，次の三つの基準をあげる。①「公債残高の名目GDP比が将来において無限に拡大してしまうことがないか」，②「財政と社会保障を含めた将来世代と現世代の負担

格差が果たして妥当か」,③「財政赤字の経済への影響は耐え得るものか」。そして,①②からみると,「持続可能性を満たしていない」。③については,「これまでのところ,財政赤字が金利上昇などの形でマクロ経済に悪影響を及ぼすには至っていないものの,仮に,今後,景気の回復に伴って期待インフレ率が相応に上昇する一方で大幅な財政赤字が継続し,国内の貯蓄超過が縮小した場合には長期金利が上昇する可能性がある」。金利の上昇は利払い費の負担を増加させ,「経済を圧迫する懸念がある」(平成12年版,230,236ページ)。

　　蔵相もまた,当面の景気対策推進の優先を旗印に,赤字財政の拡大を続けながら,「このごろ国民の中で財政を不安に思う声が出ていることを一方で心強く思っている。こんなことをいつまでもやっていられない」(99年12月,参議院予算委員会における蔵相答弁より,『朝日』1999年12月9日)。そして,2000年度予算編成における国債増発についての新聞記事――「『世界一の借金王』と自ら名乗る小渕首相」(『朝日』1999年12月20日)。「世界一の『借金王』にとうとうなってしまいました。600兆円も借金持ってるのは日本の総理大臣しかいないんですよ」(当時の小渕首相の言,99年12月松山市で,同上,1999年12月21日)。また,「『国民の皆様には申し訳ないが,はりつけ獄門になっても赤字国債の増発は必要だ』。それが最近の首相の口癖です」(首相側近の説明として,同上)。

(15)　「大蔵省が作成した〈2000〉年度の国債発行計画では,発行額が大幅に増加した一方で,①10年債の発行額抑制,②5年債を中心とした中期債や割引短期国債の発行額増加,③15年変動利付債および3年割引債の新規導入など,発行年限の多様化措置が盛り込まれた」(『通貨及び金融』2000年6月,31ページ)。

(16)　最近,99年度の日銀による短期国債オペの急拡大についてはさきにみたが,これに関連して,例えば,日銀「日本の国債市場の機能向上に向けて」では――「財政赤字の拡大自体は望ましいことではないが,財政赤字を所与とすると,国債市場の流動性を高めることは重要である」として,「国債を利用した金融調節」の機能向上を述べている(『日』1999年6月号,67ページ)。

【付】国債の日銀引き受け発行問題——最近の動き——

　これまでにも触れたが，最近，政府発行の国債を日銀に直接引き受けさせよという主張，あるいはその前段階として，前記の日銀の国債買い切りオペをより増額せよ（いわば間接引き受けの拡大）という主張が，政府関係者，企業経営者，経済論者などの一部から出ている。[17]

　この契機となったのは，1999年2月の米国側の発言の報道であり[18]（後で，米国側はこれを否定した，といわれたが），この発言に乗ずる形で，待ってましたとばかり，上記のような主張が起こった。こうした主張はまた，物価の低落阻止・引き上げを意図する，「調整インフレ説」（後述）に繋がるものである。

　国債の日銀引き受け発行は，周知のように，満州事変の勃発（1931年）を契機とする国債発行の急増の下，1932年から始まり，太平洋戦争下（および敗戦直後期）に拡大した。近年においても，1966年，現在に及ぶ赤字国債の発行再開の折，その引き受け・消化の選択肢の一つとして問題となった。

　最近の主張は，さきにみたような国債の大量発行・発行残高の膨張による財政運営の制約の増大から当面逃れ，後の始末はさておき，政府の赤字財政による景気対策の一層の拡大をやりやすくさせようとすることにある。こうした主張にはまた，物価の低落阻止・引き上げの景気対策効果に重点を置いて，日銀の通貨供給の増加を説くもの，あるいは，国債増発の継続によって今後予想される，国債市場価格の下落（国債利回りの上昇→長期金利上昇）の対策として，国債発行の日銀引き受けを主張するもの，などが加わっている。

　このような国債の日銀引き受け発行は，1931年以降の不換日銀券発行制度（不換通貨制度）の下で，財政支出の拡大推進のための最後の手段（奥の手）となっているものであるが，この主張が，米国側の発言に追随して盛り上がるというのは，いかにも現代調である。

　この国債の日銀引き受け発行論にたいしては，さすがに批判が強く，日銀を含め，各方面から多くの反対の声があがった[19]（筆者も，「財政規律の喪失」をはじめ，これまでほぼ共通に指摘されている理由で，これに反対するものである）。

なお，上記の主張は，99年度におけるプラス成長への転化，政府による景気の下げ止まり・回復への始動の表明，そして，金融緩和の継続と企業への資金供給の停滞によって市中金融機関にだぶついた余剰資金が，適当な運用先を求めて増発される国債へと向かっている，といった状況から，当面下火になっている形である。しかし，国債増発の継続が今後とも不可避となるばあい，そしてこのなかで，その供給超過と赤字財政の膨張にたいする不信の高まりによって国債市場価格の低落（→長期金利の上昇）の動きが根強くなったばあいには，日銀の対応はどうなるであろうか。政府・日銀が——財政運営の制約を軽くしたいとする政府側の要求は措くとして——現在の景気回復促進政策と超低金利政策運営を維持しようとする限り，国債にたいして日銀は，実際問題としてなんらかの手を打たねばならなくなるであろう。それは結局，まずは，さきにみた日銀の国債買オペ（これも実質的な引き受け発行であるが）の一層の増額から始まり，日銀保有国債の増加を進めることになろう。そしてまた，この国債の日銀引き受け問題は，今後とも根強く存在し続け，事あるごとにその主張や要求が高まることになるであろう。

　なお，このような国債の日銀引き受け論に関連して，最近問題となった「調整インフレ」説について触れておきたい（この問題は，中央銀行・日銀の金融政策運営のみではなく，政府の政策運営全般に係わるものであるが）。

　「調整インフレ論」の内容（その手段や意図）については，論者によってさまざまであり，共通の認識のようなものは存在しないが，例えば，経済企画庁は，「最大公約数的な議論」として，「日本銀行が更に量的な金融緩和を進め」，「ハイパワード・マネーを増加させ」，「期待物価上昇率を高めることにより」，実質金利の低下，設備投資の下支え，地価・株価などの資産価格の下落阻止などを図り，「実体経済の悪化を食い止める」というものである，と述べている（『現況』平成11年版，73-74ページ）。

　そして，こうした「調整インフレ論」にたいして，経済企画庁は，その政策の有効性を疑問視し，日銀も，「中央銀行として採り得ない政策である」と[20]これを批判している。[21]

　私見では，「調整インフレ論」とは，日銀の通貨供給の増加によって，現状

の（停滞している）物価を，企業の投資活動の活発化と景気の回復・上昇に役立つ程度に，政策的に「調整」する（上昇させる）ことを説くものである，とみるが，しかしこうした物価の動きの都合のよい政策的調整（およびその目標水準での物価の安定的な維持）は，不可能だといわざるをえない。

物価の変動は，あらゆる経済活動の結果であり集中的な現われである。もしこの物価の動きに——とりわけ短期間内に——影響を及ぼそうとすれば，極端な政策的措置をとるほかはなく，それは行き過ぎた結果をもたらすことになろう。すなわち，上記のような「調整インフレ」政策を推進するとすれば（とくに根強い不況下で早期の物価の引き上げを政策的に図るには），それは結局，日銀は政府にたいする直接的な通貨供給を増加させ（国債の日銀引き受け発行をはじめとする），政府は物価引き上げの推進を表明して財政支出（公的需要）を拡大し，こうした拡張政策の推進を後ろ楯として，民間の経済活動の活発化を（投機であろうとなんであろうと）あおる，という方法をとることになるであろう。しかし，これが実施され進行を始めた後は，インフレの都合のよい「調整」・コントロールは至難となり，「調整インフレ」政策はインフレ政策としての本性を現わすことになるであろう。

なお，これは蛇足であるが，上記のように日銀は「調整インフレ論」に反対し，「デフレでもインフレでもない」，「物価の安定」を図るのが，金融政策の目標だとしている。[22] これは，「調整インフレ論」には，物価の積極的な引き上げを意図するものとして反対するが，同時に，「デフレ」（これは物価の下落を意味していよう）は回避し，物価の低落からの安定を図ろうとするものである，とみることができる。

他方，1998年9月や99年2月に発表した金融調節方針のなかで，日銀は，「潤沢な資金供給」を通じて「マネー・サプライの拡大を促す」と述べているが（174−175ページの注29，30を参照），これは，民間の企業や個人保有のマネーをだぶつかせ，これによって——物価下落の底打ちと今後の反転・上昇の予想や期待を呼び起こすことによって——企業の設備投資や個人消費の拡大をあおる，ということを意味するものであろうか。

そして，このような，日銀の方針における「デフレ」の回避とマネー・サ

II章　政府の経済政策運営　159

プライの拡大とを繋げてみると——両者をもし結びつけることができるとすれば——，その政策意図は，マネー・サプライの増加によって物価の下落を防ごうとする，というものとなろう。こうして，最近における日銀の金融調節運営方針には，「デフレ」の回避（あるいは，物価の下落進行の阻止）のためには，ということで，「調整インフレ」論的な考え方が，内在しているようにみられる（日銀の金融政策運営については，後に4節でみる）。

また，こうした「調整インフレ説」に近似したものに，最近における「インフレ・ターゲット」政策の採用の主張がある。

この主張は，これまで諸外国で導入された同名の「インフレ・ターゲット政策」とは性格が異なり[23]，わが国経済の早期の景気浮揚を図る手段として，インフレ（物価の引き上げ）の目標を設定し，この達成のための諸政策を（金融政策を中心手段として）集中的に進めよ，というものであるが，しかし，こうした主張（および方法）は，上記の「調整インフレ」と同じ性質のものに帰着するであろう。

この「インフレ・ターゲット」政策の問題に関連して，日銀は最近（2000年10月），GDP成長率と物価の動きの「見通し」を公表し始めた（例えば日銀政策委員全員による2000年度の国内卸売物価指数の上昇の「見通し」は，0.0－0.2％，『朝日』2000年10月31日）。日銀では，この「見通し」は政策委員会の見方を示すものであり，金融政策の目標値を示すものではない，としている[24]。こうした「見通し」の公表が，かつて1978年に始まった「マネー・サプライ見通し」のばあいのように，曖昧な性格のまま終わるか，それとも今後これが日銀の金融政策運営を規制する（とくに物価の動きが「見通し」を下回るばあい，その引き上げ措置の実施を課するような）政策目標となるかについては速断しがたいが，今後景気の停滞が続き，さらに後退するともなれば，これが金融政策運営の「目標値」へと化することが予想される。

(17) 「相次ぐ景気対策による国債の大量発行懸念で〈長期金利が上昇し〉，……官房長官が『日銀は中央銀行として現在の深刻な状況を打開する責任がある』と発言するなど，政府・自民党からは財政法で禁じられている新

発国債引き受けや,既発国債の買い切りオペの拡大を求める声が相次いだ。云々」(『朝日』1999年2月13日)。

(18) 「米国の……財務長官が,日本の景気対策として,日本銀行の国債引き受けなどによって通貨供給量の増大を目指すべきだ,と日本側に非公式に要請した……」。「米国はこれまで,日本に対して大幅な財政支出による内需拡大を要求してきたが,財源となる国債が大量発行でだぶつき気味になっていることから,市場だけで消化させるのは難しいと判断,異例の政策対応を求めたとみられる」。また,これについて,「……事実上,日銀の資金を使った『調整インフレ政策』を促そうとするものだ」(以上,『朝日』1999年2月4日)。ただしその後,「米財務省は『日銀の国債引き受け』を直接要請したことを否定」(同上,1999年2月6日)。

(19) 国債の日銀引き受けや国債買いオペの増加にたいする日銀の態度について——これはさきにⅠ章3節でも触れたが——摘記する。

「〈98年〉10月頃から,長期金利の急上昇への対応策として,市場関係者や経済専門家等の間で,日本銀行による国債引受けや国債買切りオペ増額の是非が論じられ,この問題は国会でもしばしば取り上げられるようになった」。99年1月の日銀・委員会において——「日本銀行による国債引受けについては,日本銀行の信認を損ない財政規律の喪失につながるため明確に否定すべきであ〈る〉……,との認識が共有された。また,国債買切りオペについても,何らのルールなしに日本銀行が国債をどんどん購入していくと,それが市場で財政赤字のマネタイズと受け止められて財政規律の喪失や格付け低下などの連想を生み,長期金利にかえって上昇圧力がかかってしまうリスクが存在する,といった否定的な見解が相次いで述べられた」(『通貨及び金融』1999年6月,78-79ページ)。

また,「日銀による国債引受けを求める声の背景には,国債の円滑な消化を確保し,それを通じて長期金利の上昇を抑制すべきであるという考えがある……。そうであれば,この問題に対する日本銀行の考え方は明確で,断固応じられない,ということです」。「中央銀行がいったん『財政資金の融通』ということを始めると,いずれは通貨の増発に歯止めがなくなり,悪性インフレを招くことになります」。「国債買入れ,つまりオペの増額についても,突き詰めて考えれば,引受けと同じことが言えます」。「では,現に日本銀行が行っている長期国債の買オペと,日銀引受論や買オペ増額論とはどう違う〈か〉。ポイントは,現在の長期国債買オペは,あくまで経

済が必要とする長期的な資金を円滑に供給するための手段である，ということです。国債の消化や国債市況の下支えという目的のためではない……。〈日銀〉は，このように『国債オペは国債の消化や価格支持のためには行わない』という考え方を，今後とも堅持していく方針です」(以上, 1999年 6 月，日銀総裁の講演，『日』1999年 7 月号，6－7ページ)。このほか，発表されている反対論や批判については，これらとほぼ同じ主旨に帰着するので省略する。

(20) 例えば，経済企画庁は『現況』のなかで，日銀の量的金融緩和の推進が与える人々の期待物価上昇率への影響はハッキリしない，などの問題点を指摘するとともに，「仮に期待物価上昇率が高まり実際の物価上昇につながった場合にそのコントロールは困難であり，云々」と，「調整インフレ」政策の有効性に疑問を呈している（平成11年版，76ページ）。

(21) 「〈調整インフレ論は〉やや高めに設定したインフレ率を唯一の目標として，その達成のためにはあらゆる手段を用いるべきとの主張であり……」，「……インフレを数量的にも時間的にも正確にコントロールするのは容易でなく，いったんインフレが生じると経済の振幅を大きくして，経済全体の厚生を低下させる，といった指摘があり，中央銀行として採り得ない政策であるという点で見解の一致をみた」（日銀の金融政策決定会合の記録より，『通貨及び金融』2000年 6 月，66ページ）。

同様に，「……インフレでもって経済問題を解決しようとすることは極めて危険な選択であり，中央銀行として採り得ない方法である……。まず第一に，『適度なインフレ』など実現できるでしょうか。云々」（日銀副総裁の講演，『日』1999年12月号，12－13ページ）。

また，「インフレ・ターゲティング」の主張についても，「インフレ・ターゲティングとは，……物価上昇率に具体的な数値目標を設定し，その実現を目指して金融政策を運営するという方法です」。このうち，最近のわが国における「ゼロ金利政策のもとでの，さらなる金融緩和策としてのインフレ・ターゲティング」の主張については，「〈これは〉現在のデフレ的な経済状況を脱するために，やや高めの目標インフレ率を設定して，これが達成されるまであらゆる手段を総動員する，という考え方です。目標が達成されないのであれば，中央銀行は，長期国債や株式，場合によっては，不動産さえ購入すべきであるという主張につながります。いわば，インフレ・ターゲティングに名を借りた一種の『調整インフレ論』ということが

できます」(同上)。
(22) 「〈日銀・政策委員〉の共通の認識は，中央銀行の責務は『物価の安定』を図ることにあり，その意味するところは『インフレでもデフレでもない状態』であるというものであった。したがって，『調整インフレ論』が積極的に高い上昇率を目指すというものであれば，これは受け容れることはできないとの判断が共有された。それと同時に，……日本銀行としてデフレを望むものではないことも明確にしておきたいとの意見が共通のものであった」(『通貨及び金融』1998年11月，48ページ)。
(23)　諸外国における「インフレ・ターゲット政策」の導入は，これまで紹介されているように(「諸外国におけるインフレ・ターゲティング」,『日』2000年6月号，および「諸外国におけるインフレーション・ターゲティングの動向」，同上，1994年2月号を参照)，高率のインフレ(物価上昇)の進行にたいする物価の安定化を意図して(あるいは対外的な為替レートの安定化のために，一国の「経済的基礎的諸条件」の健全化に努めるという態度表明の手段として)，ヨリ低い物価上昇率を政策目標として具体的に設定・公表し，政府と中央銀行が連携してこの物価の安定に努める，というものである。
(24)　この「見通し」は，「日銀の金融政策の目標ではなく，あくまでも政策委員会の見方を市場に伝える金融政策の透明性確保の手段であるとの考えを強調した」(日銀総裁の言,『朝日』2000年10月18日)。また，「……見通しの数値は，日本銀行の見方をわかりやすくするための，工夫のひとつに過ぎないということです。云々」(副総裁の講演,『日』2000年12月号，11ページ)。

4　金融政策運営

　ここでは日銀の金融政策運営についてみるが，1991－99年度には，上記の政府による景気対策の推進・拡大に応じて，金融調節の面からこれを支援するため，金融緩和政策が進められた。すなわち，日銀の金融政策運営は，91年度から緩和に転じ，95年度からこれが積極化するとともに，99年2月における「ゼロ金利政策」の実施へと徹底した。95年度からはまた，金融システ

ム安定化対策がこれに加わった。

この時期の金融緩和政策の目標となったのは、まず市場金利の引き下げとその超低位維持であった。すなわち、公定歩合を引き下げ[25]、市場金利（直接には、短期市場金利の無担保コールレート・ON もの）をこの水準に保つことであり、さらにこのコールレートを公定歩合以下・実質ゼロ状態に置くことへと進んだ。

そして、このための通貨手段となったのが、さきにみた日銀による通貨供給の拡張であり、これにもとづく金融調節による「潤択・豊富な資金供給」の継続であった。さらに、このなかで発生した金融システム不安の高まりにたいして、破綻金融機関の処理と破綻の連鎖的な波及の阻止、そしてこれらの破綻処理や経営再建に当たる諸機関の運営のために、日銀の直接的な出資や融資が実施された。

なお、金融政策運営における日銀と政府の関係について、ここで付記する。

まず一般に、金融政策とは、金融調節を通じた経済政策として、日銀の金融政策運営と政府の経済政策運営両者の目標は、国民経済の発展（あるいは安定的な経済成長の維持）といった一国の経済政策の目標については一致しており、両者は、こうした政策目標の実現に向かって連繋して当たることになる。

日銀はこのため、自己の政策諸手段をもって金融調節の面から政策目標の実現を目指すことになるが、この過程で問題となるのは、そのときどきの金融政策運営における日銀の方針と政府の態度との関係であろう。

この時期の動きを例とすれば、日銀は、その政策運営において、運営理念である「通貨価値の安定」あるいは「物価の安定」の原則を意識しつつ行動し、通貨供給の拡張やその手段の選択についても、この原則から逸脱しないと自らが判断する範囲内にとどめようとしてきた。

他方、政府の経済政策運営は景気対策に集中し、この立場から——とくに財政発動にたいする制約が強まるなかで——、金融手段による景気対策の推進を日銀に求めることになった。

金融政策運営に関するこの時期の政府の方針として、例えば、さきに1節

で掲げた「基本的態度」においては——毎年度ほぼ同様に——,「内外経済動向及び国際通貨情勢を注視しつつ適切かつ機動的な運営を図る」となっており, きわめて一般的な表現にとどまっていた(なお, 98年度・99年度などには,「金融システムの安定化」がこれに加わるが, こうした制度的な問題については政府が主管した)。しかし, この時期の動きからみると, こうした政府の態度表明が意味するものは, 推進している景気対策のために, 政府が望む形で, 金融政策運営の面から日銀に全面協力させようとするものであった, ということができる。とくに98年3月までの日銀法では, 日銀にたいする政府・蔵相の強い権限が明記されていた(第1条　目的, 第1章ノ二　政策委員会, 第6章　監督などの条文において)。

新日銀法(98年4月施行)によって, 日銀の金融政策の決定・運営は, 法律の上では「自主性」を得た(第2・3条, 第5条, 第6章　政策委員会など)。そして例えば, 日銀による最近の「ゼロ金利政策」の解除は, その継続を求める政府の要請に抗する形で実施された(2000年8月)。

しかし今後, 金融緩和の推進や国債買オペの拡大などを求める政府などの圧力, さらに米国をはじめG5・G7による国際協力という外圧の強まりにたいして, 日銀は景気回復という国策の枠のなかで, その「自主性」をいかに確保していくことができるであろうか(最近, 日銀の金融政策運営におけるこの「自主性」の維持は, 内外の圧力の前に大きく揺らいでいる)。このためにはやはり日銀法の原則にもとづいて, 自己の政策判断についての説得性を高め, その政策運営にたいする国民の信頼を得ていくことが基礎となるであろう。

以下では, この時期の日銀の金融政策運営の動きについて, これまでみた政府の政策運営と関連させて, 景気対策としての金融緩和政策運営を中心に概括する。

(25)　公定歩合の引き下げ(変更)は, 1980年代後半から90年代前半における金利自由化の進行によって, 市中金融機関の貸出や預金金利の対応的な引き下げを直ちにもたらすことはなくなった。しかし, 公定歩合の引き下げは, 日銀の金融政策運営における緩和方針を表明するとともに, 金融調節

表 2 - 14 公定歩合と市場金利 (1991-2000年)

(年, %)

A. 公定歩合 実施時期 (年月)	(%)	B. 金融調節の運営・Cの誘導目標	市場金利 (年月)	C. コール・レート (無担保ON, 月平均)	D. 普通預金	E. 定期預金*	F. 短期プライム・レート (都銀, 平均)	G. 長期プライム・レート (長信銀)
1990年8月	6.0 (バブル期の最高)		1990年9月	7.763	2.08	6.08	8.0	7.9
91年7月 10月	5.5 ←(準備率引き下げ)		91年8月 11月	7.484 6.383	1.75 1.5	5.75 5.25	7.625 6.625	7.7 6.9
11月 12月	5.0 4.5		12月	6.310	1.5	5.25	6.625	6.9
92年4月 7月	3.75 3.25		92年5月 8月	4.745 4.112	0.5 0.38	4.15 —	5.25 4.75	6.0 6.1
93年2月 9月	2.5 1.75		93年3月 10月	3.242 2.508	1.01 0.22	3.39 1.99	4.0 3.375	4.9 4.5
95年4月 9月	1.0 0.5	㊣をやや下回る水準	95年5月 10月	1.313 0.477	0.18 0.1	1.14 0.456	2.375 1.625	3.6 2.8
98年9月		←0.25%前後	98年10月	0.24	0.1	0.153	1.5	2.3
99年2月		←実質ゼロ金利	99年3月	0.04	0.08	0.122	1.375	2.3
2000年8月	↓	←0.25%前後	2000年9月	0.25	0.1	0.199	1.5	2.4

〔備考〕 CからGは,A.公定歩合の変更に合わせて,その1カ月後の金利を掲げた。
*は,1990年8月から92年7月は1年もの金利。93年3月以降は300万円未満・全国銀行の月中新規受け入れベース。

(通貨供給の増加)を通じて,この公定歩合の引き下げに対応する市場金利(直接には短期市場金利)の低下が図られることになり,これによって公定歩合引き下げの意図が具体化される。

(1) 1991-95年度

日銀の金融政策運営は,91年7月の公定歩合の引き下げ(6%→5.5%)によって緩和へと転じた(表2-14)。

さきにみたように，日銀は89年5月の公定歩合引き上げで引き締め運営へと転換したが，しかし，「バブル」が崩壊し景気が急速に後退し始めると，高まっていた「バブル」の弊害除去の声は早くも消え，不況対策の緊急性が強調されるに至った。このなかでまた，さきに金融引き締めへの転換の遅れによってバブルの膨張に手を貸したとする日銀の金融政策運営にたいする批判は，一転して公定歩合引き下げの大合唱となり，日銀もいち早く，これに応じた。

　公定歩合はその後引き下げが繰り返され，93年にはバブル期最低水準に等しい2.5%となり，95年9月には0.5%の「古今東西，最低の水準」となった。これに加えて，91年10月には預金準備率が5年ぶりに引き下げられ，現金準備の凍結緩和の面から，市中金融機関の信用活動の拡張を促す措置がとられた。

　日銀はまた，こうした公定歩合の引き下げに応じた市場金利の低下を促すため，95年3月から，短期市場金利の「低目誘導」を始め，95年7月には，コール・レート（ONもの）を対象に誘導目標を具体的に設定し，公定歩合以下への低目誘導とその維持を図った。

　こうした低金利政策の推進を背景に，市場金利の低下はコール・レートから対企業貸出金利へと及び，なかでも，市中金融機関の資金調達の主要手段である預金金利の引き下げが着実に進んだ（表2－14参照）。低金利政策推進の役割として具体的に即効性をもったのは，まずはこの預金金利の引き下げ・低位維持であり，この資金調達コストの減少にもとづく市中金融機関の経営支援の面においてであったろう。

　このような公定歩合の引き下げ[26]の理由として，当初は，物価の安定や市場金利の低下などの市場の動きに追随した措置であるとされたが，91年12月の引き下げ（とくに92年4月の引き下げ）からは，政府の政策に応じた景気対策としての金融緩和政策の推進であることが明示されるに至った。そして，この公定歩合の引き下げに対応して市場金利の低下と金融緩和を促し，これを維持する金融調節として，金融ルートによる通貨供給の増加が進められた。

　また，95年7月の市場金利の低下を促す金融調節方針の発表，および9月

の公定歩合の引き下げにおいては，金融緩和政策推進の理由の一つとして，物価下落の抑制（物価の下落圧力の高まりにたいする下支えの必要性，あるいは「デフレ・スパイラル」への落ち込みの防止）があげられた。ただし，ここでの金融面からの物価下落対策というのは，企業金融の緩和によって企業の投資活動あるいは経済活動全体の拡大（→需要の拡大）を促し，これを通じて物価下落の下支えを図ろうとするものであり，こうしてそれは，景気の現状への懸念を強調することによって，金融緩和・超低金利政策推進の理由づけとするためのものであったであろう。95年度にはさらに，金融制度の危機抑制のための「金融システム安定化対策」の発動が加わった。

このように，95年度の金融政策は，「バブル」の後遺症である不況・景気対策および制度的危機対策として，一つの頂点を示した。そして政府や日銀は，こうした金融緩和政策運営の強化が，企業の設備投資や個人の住宅建設を融資面から刺激し――「バブル」後の企業経営の悪化と企業による「ストック調整」の強化，折からの円高の高進などがその景気回復効果の発揮を大きく制約するなかで――，景気の下支えとその回復の歩みに寄与したことを説いた。[27]

(26) 1991－95年度における金融緩和政策の推進と公定歩合の引き下げについて，日銀の発表などを摘記する。
〔1991年度〕
日銀は「〈91〉年7月……に公定歩合を引下げ……，金融緩和政策に転じた……」（『日』1992年6月号，12ページ）。また，「金融政策は91年7月に緩和に転じてから以後は，国内景気の調整色の深まりに対応した運営が行われてきた」（『経』平成5年版，69ページ）。
公定歩合の引き下げ――91年7月：6％→5.5％へ。「物価を巡る情勢は幾分好転してきている。……内需中心の成長を息長く持続させる趣旨から実施することとした……」。
また，91年10月，預金準備率の引き下げ（定期性預金については0.5ポイント前後，普通預金については1ポイント前後の引き下げ）――「準備預金負担についてこれをある程度軽減することによって，金融調節を一層円

滑に運営し得るような環境整備を図る観点から実施する……」。

91年11月：5％へ。「最近における国内景気，物価，マネーサプライ並びに為替相場の動向などを勘案しつつ，これらを反映して長期市場金利が低下している状況の下で，〈引き下げを〉実施する……」。そしてこの引き下げが，「……内需中心の持続的成長を図っていくことに資するものと期待している」。

91年12月：4.5％へ。「最近における実体経済や金融面などの諸動向を勘案しつつ……」，「物価安定を基礎としたよりバランスのとれた経済に向けての移行プロセスを一層円滑かつ確実ならしめる趣旨に立って実施する……」。また，公定歩合の引き下げは，この91年12月の引き下げ以降，「国内景気への配慮が強まってきている」(『経』平成5年版，70ページ)。

〔1992年度〕

「国内景気の調整色の深まりに対応して，金融緩和政策が継続された」(『日』1993年6月号，27ページ)。

公定歩合の引き下げ——92年4月：3.7％へ。「……国内景気の調整色が濃化してきている状況の下，物価面やマネーサプライ，さらには市場金利の動向なども総合的に勘案し，……もう一段の利下げ措置を講ずることが適当との判断に立って実施する……」。日銀としては，「今回措置を含めこれまでの金融緩和の累積的効果が，今般決定された財政面等における政府の諸施策と相俟ち，……わが国経済の持続的成長を実現していくうえで十分資するものと考えている」。

92年7月：3.25％へ。「……国内経済は，……引続き厳しい調整局面にある」。今回の引き下げは，「……わが国経済が物価安定を基盤とした持続的成長の経路に移行していくプロセスを一層確実なものとする趣旨に立って決定した……」。

〔1993年度〕

「景気停滞の長期化を背景に，緩和政策を継続した」(『日』1994年6月号，11ページ)。「〈93年〉9月には日銀が公定歩合を……史上最低水準を更新する1.75％へと引下げ，積極的に緩和政策を行った」(『銀』平成6年版，3ページ)。

また，「91年以来の長期かつ大幅な金融緩和は，景気を下支えし，各種の調整プロセスを円滑に進めるうえで重要な役割を果たした」。「……金融緩和に伴う企業の資金調達コストの低下は，景気停滞が長期化する下での企

業収益悪化を，かなり緩和する効果をもった」(同上，32ページ)。

公定歩合の引き下げ――93年2月：2.5％へ。「わが国経済は，……最終需要の停滞が続いている。この間，物価は安定基調を一段と明確化しくている〉」。今回の引き下げは，「こうした実体面の動向に加え，市場金利やマネーサプライなど金融面の動向，さらには為替相場なども総合的に勘案し〈て決定した〉」。

93年9月：1.75％へ。「……景気は設備投資，個人消費の低迷から依然停滞基調を脱していない。この間，物価は安定基調を一段と明確化し，……金融面では，景況感の悪化や日本銀行による弾力的な市場調節の下，各市場金利は低下傾向を辿っている。他方，貸出やマネーサプライは引続き低い伸びに止まっている」。今回の引下げは，「……わが国経済がインフレなき持続的成長の路線に移行していくプロセスをできるだけ円滑なものにするという趣旨に立って決定した……」。また，「……実体経済面へのサポートをさらに強化することが適当と判断し，……既往最低水準の1.75％とした」(『日』1994年6月号，21ページ)。

〔1994年度〕

「公定歩合については，〈94〉年を通じて据え置き，金融緩和基調を維持した」(日銀・政策委員会『年次報告』平成6年，13ページ)。

金融政策については，「景気回復が緩かなものであるとの認識の下で，〈94〉年末まではこれまでの緩和基調を維持する政策スタンスを継続した。……しかし，94年度末から95年度初にかけては，景気回復テンポの緩慢さがより明確となり，さらに回復基調の持続性にも懸念が生じたことなどを背景に，……一段の緩和政策の実施に踏み切った」。「金融調節において，……やや厚めの資金供給をコンスタントに続けることにより，市場地合の安定を図るという基本的スタンスを継続した」(『日』1995年6月号，21ページ)。

また，「〈日銀は〉古今東西で最低とも言える水準に金利を引下げることによって，経済構造調整の促進と景気回復の持続力を高めるため，金融面からの最大限の支援を行っている」(同上，73ページ)。

95年3月：市場金利の「低目誘導」の実施――「景気〈の〉回復テンポはより緩慢なものとなっている」。そして，物価の安定の進行，円高化の動きによる「景気の先行きに対する不透明感」の強まりをあげて，「日本銀行は，当面の金融調節に当って，現在の公定歩合の水準と整合的な範囲内

で，金融緩和の効果が最大限発揮されるよう，短期市場金利の低下を促すことが適当と判断した」（日銀政策委員会『年次報告』平成7年，42-43ページ）。この誘導対象は，無担保コール翌日物金利とされた。また，「日銀が低目誘導を自ら発表するのは極めて異例で，市場に広がった公定歩合引き下げの観測を打ち消す意図もある，とみられる」（『朝日』1995年3月31日）。

〔1995年度〕

95年4月：公定歩合の引き下げ，1.75%→1%。「最近の一段の為替円高の進行により，企業収益や企業マインドの改善が停滞する可能性がある」，物価は「安定基調がさらに強まることが予想される」，「金融機関貸出も著しい伸び悩みの状態が続いている」などの点をあげ，景気は「先行き，回復基調の持続が懸念される状況にある。また，物価は安定基調を強めている」として，「この際，市場金利の一層の低下を図ることにより，経済活動に対して金融面から最大限のサポートを講じることが適当と判断し，公定歩合の引下げを決定した」（『日』1995年6月号，115ページ，など）。

95年7月：当面の金融調節方針——上記のような経済情勢を指摘して，「日本銀行は，今後，物価が過度に下落した場合の経済に及ぼす影響をも念頭に置きつつ，金融面から経済活動をサポートする力をさらに強化するため，当面の金融調節に当って，短期金融市場において資金の潤沢な供給に努め，市場金利の一段の低下を促すことが適当と判断した。その際，市場金利は，平均的にみて，現行公定歩合をある程度下回って推移することを想定している」（同上，1995年9月号，54ページ）。

95年9月：公定歩合の引き下げ，1%→0.5%。「経済活動の足踏み状態が続いており，……この傾向が長引く可能性が懸念される。物価面では，引続き，全般的に下落圧力が根強い状況にある」として，7月と同様な目的で，「一層強力に金融緩和を推し進めることが必要と判断した」。また，「デフレ的な現象の拡がりを未然に防ぎつつ，……経済を回復基調に復させていくためには，ここで一層強力に金融緩和を推し進めることが必要と判断し今回の措置に踏み切ったものである」（上記の公定歩合の引き下げについての日銀政策委員会議長談）。

95年における「金融緩和政策の狙い」として，日銀は次の三点をあげた——①「需要の弱さによる物価の過度の下落が経済全般に及ぼす悪影響を未然に防ぐ」。「問題となるのは，国内の需給の緩和により物価が低下し，これが企業収益や賃金を圧迫して経済の成長自体を危うくするような状

態，すなわち，デフレ・スパイラルに陥るリスクである。この点，日本銀行としては，……わが国は，〈上記のような〉デフレ・スパイラルには陥っていないが，〈これを〉未然に防ぐべきである，との結論に達した」。②「企業の将来の経済成長に対する期待の萎縮に歯止めをかけ，……これを強化する」。③「これらを通じて，わが国経済を民間需要主導の自律的な回復過程に移行させる」(日銀政策委員会『年次報告』平成7年，29-31ページ)。

また，95年7月以降，「各種オペレーション手段の活用による資金供給力〈を〉拡大」——債券買い切りオペや債券現先オペの活用，年末の資金不足期に向けてのCPオペの再開，など。7月の「短期市場金利引き下げ措置実施以降，年末の資金不足期も含め，オペレーション手段の活用により潤沢な資金供給を行〈った〉」(『日』1996年6月号，11-12ページ)。

「とりわけ注目されるのは，〈95年〉7月の短期市場金利の引下げ措置において，日本銀行が初めて無担保コールオーバーナイトレートを公定歩合よりも低い水準に維持するようになり，市場オペレーションを重視する姿勢を明確にした点である」(『経』平成8年版，156ページ)。

(27) 「……金利低下の効果は……設備投資の伸び率を95年度について2-3％押し上げるという結果となっており，金融政策自体の効果を裏付けている……」(『経』平成8年版，162ページ)。日銀は，「金融緩和の効果」として，金利感応的な住宅投資の拡大と設備投資の増加の動きを指摘し，95年には「金融政策の基本的な効果がようやく発現した……」(『日』1996年6月号，29-32ページ)。

また，上記の95年9月の公定歩合の引き下げと大幅な金融緩和政策の推進に関連して——「巨額の不良債権の処理に悩む銀行にとっては朗報だ」。95年9月の中間決算における都銀の業務純益の増大を指摘して——「低金利を追い風に銀行の利ざや稼ぎや運用益が拡大している。資金の調達コストは下がり，貸出金利はそれほど下げないから利益が膨らむ。……銀行はこの利益で不良債権を償却する。……公定歩合引き下げは〈銀行にとって〉救済の手だ」(『朝日』1995年9月9日)。

「銀行は史上空前の業務純益を上げている。預金者から吸い上げた利益で，不良債権をせっせと償却している。……利下げが銀行の利益を拡大する結果に日銀や大蔵省は文句を言わない。……やっぱり『銀行救済利下げ』だったということだ。銀行が開けた穴を預金者が埋める。云々」(同上，12

月15日)。「不良債権の処理が，低金利政策による銀行の利益確保と巨額な税の免除によって進められていることが浮き彫りになった」(大手銀行による不良債権の処理に関連して，同上，1996年1月31日)。

(2) 1996年度・97年度

96年度・97年度には，95年9月からの緩和政策方針が継続され，公定歩合0.5％の維持と，この公定歩合水準に市場金利を保つために「潤沢な資金供給」を進めるという，政策運営が続けられた。そしてこの金融緩和政策が，景気対策として，当時の抑制的な財政運営をカバーする役割を果たすことになった。

また，とくに97年11月以降，金融システム不安が高まったが，これにたいして市中金融機関の資金繰りを助け，市場金利の上昇を抑えるために，日銀の「潤沢な資金供給」がさらに拡大された（金融システム安定化対策については後述)。

(28) 1996年度・97年度の金融政策運営について摘記する。

〔1996年度〕「〈日銀〉では，経済活動を金融面からしっかりと下支えしていく観点に立って，〈95〉年9月以来の思い切った金融緩和基調を継続した」。そして，「これを通じて，景気の下支えに寄与するよう努めてきた……」(98年度までの金融政策運営について，『通貨及び金融』1998年11月，43，50ページ)。「〈日銀〉は，96年度において，前年からの金融緩和基調を継続した」。すなわち，①公定歩合0.5％（95年9月に引き下げ）の維持，②無担保コールレート（ON もの）を，「平均的にみて公定歩合をやや下回る水準で維持するよう，潤沢な資金供給に努める」(以上，『日』1997年6月号，41ページ)。

また，「バブル崩壊後金融政策は緩和基調を続け，特に95年半ばからはかつてない低金利が続いてきた。特に96年度は，財政政策が景気中立的となるなか，金融緩和策が景気の下支えに寄与してきた……」(『経』平成9年版，61ページ)。

〔1997年度〕前年度に引き続き「金融緩和基調が維持された」。そして，97年11月の金融システム不安の高まりにさいして，「〈日銀〉は，短期金融

II章　政府の経済政策運営　173

市場に対して潤沢な資金供給を行い，その結果，公的資金導入を含む金融システム安定化対策の具体化などと相挨って，年度末にかけて，金融市場は徐々に落ち着きを取り戻した」(『日』1998年6月号，61ページ)。

また，「景気が停滞を続けるなかで，金融政策は著しい緩和基調を維持してきた。とくに97年秋から金融システムへの不安が増幅〈するなかで〉，日本銀行は潤沢な流動性供給を続け，景気と金融システムの下支えを行ってきた。……金融システムの不安定性が著しかったときには，日銀による流動性供給が，金融システム維持への生命線ともいうべき役割を果した」(『経』平成10年版，130ページ)。

(3) 1998年度

98年度には，これまで推進されてきた緩和政策運営が徹底化された。9月，日銀は「金融市場調節方針の変更」を発表し，公定歩合は据え置きながら，市場金利の誘導目標を引き下げ（無担保コールレート・ON ものを公定歩合0.5％の水準から0.25％へ），「一層潤沢な資金供給を行う」こととした。[29]

さらに99年2月，金融市場調節の再変更を行ない，上記のコールレートを実質ゼロ水準に誘導する方針をとるに至った。2000年8月に至る「ゼロ金利政策」の開始である。[30] そしてこれは，景気の悪化にたいする危機感をつのらせた日銀が，「潤沢な資金供給」の一層の拡大をもって，「デフレ圧力」[31]の高まり（あるいは「デフレ・スパイラル」への落ち込み）[32]に，金融面から歯止めをかけようとする意図によるものであった。

(29) 1998年9月，日銀「金融市場調節方針の変更について」——「無担保コールレート（オーバーナイト物）を，平均的にみて，0.25％前後で推移するよう促す。なお，金融市場の安定を維持するうえで必要と判断されるような場合には，上記のコールレート誘導目標にかかわらず，一層潤沢な資金供給を行う」。

また，「わが国の景気は全般に悪化を続けており，物価も軟調に推移している。(中略)この間，金融市場では……不安定な動きがみられる」。「〈日銀〉は，インフレでもデフレでもない，『物価の安定』を金融政策運営の目標としている。……〈日銀〉は，経済がデフレスパイラルに陥ることを未

然に防止し、景気悪化に歯止めをかけることをより確実にするため、この際、上記の金融緩和措置を採ることが適当と判断した」。「〈日銀〉としては、……引き続き潤沢な資金供給に努め、これを通じて金融市場の安定に万全を期するとともに、マネー・サプライの拡大を促していく考えである」（以上、『日』1998年11月号、152－153ページ）。

(30) 1999年2月、金融市場調節の再変更（ゼロ金利政策運営へ）——「より潤沢な資金供給を行い、〈前記0.25％の金利〉を、できるだけ低めに推移するよう促す」。

　　また、「景気回復への展望は依然明確でない状況にある」。「金融面の動向をみると、……長期金利が大幅に上昇し、為替相場も円高気味の展開が続いている」。「〈日銀〉は、先行きデフレ圧力が高まる可能性に対処し、景気の悪化に歯止めをかけることをより確実にするため、この際、金融政策運営面から、経済活動を最大限サポートしていくことが適当と判断した」。「……上記の金融市場調節方針のもとで、より潤沢な資金供給を行い、これを通じてマネー・サプライの拡大を促す……」（以上、『日』1999年4月号、153－154ページ）。そして、「デフレ懸念の払拭が展望できるような情勢になるまでは、この〈ゼロ金利〉政策を続ける」（99年6月、日銀総裁の講演、『日』1999年7月号、2ページ）。

　　この99年2月の日銀による「ゼロ金利誘導」の決定について——「財政赤字の日銀引受けを求める政府・自民党の圧力に対して、日銀は独立性を一応保った形だが、短期金利を限りなくゼロに近い水準まで下げるという、ぎりぎりの判断を示した」（『朝日』1999年2月13日）。

　　また、「〈この時は〉ちょうど政府・自民党から、日銀に国債買切りオペレーションの増額を求める声が頂点に達しようとしていた」。「……米国側も、日本側に日銀の国債引受けに肯定的な考えを暗に伝えていた」。「『独立』を旗印に掲げる新生日銀にとって、国債問題で、政治の要求を一方的にのむ事態だけはなんとしても避けたかった。それを拒否するためには、別の政策を持ち出す必要があった。それが『ゼロ金利』だった」（以上、『朝日』1999年3月26日）。

(31) 「……より潤沢な資金供給を行い、〈コールレート〉をできるだけ低めに推移するよう促すこと」、「〈これが〉ゼロ金利誘導の具体的な内容です」。「金利をゼロにまで思い切って下げるということは、同時に、それだけ大幅な量的緩和を行うということも意味しています」。また、「〈このことは〉、

『短期の資金需要については，すべてこれを満たすように中央銀行が資金を供給する』ということを意味します」（以上，99年6月，日銀総裁の講演，『日』1999年7月号，1－2ページ）。
(32) 例えば，「〈日銀副総裁〉は，『現状はデフレ的状態にある』と述べ，日本経済は物価が下落しながら景気が後退するデフレに陥っていると日銀が判断していることを，初めて明確にした」（『朝日』1998年12月14日）。

(4) 1999年度

1999年度には，99年2月からの「ゼロ金利政策」にもとづいて金融緩和が一層推進された。そしてこのゼロ金利政策は，「デフレ懸念の払拭が展望できるような情勢」になるまでは，と99年度中続けられた（2000年8月の解除まで）。

また，99年9月，日銀政策委員会の金融政策決定会合では，「ゼロ金利の〈一層確実な〉効果浸透」を図ることになり，翌10月の同会合において，このための「豊富で弾力的な資金供給」の推進を決定した。そして日銀は，前記のように（Ⅰ章3節【付】），市中金融機関部門の余剰資金保有が著増し，金融ルートによる日銀の通貨供給の多くの部分がこの余剰資金の積み上げと化す状況の下で，上記の「デフレ懸念の払拭」を理由に，大量の通貨供給を続けた。

その後，2000年8月，日銀は「デフレ懸念の払拭が展望できる情勢に至った」として，ゼロ金利政策を止め，99年2月以前の運営状況（コール・レート0.25％水準の維持）に戻した。そして，この超低金利政策運営を，景気回復の確実化のために続けていくことを表明した（なおその後，2001年3月，「ゼロ金利政策」を実質的に復活するとともに，さらに，金利引き下げの段階を越えて，資金供給拡張政策ともいうべき「思い切った」金融緩和措置を実施に移すことになる）。

最近（とくに95年度以降）における日銀の金融政策運営は，こうして端的には，もっぱら自己の通貨造出力（不換日銀券の発行）に依拠して，超低金利（→ゼロ金利）の「潤沢・豊富な資金供給」を続けるものであった，ということができる。

(33) 1999年9月, 日銀の金融政策決定会合の記録より――「……経済の実態を反映しない形で円高や長期金利の上昇が進むリスクを考えると, 追加的な金融緩和の余地が殆どない中でも, ゼロ金利政策の効果浸透を一層確実なものとするよう, 金融調節面での対応力を質的に一段と強化するのが望ましいこと〈である〉, といった点で概ね共通の認識が形成された」(『通貨及び金融』2000年6月, 58ページ)。

また, 99年10月, 同会合の記録より――「……ゼロ金利政策の継続を決定するとともに, 『ゼロ金利政策』を意味する金融市場調節方針を, 『豊富で弾力的な資金供給を行い, 無担保コールレート(オーバナイト物)を, できるだけ低めに推移するよう促す』という表現に改めた。……『豊富で弾力的な資金供給』という表現で, ゼロ金利政策の性格を一段と明確に示すこととしたものである」(同上, 58ページ)。

なお, これらの措置の決定には, 当時の円高是正を図る政府の要求と, これをめぐる国際的な圧力があったと指摘された。すなわち, 99年には円高の動きが続いた。これにたいして政府は, 景気回復に悪影響があると円高是正の大規模な介入を継続するとともに, アメリカなどへ円高是正のための協調介入の実施を申し入れた。しかしアメリカ(あるいはG7)はこれに応ぜず, 逆に日銀による通貨供給の積極的な拡大を求め, わが国の政府もこれに同調した。そして結局, 日銀は, 上記のような措置の表明をもってこれに対応することになった, というものである。

(34) 2000年8月, 日銀, 金融市場調節方針を変更(「ゼロ金利政策」の解除)――「無担保コールレート(ONもの)を, 平均的にみて0.25%で推移するように促す」。「日本経済は, ……大きく改善した。現在では, 景気は回復傾向が明確になっており, 今後も設備投資を中心に緩やかな回復が続く可能性が高い。……需要の弱さに由来する物価低下圧力は大きく後退した。このため, 日本経済は, ……『ゼロ金利政策』解除の条件としてきた『デフレ懸念の払拭が展望できるような情勢』に至った……」。なお, 今後も, コールレート0.25%という「金融が大幅に緩和された状況は維持される。日本銀行としては, 〈金融政策運営によって〉景気回復を支援していく……」(『日』2000年10月号, 226-227ページ)。

なお, この決定の動きにたいしては, 政府側は「解除尚早」と, この解除の見送り・ゼロ金利政策の継続を求めて日銀に圧力をかけ(『朝日』2000年7月15日), 外圧もこれに加わった(148-149ページの注11参照)。そし

て，当日の金融政策決定会合では，政府側出席者（新日銀法によって政府の方針を説明する立場にとどまることになった）が，「議決を次回金融政策決定会合まで延期することを求めた〈が〉，政策委員会は，……これを反対多数で否決した」（『日』2000年10月号，227ページ）。

(35) 日銀は2001年3月1日，公定歩合の引き下げ（0.25％へ）と短期市場金利の誘導目標の引き下げ（0.15％へ）を行ない，さらに3月21日，「金融市場調節方式の変更と一段の金融緩和措置」の実施を発表した。

すなわち，「〈日本経済は〉昨年末以降，……景気回復テンポが鈍化し，……。物価は弱含みの動きを続けており，今後，需要の弱さを反映した物価低下圧力が強まる懸念がある」。「……わが国では，過去10年間にわたり，金融・財政の両面から大規模な政策対応が採られてきた。……日本銀行は，内外の中央銀行の歴史に例のない低金利政策を継続し，潤沢な資金供給を行ってきた。それにもかかわらず，(中略)ここにきて，再び経済情勢の悪化に見舞われるという困難な局面に立ち至った」。「こうした状況に鑑み，日本銀行は，通常では行われないような，思い切った金融緩和に踏み切ることが必要と判断し，……以下の措置を講ずることを決定した」。

①金融市場調節の操作目標の変更──「金融市場調節に当たり，主たる操作目標を，これまでの無担保コールレート〈ONもの〉から，日本銀行当座預金残高に変更する」。②実施期間の目途──「消費者物価指数……の前年比上昇率が安定的にゼロ％以上となるまで，継続することとする」。③日本銀行当座預金残高の増額と市場金利の一段の低下──「当面，〈上記の〉残高を，5兆円程度に増額する（最近の残高4兆円強から1兆円程度積み増し）。この結果，〈上記のコールレートは〉さらに大きく低下し，通常は，ゼロ％近辺で推移するものと予想される」。④長期国債の買い入れ増額──「日本銀行当座預金を円滑に供給するうえで必要と判断される場合には，現在，月4千億円ベースで行っている長期国債の買い入れを増額する。ただし，日本銀行が保有する長期国債の残高……は，銀行券発行残高を上限とする」。そして，「上記措置は，日本銀行として，物価が継続的に下落することを防止し，持続的な経済成長のための基盤を整備する観点から，断固たる決意をもって実施に踏み切るものである」（以上，『日』2001年5月号，84-85ページ）。

また，この措置について──「〈日銀は〉金利に代わって資金供給量を目標とする『量的金融緩和』に初めて踏み出すことを決めた」（『朝日』2001

年3月20日)。

これは,その直前に,経済の現状にたいする政府の「デフレ」認定(2年連続の消費者物価の下落にもとづく)が発表されるなど,金融による景気停滞対策拡充の要求に応ずる形でとられたものである。なお,この措置は,「ゼロ金利の実質復活」と一般に言われるが,しかしさらに,物価下落の抑止とその引き上げの意図を前面に掲げたものとして,市場金利の引き下げをうたったこれまでの金融緩和運営の段階を越える,資金供給拡張政策である(しかも,市中金融機関部門が大量の余剰準備を保有するなかで,さらに資金を流し込もうとするものである)。そしてまた,この意味で,物価引き上げの具体策を示してはいないが,「調整インフレ」的な性質をもつ金融緩和措置の実施であるということができる。

こうして日銀は,その通貨供給手段の無規律な行使と国債処理の大沼に,ますます足を踏み入れていくことになろう。

5 金融システム安定化対策

ここでは,1995-99年度の政府・日銀による金融システム安定化対策を支えた資金の問題——この資金がどんな性質のものであり,それがどのように供給され,使われているか——を中心にみる。なお,これらについては,さきにⅠ章「通貨供給」のところで個別的に記したが,ここでそれを再整理し,まとめてみる。

近年,「バブル融資」の拡張のツケである不良債権の重圧に,不況・停滞の長期化の下での資金運用難と不良債権のさらなる膨張が加わって,市中金融機関の経営悪化が累進してきたが,この動きは,とくに95年からの中小金融機関の破綻の頻発となって表面化した。95年度には,これらの処理・救済のための日銀特融の発動が開始され,また住専処理のための公的資金の投入が決定された。

96年度以降も,中小金融機関の破綻が続出したが,97年11月,この破綻が大手金融機関に及んで,金融システムの動揺が高まり,金融システムとしての機能麻痺の危機に直面するに至った。98年度にも,大手を含む金融機関の

破綻・整理が増加し,金融システムの動揺が続いた。

こうした動きにたいしては,これまで,問題が起こるたびに,応急措置や救済策がそれぞれ個別的に実施され,それらの対策は相互にきわめて錯綜したものとなっていたが,98年10月,これらの処理・支援(「金融機能の再生・健全化」)のための法律とその担当機構が,金融システム安定化対策として,一応整備された。

なお,99年度には,金融システムの激震はひと休みしたが,中小金融機関の破綻,整理・統合が続き,預金の全額払い戻し保証の停止(2002年3月末)を控え,金融システムの安定の維持は極めて危うい状況にある。

1995-99年度に実施された諸対策を,金融システム安定化対策の面から概括すれば——これらはすべて相互に関連しているが——,およそ次のようになろう。

①金融システム不安の予防のための一般的な措置——政府の景気対策,この一環としての超低金利政策運営とこのための日銀による「潤沢な資金供給」,および金融不安発生時における市中金融機関の資金繰りの支援。

②金融機関の破綻処理の支援——破綻金融機関の預金者の保護(預金払い戻しの確保),当該金融機関の債権・債務の処理とその後の身の振り方の支援。この資金的手段として,日銀特融,公的資金の投入。

③金融機関の経営改善・再建のための支援——不良債権の処理の促進と自己資本充実の支援。このための公的資金の投入,および金融機関の整理・統合の促進。

④これらの措置の裏付けとしての法律の制定——現時点で実施された法律としては,1998年10月成立の,破綻状態に陥った金融機関の処理のための「金融機能再生法」,金融機関の経営健全化の支援のための「金融機能早期健全化法」。そして,これにもとづく担当・運営機関として,政府機関・金融再生委員会と整理回収機構が設立された(前者は金融機関の「破綻」の認定,特別公的管理を含む破綻金融機関の処理にあたり〔なお,同委員会は2000年1月に廃止,金融庁に統合〕,後者は住管機構と整理回収銀行の合併によるもので,金融機関の不良債権の回収・整理にあたる)。また,これらの金融システ

ム安定化対策のための資金の調達・供給・管理にあたる預金保険機構の機能が拡充された。

次に、これらの対策を資金面で支えるものとして、その主柱となる公的資金の投入と日銀の通貨供給について、1998年度・99年度の状況を中心に、まとめてみることにする。

【公的資金の投入】　金融システム安定化対策における公的資金の投入は、①直接的な財政資金（税金）の支出、②政府による対策担当諸機関への国債の交付、③日銀や市中金融機関からの担当機関の借り入れ（および資金調達のための当該機関の債券発行）にたいする政府保証枠の設定、の三つの方法をとっている。また、①はもとより、②は、国債の直接的な増発となって将来の財政支出の原因となり、③は、当該機関が日銀から借り入れを行なった段階で、日銀の通貨供給の増加をもたらす（そして、この日銀からの借り入れ、および市中金融機関からの借り入れが返済不能になると、政府保証債務として政府の負担に転嫁される）。

この公的資金投入について概括すれば、以下のようである[39]（預金保険機構を通じて実施されたものについて、2000年3月末の状況；『預金保険機構年報』平成11年版などによる）。

Ⅰ．預金保険機構向け・総括
①国債の交付（特例業務勘定へ）――7兆円（2000年6月より13兆円）。
②同機構の各勘定の借り入れ（および「預金保険機構債券」の発行）にたいする政府保証枠――53兆円。なお、この①＋②を、「公的資金60兆円」と総称してきた。
③政府出資――一般勘定へ1.5億円、特定住宅金融専門会社債権債務処理勘定へ50億円。

　＊同機構の借入残高（2000年3月末）計16兆2450億円――日銀より2689億円、民間金融機関より15兆9761億円。および預金保険機構債券（政保債）の発行残高6000億円。

Ⅱ．これらの内訳について、同機構の勘定ごとにみると、AからDのようである。
A．一般勘定（破綻金融機関の救済担当機関にたいする資金援助、預金者保護

〔1千万円まで〕のための資金管理)へ——出資4.55億円(政府1.5億円,日銀1.5億円,民間金融機関1.55億円),政府保証枠4兆円。

*同勘定の借入残高(2000年3月末)計1兆3129億円(2000年度から政府保証となる)——日銀より711億円,民間金融機関より1兆2418億円。

B．特例業務勘定(同上,1000万円超の預金者保護〔2002年3月末まで〕などのための資金管理)へ——政保枠10兆円,国債の交付13兆円。

*(1)同勘定の借入残高(2000年3月末)は,3兆5676億円(民間金融機関より)。

(2)破綻金融機関の救済金融機関にたいする資金援助は,1992-99年度計(72件)——金銭贈与9兆5103億円,および資産買い取りなど4兆3269億円。

C．金融再生勘定(「特別公的管理」となった金融機関の処理のための資金管理)へ——政保枠18兆円。

*(1)同勘定の借入残高(2000年3月末)は,3兆9243億円(民間金融機関より)。

(2)一時国有化された長銀,日債銀の処理で投入された公的資金(2000年9月段階,『朝日』2000年9月2日)は,総額(下記の①+②)11兆3200億円(長銀6兆9366億円,日債銀4兆3834億円)。

①国民負担が確立した分(債務超過の穴埋め)計6兆6448億円(長銀3兆5734億円,日債銀3兆714億円)。

②将来回収が期待される分(保有株式の買い取りなど)計4兆4852億円(長銀3兆2332億円,日債銀1兆2520億円)。

D．金融機能早期健全化勘定(金融機関の「資本増強」のための資金管理)へ——政保枠25兆円。

*(1)同勘定の借入残高(2000年3月末)は,計7兆4402億円——日銀より1978億円,民間金融機関より7兆2424億円。および債券(政保債)発行残高6000億円。

(2)市中金融機関への「資本増強」について。

1998年3月,金融機能安定化法にもとづくもの(旧・金融危機管理勘定

より)——都銀,信託銀,長信銀,地銀など21行へ計1兆8156億円(優先株式の引き受け3210億円,劣後債・ローン1兆4946億円)。

1999年3月から2000年3月,金融機能早期健全化法にもとづくもの——計8兆342億円(2000年3月末現在)。うち優先株の取得6兆6292億円,劣後債・ローン1兆4050億円。なお,政府は後で,取得したこれら優先株の市場売却や劣後債・ローンの返済などによって回収を図ることになっているが,ただしこれには,注入行の破綻などによる回収不能の発生を内包している。

【日銀の通貨供給】 金融システム安定化対策のための日銀の通貨供給の役割については,さきにⅠ章でみたところであるが,金融システム安定化対策(破綻金融機関の処理,連鎖倒産や営業停止の波及の阻止,金融機関の経営改善,金融システムの機能麻痺の防止など)は,資金面では結局,日銀の通貨供給に依存せざるをえなくなっており,通貨供給の増加をもたらす最近の主因の一つとなっている。

ここで,これらをまとめて再掲すれば,次のようである。

①日銀特別融資 金融機関の破綻処理の支援を目的に実施され,金融システムの動揺の抑制のための日銀による即応的な資金供給手段となっている。

②預金保険機構への貸付 金融システム安定化対策のための資金の調達・供給を担当する預金保険機構への日銀の資金供給(財政支出の代行融資)。この資金は,同機構を通じて,破綻金融機関の預金者の保護,金融機関の破綻処理や金融機関の経営改善のために使われている。

③日銀の出資・拠出 出資——預金保険機構,農水産業協同組合預金保険機構へ。拠出——新金融安定化基金へ。

④市中金融機関にたいする通貨供給 金融システムの動揺時における,市中金融機関の現金準備の確保・増加のための資金繰りの支援。

(36) 最近の金融システム不安の原因や対策の問題については,「バブル融資」の実態とその後の処理における行政側と経営者たちの対応の有り様と関連させて,これまで大量の文書が発表されているが,これについては,本

書では措くことにする。しかしなお，そこで明らかになった当事者たちの——彼らの人間能力の有限性による判断ミスは問わないとしても——怠慢，保身，粉飾，虚偽，隠蔽，汚職……の行為には，現代のわが国の腐敗の絶望的な深さをみる思いがする。

しかし，現実は，"やってしまったこと"，"こうなってしまったこと"の始末をつけるのが，政策的に待ったなしとなっている。こうして，当事者たちの責任追求の問題は先送りし，ともかく，放置すればシステム全体を揺るがし，機能麻痺に陥らせるおそれのあるような破綻・問題企業については後始末をしてやり，存続見込みのある企業にはその経営改善を手助けする，ということになる。経営者は「バブル」経営の失敗の尻ぬぐいを安易に政府に頼り，政府も，制度的な動揺・危機を回避するためにこれに応じた。

このような金融システム安定化対策にとって，不可欠な手段の一つは「カネ」である。ここでは，さきにみた日銀の通貨供給の役割と関連させて，この面から安定化対策を概括した。

(37) 「バブル」破綻の後遺症として，そしてその後の長期不況のなかで，「不良債権」の負担はほとんどあらゆる企業・機関に及んだということができるが，このうちとくに金融機関は（都銀から農協，ノンバンクに至るまで），資金運用・融資業務に関連して多額の「不良債権」を抱えることになり，その経営への悪影響と処理の困難さが大きな問題となってきた。

この「不良債権」問題の経緯についてはここでは措くが，市中金融機関の「不良債権」処理は，1993年度から本格化し，優遇税制と公的資金の支援の下に，その処理額は，91年度から99年度までに累計62.5兆円にのぼった（全国銀行の処理額，『日』2000年8月号，87ページ以下）。しかし，この不良債権問題は，早急な処理を迫られながら，その目途が立たない状態であるとともに，今後さらに，政府・日銀によるさまざまな形での支援的介入が不可避となることも予想される。

そして，この一方ではまた，大口融資先企業の「債権放棄」の要請を安易に受け入れるという金融機関の動きが最近増加している。例えば，「大手銀行15行が2000年3月期決算で処理した取引先企業の債権放棄額の総額は，1兆3045億円にのぼった」。「〈経営不振の企業が債権放棄を銀行に求め〉銀行は不良債権処理の一環として応じているが，銀行と企業の両方にモラルハザードが広がるおそれもある」（『朝日』2000年5月25日）。また，「債権放棄による不良資産処理に拍車がかかっている」。「経営不振の企業

に対する銀行の債権放棄が再び増加している」。「『借金棒引き』の要請も増加する見込み」，等々（同上，2000年5月3日）。「『債権放棄ラッシュ』のゼネコン」（同上，2000年7月21日など）。

(38)　1997年11月26日，蔵相と日銀総裁による「金融システムの安定性確保について」（北海道拓殖銀行，山一証券などの金融機関の破綻を契機に高まった金融システムの動揺にさいしての談話）では，「我々の決意」として，「金融システムは経済社会の根幹をなすものである。大蔵省，日本銀行は，その安定性の確保に万全を期したい。したがって，金融機関の預金その他の資金の払出しについては，これが滞ることのないよう，……潤沢かつ躊躇なく資金を供給する考えであり，国民の皆様におかれては，……冷静な行動をとられるよう強く要望するものである」と述べられている。

(39)　本文に掲げた公的資金投入の状況は，1999年度末のものであるが，なお2000年12月末段階についての記事「公的資金投入26兆円」によれば――「用意された公的資金は60兆円（2000年度に70兆円に拡大）。うち26兆4602億円が，〈12月〉26日までに使われている。7兆7622億円は，長銀など破たんした金融機関の債務超過の穴埋めに使われ，すでに国民負担となることが確定している。残りの18兆6980億円は，大手行などの経営健全化のための資本注入や，破たん金融機関からの不良債権の買い取りのために使われた。〈これらは返済や売却の可能性によって〉すぐに国民負担につながるわけではないが，〈それが〉保証されているわけでもない」（『朝日』2000年12月27日）。

　この公的資金の投入に関連してまた，当時の金融再生委員会・委員長のなかには，こういう感覚の持ち主もいた――「……今，言ってくれれば，まだ私のところからお金が出せるんです。いわゆる金融安定のために60兆円用意した。くれたお金が1兆余り，貸したお金が15兆，それしか使っていないのですよ。云々」（当時の金融再生委員長の言；2000年2月，栃木県内の地銀や信用組合の幹部を前にした講演で，『朝日』2000年2月25日）。

III章　金融とマネー・サプライ

1　金融の動き

　さきにみたように，1991－99年度には，金融緩和政策が推進され，金融緩和状況が続いた。そしてこのことは，市中金融機関の現金準備の必要を満たし，短期市場金利や預金金利の下落をはじめ，市中金融機関による低コストでの潤沢な資金調達を可能にし，その金融活動の拡張を容易にする状況を作り出した。

　では，この時期における市中金融機関の金融行動はどうであったか。これを市中銀行の貸出の状況を中心に概観する。

　なお，この時期の市中金融機関の証券保有（証券投資）は，時期により金融機関ごとにその構成内容の増減が大きいが，総じてみれば，バブル期の1986－89年度に増大し証券保有の中心となった株式の保有は停滞し，これに代わって国債が証券保有の中心となった（表2－15参照）。この国債保有は92年度から増加傾向を続け，最近，99年度における増加が著しい（地方債の保有も92年度から97年度にかけて増加した）。すなわち，市中金融機関は，国債増発による政府の資金調達の増大に応じて，安全な運用対象不足でダブついている資金を国債への運用に向け，これを（市中銀行にとっては自己資本規制対策としても），格好な資金運用手段としている。

(1)　**1991－95年度**

　市中金融機関の貸出は，バブル崩壊後，1995年度頃までは全体として毎年度増加を続けたが，しかしその増加率は大幅に低下した。これはとくに企業

表 2 - 15 市中金融機関の証券保有

A. 民間金融機関 (百億円)

年度中	1991	92	93	94	95	96	97
証券・計	△107	1,496	2,351	1,928	1,433	1,378	1,260
うちFB	△33	74	37	△66	△55	88	△138
国債	△265	1,077	956	890	1,135	642	1,231
地方債	△14	118	265	333	423	163	51
公団公庫債	147	56	91	28	90	16	△54
金融債	154	219	91	177	△34	42	△95
事業債	94	102	174	49	223	164	153
株式	△64	△237	638	619	△320	262	112
投資信託受益証券	△96	86	100	△101	△28	110	△21
CP	△194	171	△12	△115	△119	161	△258

〔備考〕 民間金融機関の資産勘定・証券保有の増減（△）。
〔出所〕 日銀「資金循環勘定」の金融取引表（旧統計）。本統計は1997年度で作成停止（暦年の数字は98年まで）。

B. 国内銀行 (百億円)

年度中	1991	92	93	94	95	96	97	98	99
株式以外の証券・計	△139	△74	298	260	△530	△541	861	△756	2,571
うちFB	0	0	0	0	0	0	0	0	1,436
国債	△137	△286	152	46	△158	△151	1,061	△815	1,383
地方債	8	28	36	108	95	29	△68	10	58
政府関係機関債	△2	△24	△57	△125	△53	△122	△102	△111	△3
金融債	36	△22	△33	△30	△91	△90	△24	120	△49
事業債	104	46	17	△18	△13	△58	△54	37	25
居住者発行外債	67	176	183	148	△168	△141	△74	66	73
CP	△46	△2	35	22	△54	△16	282	117	△377
投資信託受益証券	△71	△21	△31	3	△38	△15	△19	△19	62
信託受益権	△97	27	△3	98	△65	△17	△129	△194	△34
債権流動化関連商品	△2	2	△2	8	14	40	△11	33	△3
株式	157	17	97	226	272	53	59	△824	△5

〔備考〕 国内銀行の資産勘定・証券保有の増減（△）。
〔出所〕 同上，新統計。

III章　金融とマネー・サプライ　187

表 2 - 15 【付表】銀行の証券保有（全国銀行）

(対前年度増減, 百億円)

年度	国 債	地方債	社 債	株 式	計（その他を含む）
1991	△362	2	140	160	△516
92	△27	32	28	14	△338
93	6	44	△67	210	24
94	121	102	△177	375	390
95	△71	98	△167	357	309
96	56	31	△276	△9	111
97	494	△67	△161	28	1
98	45	26	79	△28	△120
99	1,190	63	△2	179	1,461

〔出所〕 全国銀行協会「全国銀行」の各年度の決算報告。

表 2 - 16 市中金融機関の貸出（1991-99年度）

A. 貸出

(百億円)

年度中	民間金融機関 計	うち住宅貸付	消費者信用	企業・政府等向け	うち国内銀行 貸出計	うち住宅貸付	消費者信用	企業・政府等向け	付記* コール・ローン	買入手形
1991	1,595	404	262	930	867	221	131	516	△55	△62
92	1,216	193	87	937	256	35	△64	285	△76	△18
93	675	135	△90	630	435	64	△132	503	△277	△19
94	△480	181	△68	△593	△46	103	△135	△15	10	24
95	2,535	933	△14	1,616	2,495	726	△114	1,884	△212	87
96	△493	556	82	△1,131	950	398	△85	637	△128	65
97	617	590	30	△3	159	394	△104	△131	333	△449
98	219	430	△66	△145	76	343	△139	△127	△252	△128
99	△2,623	522	42	△3,187	△1,709	479	△87	△2,101	△143	△168

〔備考〕 1) 民間金融機関と国内銀行貸出の資産勘定の増減（△）。
2) ＊は国内銀行の当該資産勘定の増減（△）。
〔出所〕 表2-15のBと同じ。

B. 民間金融機関

(百億円)

年度中	貸出計	うち公団,地方公共団体	法人企業	個 人	付記* コール・ローン	買入手形
1991	2,462	78	1,563	820	646	△393
92	1,749	59	1,317	373	308	△208
93	383	120	379	△116	△56	△91
94	△73	61	△40	△94	△378	120
95	740	113	△283	909	5	148
96	△1,046	74	△1,070	△51	△75	236
97	△705	156	△816	△49	183	1,470

〔備考〕 ＊は貸出以外の融資。
〔出所〕 表2-15のAと同じ。

表 2-17　銀行の貸出（1991-99年度）

A. 業種別　　　　　　　　　　　　　　　　　　　（貸出残高の前年同月比，％）

年月末	総貸出	製造業	非製造業	地方公共団体	個人
1992年3月	2.1	△1.5	2.0	21.1	5.2
93年3月	1.4	△0.6	1.6	23.3	1.1
94年3月	0.0	△1.1	0.4	29.6	△0.7
95年3月	△0.4	△2.5	0.4	12.5	△0.6
96年3月	0.6	△2.7	△0.7	18.3	7.6
97年3月	△0.7	△4.9	△1.2	8.9	3.3
98年3月	△1.4	△3.3	△2.2	10.9	2.5
99年3月	△2.4	0.7	△4.4	13.4	1.4
2000年3月	△2.1	0.4	△3.4	△2.6	1.6

〔備考〕　1）　1992年3月-94年3月は全国銀行，95年3月以降は国内銀行を対象とする。
　　　　2）　この貸出は，中央政府向けを含まない。地方公共団体向けは地方公社を含まない。
〔出所〕　日銀「全国銀行預貸金調査結果」，「国内銀行預貸金調査結果」。

B. 企業規模別　　　　　　　　　　　　　　　　　　　　　　　　　　（同上，％）

年月末	中小企業 計	うち設備資金	中堅企業 計	うち設備資金	大企業 計	うち設備資金
1992年3月	0.7	8.1	△0.1	11.1	4.0	7.2
93年3月	1.9	6.6	△0.1	6.1	0.4	4.2
94年3月	0.6	1.0	△0.3	2.5	△1.0	△0.5
95年3月	0.8	△0.6	△0.4	△1.8	△2.3	△4.5
96年3月	0.1	0.3	△1.6	△2.5	△3.8	△2.0
97年3月	△1.5	0.1	△0.7	△0.3	△3.5	△1.0
98年3月	△3.3	△1.7	0.6	△0.2	△1.6	△6.6
99年3月	△6.0	△5.0	△2.7	△4.3	2.6	△0.6
2000年3月	△4.9	△4.8	△5.9	△4.9	4.2	0.4

〔備考〕　法人企業向け貸出について（金融を含む）。個人向け，地方公共団体向け，海外借款などの貸出は含まない。
〔出所〕　同上。

表2-18 企業の資金調達 (1991-99年度)

(百億円)

年度中	1991	92	93	94	95	96	97	98	99
貸出・計	2,002	1,400	626	830	992	1,284	972	△1,122	△999
うち民間金融機関より	1,913	609	△332	340	570	707	1,408	△410	△1,034
公的金融機関より	298	240	626	236	△37	△15	△8	188	△78
*非金融部門貸出金	△138	603	348	301	466	527	△465	△926	151
株式以外の証券・計	665	285	122	313	△122	49	△78	85	15
うち政府関係機関債	19	11	18	22	18	60	△50	△1	△4
事業債	308	433	455	395	369	402	299	284	122
居住者発行外債	488	△167	△250	△67	△446	△497	△549	△232	△146
CP	△150	8	△102	△37	62	84	222	34	44
株式	103	110	103	231	130	351	290	134	509

〔備考〕 1) 民間非金融法人企業の負債勘定・貸出金の増減(△)。ここでは，企業の資金調達（借り入れ）の増減(△)を示す。
2) 対象企業には，非金融法人のうち，政府以外の主体により所有・支配される機関，営利社団法人（株式会社など），および医療法人が含まれる。
3) *は法人企業の取引先，子会社・関連会社にたいする貸出金，地方公共団体の制度融資，など。
〔出所〕 表2-15のBと同じ。

（法人企業）向け貸出の減少によるものであった。

すなわち，製造業向け貸出では大企業および中堅企業向けが減退し，中小企業向けは低率ながら増加を続けた。市中金融機関の貸出は，製造業の中小企業，非製造業(建設，運輸，通信，不動産，サービス業など)，および個人（住宅貸付）などがその増加の中心対象となった。そして他方，地方公共団体向け貸付の増加が著しくなった（以上，表2-16，17参照）。

この時期にはまた，市中金融機関の貸出の停滞とは対蹠的に，政府金融機関の融資活動が拡大した。

こうした動きは，この時期の市中金融機関の資金需給における供給側（市中金融機関）と需要側（企業など）との，この両者の状況が相まって生じる。

まず市中金融機関については，1993年3月から「自己資本比率規制」を受けることになるとともに，98年4月の「早期是正措置」の導入によって，自己資本比率の維持による規制が全体として強化された。さらに，バブル崩壊の後遺症である不良債権の処理が始まり(95年度の決算から本格化する)，以後，決算におけるこの処理が毎年度著増した。

そしてこれらは，市中金融機関の融資拡張の制約条件となったが，他方，

その資金調達の面では,金融緩和政策の下で有利な環境にあった。こうして,この時期における市中金融機関の企業貸出減退の主因は,これまでの融資の主要対象であり安全な融資先である企業,とくに製造業大企業および中堅企業の市中金融機関にたいする融資需要の減少にあった,とみることができる。

企業側は,一般に,引き続く不況と経営状態の悪化のなかで(さらに「バブル」経営の見直しを迫られて)投資とその資金需要が全体として減退し,金融緩和状態の進行ぐらいでは回復しなかった。他方,企業による金融機関借り入れ需要の増加は,その経営状態の悪化,保有資産の担保価値の低落などのために困難となった。

大企業(および中堅企業)は,必要な投資資金はまず内部資金でまかない,不足資金の調達においては——超低金利状況を背景に——社債の発行を増加させた。さらに,金利コストの削減のため,借入金は極力圧縮・返済しようとした。そしてこれらの動きは,資金調達における市中金融機関への依存を低下させた(表2-18参照)。中小企業は,投資資金の融資依存がもともと高かったが,しかしこの融資需要にたいするその受給の実現は,企業経営の悪化,保有資産の担保価値の低落などによって制約され,市中金融機関の中小企業貸出の増加は低率なものにとどまった。

他方,この時期には,景気対策の一環として,政府金融機関の中小企業融資が促進され,これを背景に,中小企業による政府金融機関(中小企業金融公庫など)からの借り入れが増加した(1991-94年度——後出,表2-20参照。ただし95年度には,民間金融機関の貸出金利の低下により,中小企業の借り入れの民間金融機関への乗り換えの動きが高まり,公的金融機関の中小企業融資の増加は鈍化した)。

市中金融機関による企業融資のこうした停滞にたいして,この時期には,政府・地方公共団体へのその資金供給が増加した。[3]

すなわち,この時期には公共部門の資金不足が拡大し,資金需要・資金調達が増加し,こうした動きはとくに1992年度から高まった。市中金融機関は,これに応じて公共部門にたいする資金供給を拡張し,公共債投資(国債および地方債の引き受け・保有)や地方公共団体への貸付を増加させた。このこ

とはまた，市中金融機関にとって，対民間貸出の減少（および企業発行の株式や社債への投資の停滞）による資金運用難を多かれ少なかれカバーする役割を果たした。そして，市中金融機関によるこのような公共部門への資金供給は，政府・地方公共団体の財政赤字をまかない，景気対策のための財政支出（公共事業・公共投資）の拡大を支えた。

（1） この時期の金融情勢と市中金融機関の貸出の動きについて，『日』や『経』から適記する。

〔1991年度〕「銀行貸出が低調に推移している」。「その原因としては，……基本的には不動産等資産取引に関連した資金需要を含め，全体として景気減速に伴い企業の資金需要自体が低調化したことが大きい」（『日』1992年6月号，17ページ）。また，「……全国銀行の貸出残高の伸びは90年以降急速に鈍化している」。その背景として，企業側の資金需要の減退，借り控え，借り入れ依存の低下，銀行による融資案件の審査・管理の厳正化，を指摘する（『経』平成4年版，90ページ）。

〔1992年度〕「……市場金利，貸出金利の大幅な低下にもかかわらず，金融機関貸出やマネーサプライが低迷状態を続けたこと……は，今次金融緩和局面の大きな特徴である」。この「背景としては，……景気調整の深まり，とりわけ設備投資の大幅な減少を背景とする企業の資金需要減退を指摘できる」（以上，『日』1993年6月号，25ページ）。また，「……金融機関の貸出が低迷しているのは，基本的には，①景気低迷やストック調整の進展により設備・運転資金需要が減退していること，……など需要面の要因が大きいと考えられる」（『経』平成5年版，74ページ）。

〔1993年度〕「金融機関貸出の伸びは，期を逐って低下し，……」。これには，「①景気停滞が長期化する中で，実物投資に関連する資金需要が低迷したことに加え，②企業の財務面でのリストラの動き，③資産価格の下落に基づく企業等のリスク負担能力の低下等が影響した……」（『日』1994年6月号，12ページ）。また，「民間金融機関の貸出は低迷を続けた」。その背景としては，「景気低迷により資金需要が減退していることなど需要側の要因が大きく作用している……」（『経』平成6年版，144-145ページ）。

〔1994年度〕「……大企業を中心にバランスシート調整を目的とした銀行借入れ返済圧力が高まったこと等から，銀行借入れの低迷が目立った」

(『日』1995年6月号，26ページ)。また，「〈全国銀行貸出は〉94年6月以降11か月にわたって前年水準を下回る……」。「……貸出残高が減少するという事態は，過去にみられなかったことであり，……」「……その背景に大・中堅の製造業を中心とした既往借入金の返済圧力が働いている……」。「……企業が期限前に既往借入金を返済しようとして，約定弁済を含めた返済額が増加してきている結果，貸出残高が減少しているという〈状況が生じ〉ている可能性が高い……」（以上，『経』平成7年版，186－193ページ)。

他方，「……公共部門では所得税減税や公共事業費支出の拡大等から資金不足が拡大し，94年度の公共債発行額〈国債・政府保証債，地方債の公募分〉は既往最高の51.1兆円に達するとともに，全国銀行の地方公共団体向け貸出残高も引き続き高い伸びを続けた」（『日』1995年6月号，28ページ)。また，「80年代の国債大量発行以来，……貯蓄超過で余った民間資金を国債で吸い上げ，公共投資に振り向ける構図が定着した」(『朝日』1995年12月7日)。

〔1995年度〕「……法・個人，公団・地方公共団体に対する〈民間金融機関の〉貸出……は＋11.6兆円の増加（前年差＋13.2兆円）となり，これは公的金融機関貸出の前年比減少額……とほぼ見合ったかたちとなった。民間金融機関は，このほかにも国債，地方債等の債券取得を通じ，大幅な資金不足が続いた公共部門に対する資金供給を増加（前年差＋7.8兆円）させた。こうした民間金融機関による資金供給の増加は，主として公的金融機関からの直接的な資金供給や金融調節による日本銀行からの資金供給＋14.3兆円（前年差＋16.8兆円）で賄われるかたちとなった（95年の動きについて，『日』1996年7月号，25ページ)。

また，「民間金融機関貸出は，〈95〉年度後半に政府系金融機関からの振り替わり等から徐々に伸び率を高めたが，企業の借入れ需要は，大企業を中心に有利子負債を圧縮する動きが根強いこともあって，総じて低調に推移した」(『日』1996年6月号，2ページ)。

(2) この時期における公的金融機関融資の増加について——「〈とくに〉中小企業は資金調達において……金融機関借入に依存せざるを得ない……」が，「……金融機関の中小企業に対する貸出態度の積極化の動きが，今回は明確には見られない……」。このため，「公的金融機関の役割が重要となる」が，「……近年の公的金融機関の貸出の動きを見ると，いずれの機関も堅調

III章　金融とマネー・サプライ　193

な伸びを維持しており，云々」(以上，『経』平成5年版，77－79ページ)。

「景気後退が始まった〈91〉年には政府系金融機関の伸び率が民間金融機関の伸び率を上回った……。その後，中小企業を取り巻く厳しい経営環境の中で，政府系金融機関の伸び率が民間金融機関に比べ相対的に高い水準で推移しており，累次にわたる経済対策の効果が表われてきている……」(『中小』平成6年版，31ページ)。

「〈93年度には〉中小企業を中心に政府系金融機関からの借入増加が目立った。これは，政府の経済対策の一環として，貸付枠の拡大や融資基準の緩和などが図られたことに加え，低金利下で長期固定資金に対するニーズが強まったためであろう」(『日』1994年6月号，28ページ)。また，「〈93年には民間金融機関〉の貸出が法人企業部門の資金不足幅縮小を背景に低迷を辿った一方，〈公的金融機関〉の貸出は，財政投融資が景気拡大策として積極的に活用されたこともあり，大きく伸長した」(『日』1994年7月号，34ページ)。

(3) 「……公共部門の資金不足幅拡大は，第1次石油危機前後のそれにほぼ匹敵するものとなっている……」(『日』1994年7月号，17ページ)。「公共部門では，税収低迷，経済対策に伴う支出の拡大などから資金不足が拡大し，93年度の公共債発行額(公募分)は，既往最高の46.5兆円に達するとともに，金融機関の地方公共団体向け貸出も極めて高い伸びが続いた……」(『日』1994年6月号，29ページ)。

また，「〈93年の〉中央政府の国債による資金調達先を……みると，民間金融機関が貸出低迷に伴う運用難もあり，〈92〉年に続きシェアを高めた(〈92〉年43.2%→〈93〉年46.5%)一方，法人企業等および個人のシェアは大きく低下した……」。「……地方公共団体・公団については，〈93年の〉調達は，地方債が……大量に発行されたほか，借入金は政府金融機関，民間金融機関のいずれからも増加したことから，〈92〉年を大きく上回る高い伸びとなった(〈92〉年＋8.0兆円→〈93〉年＋12.8兆円)」(以上『日』1994年7月号，25ページ)。

(2) 1996－99年度

この時期には，さきにみたように，金融緩和政策運営がさらに推進・徹底

表 2 - 19　金融機関の中小企業向け貸出

(千億円)

年度末残高	全国銀行計	中小企業専門金融機関					合　計
		計	信用金庫	商工中金	中小企業金融公庫	国民金融公庫	
1985	1,326	468	279	81	52	57	1,794
95	2,626	790	503	116	77	94	3,415
96	2,587	777	499	114	71	93	3,364
97	2,503	774	495	113	71	95	3,277
98	2,353	790	503	114	74	99	3,143
99(年末)	2,266	794	503	113	76	102	3,059

〔備考〕　1)　運転資金と設備資金の合計。
　　　　2)　全国銀行の金額は銀行勘定と信託勘定を合わせたもの。
　　　　3)　国民金融公庫には，環境衛生金融公庫の貸出が含まれる。両者は1999年10月に統合され，国民生活金融公庫となった。
〔出所〕　『中小』各年版。

化された。しかし，バブル後に停滞した市中銀行の貸出は，1996－99年度には全体として減少を続け，この減少の動きはとくに98年度（および99年度）に強まった（表2－16，17参照）。

　まず，製造業向け貸出は，1991－95年度に引き続いて，96年度・97年度と減少した（98年度・99年度には増加へ転ずる）。非製造業向け貸出は96－99年度の間減少を続けた。このうち運輸・通信，不動産業向け貸出は増加を続けてきたが，98年度・99年度にはこれらもすべて減少となった。また，民間企業向けの企業規模別貸出では，中堅企業と中小企業向けが96－99年度と減少を続け，なかでも中小企業向け貸出の減少が著しかった。大企業向けも96年度・97年度と減少したが，98年度・99年度には回復に転じた。他方，個人向けはこの間ほぼ増加を続け，地方公共団体向け貸付は96－98年度と大幅な増加となった。

　このように，中小企業向けを中心とする企業向け貸出の減少が，この時期の市中銀行（および市中金融機関全体）の動きにおける大きな特徴であった。なお，中小企業融資に当たる金融機関の貸出は，この間も減少せず，98年度・99年度には増加の動きをみせたが，総じて停滞状態で推移した（表2－19参照）。[4]

すなわち，この時期における市中金融機関のこのような企業向け貸出の減少は，まずは全体として——とくに大企業向け貸出の減少については——，長期不況の下での設備投資の減退と，これを主因とする企業の長期資金借入需要の減少にもとづくものであった。

　しかしさらに，この企業向け貸出の減少の動きには，企業の借入需要にたいする金融機関の貸出抑制の強化（さらには既存貸出の引き揚げ）の動きが加わった。

　市中金融機関による企業貸出抑制の動きは，不良債権処理の促進と自己資本比率維持の要請，融資を望む企業の業績不振・悪化による貸出資金の不良債権化にたいする危惧，さらに1997年11月以降の金融システム動揺の高まりの下での現金準備の確保・積み増しといった，当時の金融機関側の自己防衛優先の行動にもとづくものであったが，この貸出規制の重点対象となったのが，中小企業であった。

　そして，市中金融機関のこうした動き——企業にたいする選別融資・貸出抑制の強化，さらに貸出の回収・削減——は，「貸し渋り」として大きく取り上げられることになり，その対策が政府の緊急課題の一つとなった。

　上記のように，市中金融機関によるこの時期の貸出減少・削減の対象となったのは中小企業融資であった。中小企業は，従来から営業・投資における外部資金（とくに金融機関借り入れ）への依存が高く，この時期にも，金融機関からの借入需要が大きかったが，これにたいして市中金融機関側は，融資の不良債権化（→不良債権の増加）をおそれ，融資の選別と抑制を強め，リスク金利を課し，さらに既存融資の回収を図った。

　また，この時期における中小企業の借入需要は，長期不況にもとづく全般的な業績不振・悪化の下で，営業継続のための逼迫した決済資金の調達が中心であったとみられるが，ここではさらに，設備投資の拡張を図ろうとする中小企業も，市中金融機関の融資抑制にあって，その実施を阻止されることになった。なお，その後，この中小企業向け貸出においては，信用保証組合の特別保証制度（後記）を利用したものが，1998年末から増加した。

　この時期には，市中金融機関の大企業向け融資も総じて減少したが，この

減少の主因は，大企業側の借入需要の抑制にあった。市中金融機関は，豊富な資金受給環境を背景に，不良債権化のおそれの低い大企業融資には応じたことであろうが，大企業は，全体として，設備投資の抑制を続けており，必要な設備投資も自己資金でまかなおうとし（または，自己資金の範囲内にとどめようとし），さらに，既存の借入資金は極力整理・返済しようとした。そして，年末・年度末対策など手許資金の確保・増加のための外部資金調達の必要については，調達コストの低い（さらに日銀の買オペの拡大で支援された）社債やCPの発行によって(8)（および銀行の当座貸越を利用して），これをまかなおうとした(なお，この社債やCPによる資金調達は，主として短期資金の入手のためであり，このうち社債の発行には設備資金調達の目的も加わっていたが，しかしこの比重は低かったであろう）。

なお，1999年度になると，金融機関の貸出抑制態度の緩和が指摘されるようになったが，貸出の減少はなお続いた。これは，98年度に高まった手許資金の保有増加のための企業の借入需要が低下し，企業金融の逼迫が全体として薄れるとともに，投資の停滞にもとづく企業の融資需要の減少が続いたことによるものであった。

（4）この時期の金融の動きについて，『日』などから摘記する。

〔1997年度〕「……金融機関の貸出態度の慎重化は，企業マインドや投資・支出行動への影響を通じて，景気に対し下押し圧力となって働いたとみられる。このように，実体経済に対する金融面の影響が強まったことが，97年度経済の特徴の一つと言えよう」(『日』1998年6月号，29ページ)。

「民間金融機関の貸出姿勢〈は〉，〈97年〉11月以降……抑制色がとくに強まった。これは，①……98年4月からの早期是正措置制度の導入を控えて，金融機関のリスク管理が一段と強化される方向にあったところへ，②金融不安の台頭とともに株安・円安が進行したことから，自己資本比率規制上，自己資本面での制約が厳しくなったことや，③一部の金融機関では，預金吸収やインターバンク市場での資金調達面での懸念を強めたこと，などが加わったためである」(『日』1998年6月，78ページ)。

Ⅲ章　金融とマネー・サプライ　197

また,「……〈97〉年末以降,民間銀行の貸出姿勢が厳しくなっており,その影響が,中小企業の資金繰り等に顕著に表われている。また,そうした下で,非製造業中小企業といった銀行借入れへの依存度がもっとも高い部門の設備投資がとりわけ大きく落ち込んでいるといった点を踏まえると,最近の設備投資減少には,……企業収益悪化などに加え,金融面の変化が少なからず影響を及ぼしている可能性が窺われる」。「〈民間銀行の厳しい貸出姿勢と企業収益の急速な悪化によって〉企業の資金調達環境は厳しさを増している。このため,企業の間では,資金繰りに対する不安感が高まっており,投資を極力抑制して手許資金を確保しようとする動きが広がりつつある。云々」(97年末から98年秋頃の状況,『日』1998年11月号,26ページ)。

〔1998年度〕「……〈98〉年秋まで民間金融機関の融資姿勢が慎重さを強めていった背景は,①中期的な観点からの金融機関経営の健全化,②民間金融機関自身の自己資本面の制約,③同じく資金繰り面の制約,④景気悪化に伴う企業の信用リスクの高まり,という4点であった」(『通貨及び金融』1999年6月,50ページ)。

また,「……設備投資など実体経済活動に根差した資金調達ニーズは後退していたにもかかわらず,民間金融機関の慎重な融資姿勢を踏まえて,手許資金を予備的に確保しておこうとする意識が働き,〈企業の〉資金需要はむしろ拡大した」。そして,「〈中堅・中小企業は市中金融機関の貸出抑制を受け,大企業は,海外拠点への送金の必要,転換社債の大量償還(99年3月)に備える資金手当などのため〉,年末や年度末に向けての企業金融の逼迫感は強まった。こうしたもとで,高格付け企業は資本市場からの資金調達(社債,CP発行)を,中堅,中小企業は政府系金融機関からの借入れを,それぞれ大幅に増加させた」(98年秋から年末頃の動き,同上,48-49ページ)。

〔1999年度〕上期:「……〈99〉年度上期を通じて民間銀行貸出が減少を続けたのは,主として企業の資金需要の低迷を反映したものであり,民間銀行の貸出姿勢自体は,なお慎重な面を残しているとは言え,〈98〉年度にみられたような極端な慎重さは影を潜めてきた……」。また,「……実体経済活動に根差した資金調達ニーズが引き続き後退したほか,……手許資金確保の動きも徐々に沈静化した。……キャッシュフローの好転した大企業を中心に既存の借入れを返済する動きが目立つようになった。これらの結

果，民間企業の資金需要は一段と落ち込んだ」(以上，『通貨及び金融』1999年12月，43-44ページ)。下期：「〈99〉年度下期を通じて民間銀行貸出が前年比マイナスを続けたことの背景としては，基調として，民間銀行が慎重な融資姿勢を維持したということもあるが，より基本的には，企業の資金需要が低迷を続けたことが大きく作用した……。しかし，そうした資金需要の低迷は，企業の支出活動が一段と消極化したことを示すものではなく，景気が持ち直す中で企業のキャッシュフローが好転したことによる面が大きい」。「……企業金融を巡る逼迫感が〈99〉年度下期中を通じて和らぐ方向にあった……」(以上，同上，2000年6月，41ページ)。

また，「金融機関の貸出は依然として低迷している。(中略)こうした貸出の低迷は，基本的には，……資金需要の弱さを背景としたものである……」(『経』平成12年版，113ページ)。「……企業は〈資金需要にたいして〉主として内部資金調達で対応しており，借入金はできる限り圧縮しようとする傾向が見て取れる。……近年の銀行貸出の低迷の主な理由は資金需要の低迷である……」。なお，「〈金融機関貸出態度判断ＤＩによれば〉大企業・中堅企業が〈99年〉9月調査以降『緩い』超に転じる一方で，中小企業は依然『厳しい』超の状態にある」(以上，同上，132ページ)。

(5)「……金融機関の貸出態度の慎重化，いわゆる『貸し渋り』，云々」(『経』平成10年版，6ページ)。この「貸し渋り」が激化したのは，98年1月-9月頃であったとされる。

「貸し渋り」について，1997-98年の新聞記事(『朝日』)より摘記すれば──「銀行の貸し渋り……の悪影響が目に見えて広がってきた」(1997年12月20日)。「企業にたいする金融機関の『貸し渋り』がひどくなってきた」(1998年1月14日)。「貸し渋り，中小企業に集中」(大蔵省と通産省の各実態調査〔98年3月〕の紹介，1998年4月1日)。「『貸し渋り』傾向が一段と鮮明になっている」(日銀の銀行貸出調査・98年3月にもとづく)。「銀行は巨額の不良債権処理を迫られる一方で……自己資本率を向上させる必要もあり，『分母』となる貸出資産の圧縮に乗り出している」(以上，1998年4月15日)。「『貸し渋り』は『回収の本格化』という新たな段階に入った」(1998年10月16日)。

『中小』より──「〈97年秋頃-98年秋頃に〉最多借入先〈金融機関〉の貸出態度が厳しくなったことを示す具体的な行動としては，……担保・保証条件の強化や……与信拒否が多い」として，次の注6に記した点を掲げ

る（平成12年版，314ページ）。

　また，98年10月，「特別保証制度」の創設以降は，「『厳しくなった』という〈中小〉企業が大幅に減少し，『緩くなった』という企業が増加している。〈これを〉示す金融機関の具体的行動としては『信用保証付であれば必要額を貸してくれるようになった』が69％と高くなっている。云々」。なお，「〈99〉年3月，大手金融機関を中心に公的資金による資本増強（第二次）が行われたが，その条件として，金融機関は……中小企業向け貸出の推進を盛り込んだ。一方で，金融機関は，自らの経営の健全化のため，……貸倒リスクに応じた金利の徴求などを進めている。（中略）『以前よりも高い金利を求められた』を挙げる〈中小〉企業割合が上昇傾向にある」（以上，同上，315−316ページ）。

（6）　中小企業の資金調達状況について，『中小』より摘記する。

　〔1997年〕「……中小企業を巡る資金調達状況は，〈97〉年半ば以降急速に悪化している」。「……大企業は自己資本の充実から借入金への依存度を低下させているのに対して，中小企業では自己資本が充実していないことから，借入金，特に長期借入金への依存が高まっている……」。

　「……資本調達状況における最近の中小企業と大企業との格差の背景には，企業の業況等の問題のみならず，土地価格の下落に伴う担保価値の下落や，中小企業への貸出に関する金融機関側の姿勢の変化，いわゆる『貸し渋り』といった問題が存在していると考えられる」（以上，平成10年版，32−33ページ）。

　〔1998年〕「〈97〉年10−12月期に急激に厳しくなった民間金融機関の貸出姿勢は，〈98〉年も目立って緩やかになっておらず……」。中小企業にたいして厳しくなった点では，「『信用保証付きを条件とされた』が最も多く，以下『借入申込みを拒絶された』，『担保・保証人の追加を求められた』，『政府金融機関の利用を勧められた』，『申込額を減額された』と続く」（中小企業庁「企業経営実態調査」1998年11月による；平成11年版，382ページ）。

　中小企業の資金需要について──「……売上増加企業には増加運転資金や……設備投資資金の需要が考えられ，赤字企業については赤字補填資金の必要性によるものと考えられる」（同上，381ページ）。取引金融機関の貸出姿勢が厳しくなった理由については，借手側企業のうち中小企業の40％，大企業の70％以上の企業が「『金融機関側の経営問題』を挙げており，『貸し渋り』の影響を強く感じとっている……」（中小企業庁の調査，1998

年11月による；同上，390ページ)。

　また，「……中小企業の設備投資低迷の主因は，資金面よりも業況面にある……。しかし，〈98〉年になって，『資金調達難』を挙げる企業が増加しており，金融機関の慎重な貸出姿勢が，借入依存度の高い中小企業の設備投資にとって副次的な抑制要因として影響しつつある……」(中小企業庁「企業経営活動実態調査」1998年12月による；同上，367-368ページ)。

(7)　中小企業の設備投資にたいする市中金融機関の融資抑制の影響について──「……97年度は，企業金融面から設備投資に対する制約が強まったと考えられる」。「……金融機関の貸出姿勢慎重化は，国内売上げの低迷と相俟って，とくに中小企業の資金繰りを厳しくさせ，その設備投資に対し抑制的に働いたとみられる」(以上，『日』1998年6月号，38ページ)。

　「……97年度後半以降設備投資が減少した要因をみると，景気の減速を背景に金融機関が貸出態度を慎重化させるなか，借入依存度が高い非製造業や中小企業の資金制約が強まり，そうした企業の設備投資が抑制されたという要因が特徴として挙げられる」(『経』平成11年版，10ページ)。

　「……最近の設備投資の低迷については，総需要の低迷や収益率・実質金利といった実物的な要因が大きく影響しているものと考えられるが，いわゆる『貸し渋り』が影響を与えたと考えられる」。「……『貸し渋り』は，多様な資金調達手段を持つ大企業に比べて中小企業により大きな影響を与え，中小企業を中心に設備投資全体にも影響を及ぼした可能性がある」(98年の状況，『経』平成10年版，60-61ページ)。「……とくに〈98〉年10-12月には，企業金融面での逼迫感の強まりが，設備投資の減少に拍車をかけたとみられる」(『通貨及び金融』1999年6月，10ページ)。

　また，98年における中小企業の設備投資の大幅な減少については，「この要因として，第一は需要の低迷による収益の悪化が中小企業の設備投資により強く影響したこと，第二に〈金融機関の〉貸し渋りが中小企業により強く影響したこと，が考えられる。云々」(『現況』平成11年版，27ページ)。

(8)　企業によるこの時期の社債とCP発行の増加について付記する。社債の発行は，とくに1998年に著増した。これは，一般にはまず，超低金利状況を背景とする低金利・低コストの資金調達手段として増加したものであったが，この時期の著増は，とくに金融システム不安の高まりの下で，資金調達難に備えるための手許資金確保の手段としてであり，また，さきに増

Ⅲ章　金融とマネー・サプライ　201

発した転換社債の大量償還（とくに99年3月）を控えた資金確保のためであった。そして企業は，この社債発行（この消化の主体は各種の機関投資家であった）で調達した資金を，主として銀行預金の形で保有した。

98年における社債発行の増加について──「……金融システム不安発生から，一般に信用リスクや流動性リスクに対する警戒感が高まる下で，一部の企業は，……資金を前倒しに調達しようとした」。「普通社債〈は〉，〈98〉年明け以降発行が急増しており，その期間別内訳〈では〉，5年未満の短期物のシェアが高まった。このことは，設備投資資金ではなく，運転資金調達のために社債が発行されたケースがかなり含まれていた可能性を示している」。また，CP発行の増加（後述）を含めて，「〈こうした〉『借り急ぎ』あるいは『借り溜め』の動きは，あくまで資本市場での調達が可能な優良大企業が中心であった」（以上，『日』1998年6月，82ページ）。

CPの発行による資金調達は，97年・98年に増加した。この発行はまた，日銀のCP買オペの拡大によって促進された。このCPの発行は，上記の社債の発行とともに，この時期における大企業の資金調達の主要手段として利用された。発行の増加は，社債のばあいとほぼ同じ目的によるものであり，調達した資金はまた，主として企業の手許資金（預金）として保有されたとみられる。そしてこのCP発行による企業の資金調達は，日銀の買オペによって大きく支援され，その大部分は，日銀の通貨供給によって直接的にまかなわれた（これについては，さきに第1部Ⅰ章でみた）。

(3) 概　括

市中金融機関のこの時期の融資行動について，金融システム不安が高まった1997年度・98年度における市中銀行の状況を中心に，ここで要約してみる。

まず市中金融機関は，資金調達の面では，日銀による「潤沢・豊富な」，超低金利（1999年2月からは実質ゼロ金利）での資金供給に支援され，その資金繰りは全体として十分に確保された。また，これを背景に，97年末に高まった金融システムの動揺も98年末には沈静化に向かった。そして市中金融機関は，超低金利預金を含む資金調達におけるこうした好環境にもとづいて，その資金の供給の面でも，金利を低下させ，供給量を増加させることが可能となったが，しかし，この時期の市中金融機関の企業融資は，増加せずに縮

小を続けた。こうして,景気対策としての金融緩和の推進は,資金供給の面から企業投資を刺激し経済活動の活発化を促すという,その役割を果たすことはできなかった。

市中金融機関のこの時期の資金運用行動においては,安全確保・自己防衛第一の姿勢が強く現われた。

すなわち,上記のような低金利・低コストでの豊富な資金供給という,金融緩和政策にもとづく資金調達面での絶好な環境をどう利用するか,これは市中金融機関の行動に委ねられることになる。市中金融機関は,日銀の供給する潤沢な資金を,まず自己の資金繰り(現金準備)の確保に充て,この保有をさらに積み上げた。そして,資金の運用では,国債・地方債の保有や地方公共団体向け貸付の増加をはじめとして,安全確保を図り,企業融資については,不良債権化をおそれて抑制し削減させた。しかしまた,こうしたなかで信用保証協会の債務保証枠が拡大されると(後述),市中金融機関は中小企業融資の増加にこれを抜けめなく利用した。

市中金融機関のこのような行動の背後には,自己資本比率の維持の下で不良債権処理の促進を迫られるとともに,自己の存立基盤が揺らぎ,「生き残り」に没頭せざるをえない,という金融業の最近の状況があった。他面では同時に,市中金融機関にたいする企業の借入需要(とくに市中金融機関にとって返済の確実な融資需要)は低調であり,あるいは減退するという状況があった。

融資需要側の企業は,まず全体として,長期不況の下で(さらにその早期回復の期待をもちえないことから),設備投資の抑制・縮小を続けた。

このうち,市中金融機関にとって不良債権化のおそれの低い融資対象である大企業では,必要な設備資金は自己資金で極力まかなおうとした。大企業はこの時期に,低コストの調達環境を利用して社債やCPの発行による資金調達を増加させたが,これは主として,金融システム不安の高まりの下で,手許資金の確保・増加を図るためのものであった。

中小企業は,資金調達における市中金融機関依存がもともと大きく,この時期にも融資需要が高かった。しかし,この融資需要は,業績不振・悪化の

下で，主として逼迫した決済資金（営業維持資金）の入手のためであり，これは不良債権化をおそれた市中金融機関の拒否するところとなった。さらに，設備投資を図ろうとする中小企業の融資需要も，「貸し渋り」にあって抑えられ，設備投資の足を引っぱられることになった。

この時期の市中金融機関による資金供給は，全体として，政府（および地方公共団体）の資金需要をまかない，これを通じて，政府の景気対策の拡大を資金的に手助けする役割は演じたが，企業投資の拡張（→経済活動の拡大）には積極的な役割を果たさなかった（あるいは，その役割はきわめて弱かった），ということができる。

この時期の，金融緩和政策推進の下でのこうした市中金融機関の態度は，基本的には，借り入れによって調達した資金を返済を条件として供給を行なうという，私的営利企業の取引としての融資活動の，企業投資の拡張推進にたいする有限性，とくにその今日的な限界を表わすものといえるだろう（さらに，企業投資の停滞・減少は，金融活動や低金利による融資の働きかけのみでは打開できない問題である)。[10]

(9) 市中銀行の資金調達・運用の最近における改善の動きは，その決算の上に端的に示されている。例えば，「全国銀行」の1998年度・99年度決算では，全体として，資金の調達コストの低下＞運用利回りの低下，によって利鞘（総資金利鞘）が増加し，99年度決算では，経常利益が計上され，業務純益も対前年度増加に転じた。

これについて――「〈99〉年度のコア業務純益は比較的高水準となったが，これは，①〈99年2月〉のゼロ金利政策導入を受けて，資金調達利率が低下した一方，多くの金融機関において，貸出スプレッドの改善を図る動きがみられ，資金運用利回りの低下幅が相対的に小幅に止まったこと（利鞘拡大による資金利益の増加），②職員・店舗数削減等の合理化努力により，経費が引続き減少したこと，などによるものである」（『日』2000年8月号，79ページ）。

(10) こうした状況の下で，企業投資の早期回復・増加を図ろうとすれば，例えば，当面考えられるのは次の三つの方策，およびそれらの組み合わせと

いうことになろう（もとよりこれらは，他方で，ひどい副作用を伴うものであるが）――

①まず，企業にたいする資金供給の増加を図るには，日銀が，民間企業発行の社債やCPなどを――市中金融機関を中継ぎとして――直接的に引き受ける（そして，これに係わるリスクは不換中央銀行券の発行権をもつ日銀が負う）。ただしこれも，企業にとっては返済義務を伴う資金の受給である。資金需要の増加を図るには，同時に他方で，その返済を可能にする投資機会の拡大するような経済環境が作られる必要がある。

②日銀が国債を直接的・間接的にせっせと引き受け，財政支出・公的需要を拡大し（赤字財政の後始末はさて措き，無駄遣いであろうとなんであろうと），企業にたいする需要付与の面から投資の拡大を図り，こうして，企業の融資需要（市中金融機関にとって安全な）の増加を図る。

③既存企業にたいしては，旧設備の整理を強行させ，設備投資の再増を促すとともに，企業自体の整理・淘汰を促進する。併行して，新企業・新投資の創出（現在政府が煽っているようなベンチャー企業の創設や「IT革命」関連事業の拡大による新投資）を促す。

【付】政府の融資促進対策

上記の市中金融機関の企業貸出減少の動きに関連して，この時期の政府による企業融資促進対策について付記する。

市中金融機関による「貸し渋り」の動きは，1997年末から甚だしくなったが，政府（および日銀）のこれへの対策は，主として，政府金融機関による融資の拡大と信用保証協会の債務保証制度の拡充であった。そしてこれらの措置は，年末・年度末に向かって逼迫した中小・中堅企業の資金繰りの救済・緩和を目指すものであった。

①政府金融機関による中小企業融資の拡大。この動きとして国民金融公庫と中小企業金融公庫の融資についてみると，両者は1998年・99年に（97年末から）増加した。[11]（表2－20参照。なお，融資額では，住宅金融公庫の住宅ローンが政府金融機関融資の主体であるが，これは景気対策の一環として，最近ではとくに96年・97年に拡大した）。

②政府による「中小企業金融安定化特別保証制度（貸し渋り対応特別保証

表 2 - 20　政府金融機関の貸出（1991-99年度）

A. 公的金融機関の貸出　　　　　　　　　　　　　　　　　　　　（百億円）

年度中	I 計	うち民間非金融法人企業	住宅貸付	II 計	法人企業	個人
1991	2,642	298	323	1,207	836	371
92	3,121	240	424	1,377	931	446
93	4,293	626	678	1,541	889	652
94	3,976	236	855	1,344	501	843
95	1,597	△ 37	△ 10	42	107	△ 65
96	2,765	△ 15	592	323	△ 156	479
97	2,121	△ 8	278	347	97	250
98	2,021	188	△ 64			
99	2,463	△ 78	189			

〔備考〕　Ⅰは，日銀「資金循環勘定」（金融取引表）の新統計による。
　　　　Ⅱは，公的金融機関貸出のうち，法人企業と個人向けについて。同上，旧統計による。

B. 政府金融機関の貸出（金融機関別）　　　　（対前期比，％）

年末	国民金融公庫	住宅金融公庫	中小企業金融公庫
1991	6.5	8.2	6.2
92	7.4	8.8	7.2
93	10.3	13.8	7.8
94	4.1	15.4	0.1
95	△ 0.9	4.4	△ 12.7
96	△ 1.3	6.5	△ 6.2
97	0.3	5.2	△ 4.2
98	7.0	△ 0.4	5.7
99	13.9	3.0	2.5

〔備考〕　国民金融公庫は1999年10月より国民生活金融公庫になった。
〔出所〕　日銀調べ「政府関係機関の貸出残高」より摘記。

制度)」の創設(12)(1998年10月)——信用保証協会の債務保証制度を拡充し,全国の同保証協会による保証枠を,1998年10月から2000年3月まで20兆円とする。また,日銀の対策として「企業金融支援のための臨時貸出制度」の創設(98年11月)があるが,これについては,第1部Ⅰ章で記した。

　上記の債務保証制度の拡充は,98年10月の実施以来,市中金融機関によっていち早く活発に利用されるところとなった(13)。信用保証協会の債務保証のついた中小企業融資は,市中金融機関にとって「信用保証付き」,「貸し倒れ保険付き」の安全な融資であり(これによる融資が返済不能となれば,その返済は結局,中小企業信用保険公庫を通じて財政の負担で行なわれることになる),この債務保証枠の拡大は,市中金融機関にとって,当面格好な融資増加の手段となった。さらにここでは,中小企業への既存融資を,これに乗り換えさせるという動きも生じた。

　こうして,この制度の拡充は,市中金融機関の安全な融資拡張の手段となって「貸し渋り」の緩和に役立ち,98年の年末・年度末における中小企業の決済資金の資金繰り逼迫の緩和(→倒産拡大の抑制)に寄与するものとなった。そして,ここでもやはりまた,融資の不正取得の多発や仲介利得者の輩出が報じられるとともに,さらに99年以降,この保証融資の焦げつきが増加するようになった。

　(11)　「……政府系金融機関の企業向け貸出は,〈97〉年秋の緊急経済対策や〈98〉年春の総合経済対策に基づく融資枠の拡大等を受け,〈97〉年末以来,増加傾向を持続している」(『通貨及び金融』1998年11月,34ページ)。「……政府系金融機関の企業向け貸出は,中小企業向けを中心に着実な増加傾向を続けたが,伸び率は徐々に鈍化した」(98年10月－99年3月の動き,同上,1999年6月,47ページ)。なお,99年4月以降,この貸出は「中小企業の資金調達が民間銀行の信用保証付融資に振り替わったことなどを受けて,伸び率が大きく鈍化した」(同上,1999年12月,42ページ)。

　　また,「政府系金融機関は,民間金融機関の貸出態度慎重化により中小・中堅企業等に対する必要な資金供給が妨げられることがないよう,積極的に融資を行っている」。「……景気が低迷している場合に政府系金融機関が

積極的に融資を行うことで景気循環を安定化させる機能を果してきた……」（以上，『経』平成10年版，285，287ページ）。

(12) この制度には，その後，信用保証の対象を中堅企業にまで広げるなどの措置が加わるとともに，期限がさらに1年延長され，保証枠も10兆円追加された（計30兆円，1999年10月）。

　この制度が多く利用された時期は，98年10月－99年3月であったといわれ，また，1998年10月－2000年5月の間，中小企業の約20％がこの制度を利用したとされる（『経』平成12年版，40ページ）。

　なお，1998年10月の本制度の創設から2000年9月までの実績として，利用件数（承諾件数）は全国で147万5746件，総額23兆6197億円。このうち倒産などによる返済不能（保証協会による代位弁済）は約2万6000件，総額4008億円（融資額の1.7％）。またこの代位弁済の回収率は2.7％（2000年6月現在）。以上，『朝日』2000年10月17日（中小企業庁の資料による）。

(13) この制度をめぐる当時の動きについて摘記する。

　日銀資料：「……企業収益の悪化から借り手の信用リスクが一段と強まったにもかかわらず，信用保証制度が拡充されたことにより，民間金融機関は信用保証付きで中小企業向け融資に応じることができるようになった」（『通貨及び金融』1999年6月，50ページ）。

　「……各金融機関とも信用保証制度の活用には積極的に取り組んできており，信用保証協会による保証承諾額も大幅に増加している」。「……〈98〉年末以降の企業金融は，政府による信用保証制度の拡充措置，日本銀行による潤沢な資金供給やオペ，貸出面の措置の実施などを背景に，……逼迫感が幾分和らいできている……」（以上，99年1月の報告，『日』1999年2月号，24，26ページ）。また，「……民間金融機関は，基本的に慎重な融資姿勢を維持しているが，信用保証制度の活用に引続き積極的である」（99年2月の報告，同上，1999年3月号，28ページ）。99年3月の報告も同様な記述が続く。

　『中小』：「……信用保証協会の保証承諾額は，〈98〉年以降増加基調にある。特に〈98年〉10－12月期は新設された特別保証制度に対して申込みが殺到したために，著しい増加となっている」。「……政府系金融機関からの借入れや，信用保証協会の利用は，現下の中小企業の有効な資金調達手段の一つになり得ている……」（以上，平成11年版，385ページ）。また，「特別保証制度」による借入金の使途について，「『売上減等による赤字補塡資

金』といった後ろ向き需要の割合が高い。〈この制度〉が，当時のパニック的な信用収縮に対応し，その結果としての中小企業の倒産を回避するための緊急避難的措置として機能した……」（平成12年版，331ページ）。

『現況』：「98年末から99年初めにかけての倒産件数の大幅な減少は，98年10月に導入された中小企業金融安定化特別保証制度によるところが大きい」（平成12年版，87ページ）。

新聞記事：「信用保証制度は，融資先の中小企業の返済が焦げつくと，各地の信用保証協会が肩代わり返済する公的な『貸し倒れ保険』だ」。「……都銀などは『危ない』とみなす融資先に〈拡充された信用保証制度〉を利用させ，実質的に資金回収もしている」（以上，『朝日』1998年10月16日）。「金融機関が〈特別保証制度〉を利用した貸し付けの見返りに，旧債権を回収している実態などが報告され，〈全国商工会連合会〉は『中小企業への支援策を銀行が資金回収に利用しているおそれもある』と警戒している」（同連合会の98年10月末調査，同上，1998年11月22日）。「〈某都銀では〉格付けの低い企業には新規融資をストップしていた。ところが，〈98年〉10月からはそうした企業向けの営業活動が過熱した。(中略)銀行自らの融資分を返してもらい，国の保証がついた資金を貸し出せば，銀行の『不良債権』も優良債権に一変する。『付け替え』の動きが進んだ」（同上，1999年5月7日）。

また，「無担保でも5千万円の融資が受けられ，利用の9割は無担保融資だった」。「……もともと保証条件は緩やかで，国は最大で融資総額の10%程度が返済不能に陥る可能性があると見ていた」。そして，「〈この〉特別保証制度などをめぐり，保証条件を満たさない業者が，仲介者に依頼して申請関係の書類を改ざんするなどして保証を受け，融資を不正に引き出していた」。「仲介者は……業者から融資額の数%から二十数%を手数料として受け取る一方，協会や東京都に対する『口利き』を都議らに頼み，見返りとして資金提供した疑いもある……」（以上，同上，2000年10月17日）。

2 マネー・サプライの動き

これまでみた金融の状況と関連させて，1991-99年のマネー・サプライ（以下，M・Sと略記）の動きを概観する。

表2-21 マネー・サプライの動き(1)（平均残高，1991-99年）

(対前年比増減，%)

年	M₂+CD 計	M₁ 計	現金通貨	預金通貨	準通貨	CD
1990 (兆円)	483	111	31	80	361	10
91	3.6	5.2	2.4	6.2	3.6	△ 11.2
92	0.6	4.5	2.4	5.4	△ 0.4	△ 8.1
93	1.1	3.0	3.9	2.6	0.2	11.4
94	1.2	5.4	5.0	5.5	1.4	△ 16.4
95	3.0	8.2	5.2	9.3	0.9	18.9
96	3.3	13.7	8.8	15.5	△ 1.9	51.1
97	3.1	8.8	7.7	9.1	△ 0.4	29.1
98	4.0	8.1	8.5	8.0	1.3	19.2
99	3.6	10.5	5.3	12.2	1.4	△ 19.1
99 (兆円)	616	213	50	163	385	18
90年対99年	27.5%	91.9%	61.3%	2倍	6.6%	80.0%

〔備考〕 1) △は減少を示す。
2) これらの数字は，M₂+CDの集計対象機関の変更などのため，前年との対比で「不連続」のものが多いが，本表ではこの点の指摘を省略している。

〔出所〕 日銀のマネー・サプライ統計。1991-94年は日銀『経済統計年報』，95-99年は同『金融経済統計月報』による。

【付表】

(1990年対99年，%)

マネー・サプライ (M₂+CD平均残高)	27.5 (年対比)
GDP（名目）	12.5 (年度対比)
国内卸売物価	△ 8.0 (年度対比)
消費者物価	9.3 (年対比)

表2-22 マネー・サプライの動き(2)(年末残高,1991-99年)

(対前年末比増減,%)

年末	M₂+CD 計	M₁ 計	現金通貨計	預金通貨 計	預金通貨 うち一般法人	預金通貨 個人	準通貨 計	準通貨 うち一般法人	準通貨 個人	CD
1990(兆円)	505	120	37	82	38	43	375	142	208	10
91	2.3	9.5	1.9	13.0	23.3	4.4	0.3	△10.3	6.3	△11.5
92	△0.2	3.9	0.3	5.3	6.2	3.5	△1.5	△6.4	1.9	△1.5
93	2.2	7.0	7.2	6.9	7.9	5.9	0.5	△3.1	3.0	△0.5
94	2.8	4.2	3.7	4.3	0.4	8.6	2.6	2.2	4.0	△15.4
95	3.2	13.1	9.2	14.6	5.7	23.7	△1.4	△4.0	0.3	39.6
96	3.0	9.7	6.2	11.0	7.6	14.1	△1.1	△7.6	2.3	38.5
97	3.9	8.6	7.4	9.0	2.9	14.1	0.3	△4.4	2.6	34.9
98	3.6	4.6	3.0	5.1	3.9	5.7	3.2	4.5	3.5	0.6
99	2.7	11.7	9.4	12.5	18.3	8.3	△1.2	△6.7	1.2	△20.9
99(兆円)	638	240	59	180	77	100	383	98	268	15
90年対99年	26.3%	2倍	59.5%	2.2倍	2倍	2.3倍	2.1%	△31.0%	28.8%	50.0%

〔出所〕 表2-21と同じ。

(1) 1991-94年

バブル景気の拡大のなかで,1987-90年を中心に,毎年度10%以上の著増を続けたM・S(M₂+CD)は,バブルの崩壊を契機に91年には3%台へ急低下し,1992-94年と毎年2%前後の低い伸びとなった[14](表2-21,22)。そして,このようなM・S増加率の停滞は,バブル後の不況の激化を象徴するものとして一般に強調された。

まず,M・Sのうち,伸び率の低下が著しく,M・S全体の伸び率低下の主因となったのは準通貨(定期預金)であり,とくに企業保有の準通貨であった。他方,M₁(個人・企業の保有)と個人保有の準通貨は,低率ながら——その伸び率はバブル期に比べて大幅に低下したが——増加を続けた。企業保有の準通貨は,バブル期に著増し,企業の余裕資金の保有形態(むしろ運用形態)の一つとなっていたが,バブル後の経営悪化のなかで営業資金として取り崩され,急減した。

表 2-23 マネー・サプライの動き(3)（供給要因の指標，1991-99年）

(千億円)

年　中	1991	92	93	94	95	96	97	98	99
M_2+CD 増減(△) 額（年末残高）	114	△9	114	146	174	165	222	215	165
対外資産	127	102	67	28	△41	114	△100	14	
国内信用・計	175	181	157	△21	83	115	48	108	216
財政部門向け	△105	42	86	△62	△35	39	12	95	330
⎰国債	△95	73	48	△23	14	47	21	78	348
⎱公社・公団・公庫債	△1	△5	△1	△9	△10	△15	△10	△18	△27
地方公共団体向け	2	10	25	24	24	9	7	17	10
⎰貸出	4	9	15	14	13	5	11	13	△1
⎱地方債	△2	2	11	10	11	4	△5	4	12
民間向け	277	129	45	18	94	67	29	△4	△124
⎰貸出	241	115	29	△18	67	39	33	△6	△120
⎱事業債・株式	37	14	16	36	27	28	△4	2	△5
その他	△188	△292	△110	139	△24	91	60	206	△65
金融債増減(△)	△66	△40	15	5	17	1	85	112	2
信託勘定借増減(△)	△32	△86	△42	△13	20	44	62	51	△9
信託・投信等増減(△)	△30	△9	△23	△1	△7	△6	△12	△9	△4
金融機関預金増減(△)	△14	△33	△131	40	△105	28	2	56	77

〔出所〕　日銀「マネーサプライ（M_2+CD）増減と信用面の対応」。

　この時期のM・Sの動きをその供給面からみると（表2-23），M・Sの増加——低率であったが——の主因となったのは，まず91年・92年には，これまでと同じく金融機関の「民間向け信用」の増加（貸出の増加を主体とする）であったが，しかし93年・94年のM・Sでは，この金融機関の民間向け信用の伸びが急低下した。さきに1節でみたように，この背景には民間企業の資金需要の減退があり，市中金融機関による融資拡張の抑制の動きがこれに加わった。

　これにたいして，この時期には，政府や地方公共団体にたいする「公共部門向け信用」が増加し，これを通じたM・Sの増加が，M・S全体の伸びの低下を供給面で下支えする役割を果たした。こしてこれを促したのが，さきにみた政府の景気対策の拡大とこれにもとづく公共部門の資金需要の増加であり，市中金融機関の国債の引き受け・保有の増加によって政府に供給された資金は，政府の財政支出を通じてM・Sの増加をもたらし，また，地方公共団体にたいする資金供給の増加（貸出や地方債引き受けの増加）は，直接

的にM・Sの増加をもたらした。

なお，1991－93年には「対外資産（短期）」が，M・Sの増加要因として寄与した。これは，この時期におけるわが国の外貨保有——公的部門（政府・日銀）と市中金融機関の外貨保有——の大幅な増加が示すように，市中金融機関による企業や個人（非金融機関部門）からの外貨買い入れ（→円貨の供給）の増加の動きにもとづくものとみられる。

(14) 1991－94年度のM・Sの動きについて，『日』と『経』の説明を摘記する。

〔1991年度〕「〈M・S〉は総じて伸び率低下傾向をたどった。もっとも，〈M・S〉は過去かなり高い伸びが続き，残高としては相当高くなっているため，経済活動水準と対比しても〈M〉が過少になっているとはみられない。また〈M・S〉の伸び率低下は，主に，不動産取引に関連した資金需要を含め全体として企業の資金需要が低調化していることによる貸出の伸び悩みや，郵便貯金等他の金融資産へのシフト・アウトによるものである」（『日』1992年6月号，1ページ）。「〈M・S〉の低い伸びは，主として銀行貸出が低調に推移していることによるものであるが，その原因としては，……基本的には……全体として景気減速に伴い企業の資金需要自体が低調化したことが大きい」（同上，17ページ）。

また，「……最近における〈M・S〉の伸びの鈍化は，名目総需要の伸びの鈍化の他，資産総額の減少を反映した通貨需要の鈍化等も影響している……」。「……〈M・S〉の伸びの鈍化が基本的に資金需要の弱さを反映したものであり，信用収縮が生じているわけではない……」（以上，『経』平成4年版，215ページ）。

〔1992年度〕「今回の景気調整局面における金融面での動きで，最も特徴的であり，かつ多くの議論を呼んだ問題がマネーサプライの低迷であった」。「マネーサプライ（M_2＋CD）の前年比増加率がマイナスとなるという事態は，戦後，マネー統計が整備された55年度以来初めてのことである」（以上，『経』平成5年版，81ページ）。

「……市場金利，貸出金利の大幅な低下にもかかわらず，金融機関貸出やマネーサプライが低迷状態を続けたこと……は，今次金融緩和局面の大きな特徴である」。この「背景としては，……景気調整の深まり，とりわけ設

備投資の大幅な減少を背景とする企業の資金需要減退を指摘できる」(以上,『日』1993年6月号, 25ページ)。また,「〈M・S〉は, ①〈景気調整の深まり, とりわけ設備投資の大幅な減少を背景とする〉企業の資金需要の減退に加え, ②資産価格の下落や企業の両建て取引圧縮等, 前回金融緩和期にみられた現象の『巻き戻し』等から, 低迷基調をたどった」(『日』1993年6月号, 9ページ)。このM・Sの伸び率の低下は,「決して実体経済活動との対比で過度に収縮したものとはみられない」(同上, 1993年7月号, 35ページ)。

〔1993年度〕「……金利水準の大幅な低下にもかかわらず,〈通貨・信用量は〉引き続き低い伸びで推移した」。「民間金融機関の貸出が低迷する中で,〈M・S〉は,……引き続き低い伸びにとどまった」(以上,『日』1994年6月号, 26-29ページ)。

〔1994年度〕「……94年度の M_2+CD の増加は, 基本的に, M_2+CD 対象外金融機関が, M_2+CD 対象金融機関に対する預金等の運用資産を取り崩し, 国債を購入することで財政資金のファイナンスを行ったことが対応していたと考えられる」(『日』1995年6月号, 29ページ)。同様に,「M_2+CD 対象外金融機関〈は, 94〉年中を通じ金融機関預け金を取り崩す一方, 国債を積極的に購入していた……。中央政府部門をファイナンスしたのは主として M_2+CD 対象外の金融機関であり, これらの……金融機関は国債購入の原資を全国銀行への預金取り崩しによって賄った……」。「換言すれば, 広義の金融部門が財政資金をファイナンスしたことが, マネーサプライ増加に結びついた……」(以上, 同上, 1995年7月号, 37, 12ページ)。

また,「……最近のマネーの伸び率が, 財政要因といった民間金融機関貸出以外の供給要因で支えられている……」(『経』平成7年度版, 184ページ)。

(15) この時期のMの増加の主因となった金融機関による国債の消化・保有(政府への資金供給)の増加について──92・93年度にはM供給金融機関が, 94年度には非M供給金融機関が, その担い手となった(上記の注14を参照)。なお, このM・S統計におけるM(M_2+CD) 供給金融機関は, 日銀, 国内銀行, 外銀在日支店, 信用金庫, 農林中金, 商工中金, 全国信用金庫連合会であり, 非M供給金融機関は, 保険会社, 投資信託, 政府金融機関などである。

(2) 1995－98年

　M・Sの増加率は95年から3％台へ上昇し，98年には4％の増加となった。また，このM・S増加の主体はM₁（預金通貨および現金通貨）であり，うち個人保有（個人企業，農林漁業者，非営利団体なども含む）のものであった。他方，準通貨の伸びは，企業保有の減少によって，全体として停滞が続いた。[16]

　こうしたM・Sの動きについて，Mの需要と供給の両面から説明を加えることにする。

　【Mの需要】　この時期におけるM・Sの増加の中心は，前記のようにM₁（現金・預金通貨）であった。M₁の保有は，まず95年後半から96年にかけて，金利・利回りの低下を背景に，その増加率が高まっていたが，97年11月－98年2月および98年9月・10月を中心に再び増加率が高まり，これらの時期には前年同月比で9－12％以上増加した。

　この時期にまた，個人部門・企業部門ともほぼ同様にそのM₁保有を増加させた。個人部門は，銀行や証券会社の破綻と金融システム不安の高まりのなかで，M（M₂＋CD）以外の金融資産の保有を減少させてMの保有による安全確保を図り，とくにM₁の保有を増加させた。企業も，市中金融機関からの資金調達難に備えた手許資金の確保のために，あるいは個人と同じく運用資金の保全のために，M₁での保有を増加させた。企業（大企業）はさらに，前記のように，社債やCPの発行による資金調達を増加させ，これをM₁の形で保持した。

　【Mの供給】　M（M₂＋CD）の供給（これを供給する金融機関による）では，まず日銀が，市中金融機関の預金からの現金流出の増加（個人・企業による現金需要・保有の増加）に応じて，現金通貨の供給を増加した（→日銀券の増発）。またこれと結んで，市中金融機関の資金繰りと，現金準備の確保・増加の支援のため，金融ルートによる通貨供給を拡大した（→現金通貨の供給とあわせて，「ハイパワード・マネー」の供給の増加）。

　次に，これを背景とする市中金融機関のMの供給においては（表2－23の「マネーサプライ（M₂＋CD）増減と信用面の対応」によれば），次のものがその主因となった——民間向け貸出の増加（1995－97年，これは98年には減少

III章　金融とマネー・サプライ　215

要因となる），財政部門向けの国債の引き受け・保有の増加（1996－98年）および地方公共団体向け貸出の増加（1995－98年），「その他」の増加（1996－98年，とくに98年），対外資産の増加（95，97年），など。

　この時期に目立ったのは，市中金融機関（M供給金融機関）の対民間貸出の拡張を通じたMの供給が減退し（あるいはその比重が低下し），代わって，これまでほとんどM・Sの減少要因となってきた，上記の統計における「その他」が，Mの増加の主因となったことである。そしてこれは，金融債，信託勘定借，およびM供給機関以外の金融機関が保有する預金などの減少，によるものであった。

　すなわちこれらは，さきにも記したが，まず個人や企業，あるいは機関投資家が，保有金融資産の安全確保のために，金融債，投資信託や貸付信託などによる資金運用を削減し，M（とくにM_1）での保有を増加させたこと，また機関投資家が，上記の金融資産への投資に代えて，企業発行の社債への投資・保有を増加させ，企業はこの調達資金をM（とくにM_1）の形で保有したこと，などの動きにもとづいていた。また，非M・S金融機関の預金の減少は，当該機関の国債投資の増加による政府への資金供給の増加を示すものとみられる。

　この時期の「その他」の要因によるM・Sの増加は，このような，市中金融機関（M供給機関）自体の融資活動の拡張にもとづくもの以外の動き（非M・S金融機関を通じた非金融部門〔企業や個人部門〕へのMの供給，そして非金融部門の金融資産の保有におけるMでの保有増加の動き）がM・Sの動きに大きく作用した，という状況を示すものであるということができる。

　　(16)　この時期のM・Sの動きについて，『日』などから摘記する。
　　　　〔1995年度〕「〈95年中の〉M_2＋CD……の伸び率上昇は，財政純支払いおよび法・個人による資金調達の増加に対し，金融機関が信用を供与したことによるものである」（『日』1996年7月号，25ページ）。また，「95年度中のM_2＋CD……の伸び率の高まりは，①財政純支払いが……押し上げ寄与を拡大させたほか，②〈企業の〉資金調達も……資本市場調達（社債，

CP等の金融機関保有分)の持ち直しを背景に,前年度をやや上回る押し上げ寄与となったこと〈などによる〉」(同上,1996年6月号,19ページ)。M_1の増加について――「……M_1や現金通貨は,95年後半頃から急速に伸び率を高め〈た〉」。「〈これは〉金利水準の低下に伴い,現金や無利子の当座預金等の保有に係る機会費用が低下したため,M_2＋CD内において,準通貨から預金通貨への振り替りが生じたことによる……」(同上,1997年6月,48ページ)。

〔1996年度〕「〈M_2＋CD〉は,概ね前年比3％台の伸び率で推移したが,民間部門の資金調達の伸び悩み等を反映して,年度後半にかけては幾分伸び率が低下した」(『日』1997年6月号,5ページ)。また,このうちM_1は96年度も高い伸びを続けた(95年度の引用を参照)。

〔1997年度・98年度〕97年秋から98年度上期――「マネーサプライ(M_2＋CD,平均残高前年比)は,〈97〉年秋までほぼ一貫して3％前後の動きを続けていたが,〈97〉年秋の一部金融機関の経営破綻をきっかけに大きく伸びを高め,〈98〉年2月には5.0％まで上昇した。これは,①金融システム不安の台頭をきっかけに,投信や信託などマネー対象外資産から預金への資金シフトがみられたこと,②一部企業が万一の場合に備えて,CP発行や銀行借入れにより手許資金(預金)を厚めに保有したこと,などによるものである」(『通貨及び金融』1998年11月,36ページ)。また,97年11月以降,個人(家計)や企業の「信用リスクや流動性リスクに対する懸念の高まりを背景に」,「各種金融資産の間では,投資信託,貸付信託,金融債などから,預金,郵便貯金あるいは現金などへの資金シフトが生じた」(『日』1998年6月,75ページ)。「……流通現金……は,〈95〉年以来,低金利のもとで高い伸びを続けてきたが,さらに〈97〉年秋からは,例えば預金を引出し,現金のまま手許に保管するといった動きが強まったため,一段と高い伸びを示した」(『通貨及び金融』1998年11月,37ページ)。

98年度下期――「民間金融機関借入れは,〈98〉年度下期を通じてマネーサプライの前年比を押し下げる方向に働いたが,その押し下げ幅は〈99〉年に入って幾分縮小した。……社債やCPの発行〈は〉,〈98〉年10－12月はマネーサプライの前年比を大きく押し上げたが,〈99〉年1－3月は押し上げ幅が縮小した。この間,財政支出と経常黒字の増加は,一貫してマネーサプライを押し上げる方向で寄与した」。現金需要について,「……〈98〉年度下期については,金融システム不安の後退によってそれまでの現金需

要の急増に歯止めがかかった……」(以上,『通貨及び金融』1999年6月, 53, 55ページ)。

また,「……民間企業の資金需要面をみると,大企業を中心に手許資金をあらかじめ厚めに確保しようとする動きが依然続く一方,設備投資の大幅減少などを背景に,実体経済活動に伴う資金需要は引続き低迷しているように窺われる」(99年1月報告,『日』1999年2月,23ページ)。

(3) 1999年

M・Sは99年も増加を続けた(増加率は全体として前年よりやや低下したが)。増加の主体はM_1であり,その増加率は,預金通貨(とくに企業保有)を中心に前年より高まった。他方,準通貨は停滞が続き,ここでは企業の保有が減少するとともに,個人保有の増加率も低下した(以上,表2‐21, 22)。

すなわち,99年に入り金融システム不安の高まりは一段落したが,しかし銀行(あるいは預金取り扱い金融機関)の経営不安や不信は収まってはおらず,さらに預金全額保護の期限(2002年3月末)も近づいている。こうして,引き続く預金(定期預金・準通貨)の超低金利状況の上に,その安全性にたいする預金者の危惧が加わった。最近のM・SにおけるM_1保有の増加は,こうした動きを反映するものとみることができる。

また,Mの供給の面では,市中金融機関(M供給金融機関)による国債の引き受け・保有(財政向け資金供給)の増加がM・S増加の主体となり,他方,民間向け貸出の減少にもとづくM・S減少の作用が大きくなった[17](表2‐23)。

(17) 1999年度上期——「……夏以降マネーサプライの伸びが鈍化したのは,基本的には,民間金融機関の貸出が減少幅を拡大したことによる面が大きい」。また,「財政資金の流れは全体として,マネーサプライの押し上げ幅を拡大する方向に寄与した」(『通貨及び金融』1999年12月,45ページ)。99年度下期——「……民間金融貸出の減少傾向が続き,結局これが,マネーサプライ全体の伸び率を低下させる主な要因となった」。「……財政資金の

流れは，全体としてマネーサプライの押し上げ幅を拡大する方向に寄与した」(同上，2000年6月，42ページ)。

また，「99年は引き続き金融機関による貸出が低迷する一方，公共事業関連支出等の財政要因がマネー拡大方向に作用する……」(『経』平成12年版，113ページ)。

(4) 概　括

以上，1996-99年のM・Sの動きについて概観したが，このM・Sは近年，バブル後の長期的な停滞・不況の下でも，バブル期に比べれば低率ながら増加を続けてきており，その残高は，大幅に増加したバブル期をさらに大きく上回って膨張し，累増している(表2-21, 22参照)。そして，この大量のM(これは購買・支払い手段として機能するもの，あるいはそれに直接的に転化しうるものである)が，有利な運用・投資機会を狙いながら個人や企業の手で保有されており，またこの資金を，株式投資や投資信託，外貨預金などと有利な運用をうたって誘引しようとする動きもしきりである。

また，このM・Sの動きは，近年，個人や企業のその保有・運用における，金利・利回りおよび安全性についての他の金融資産との対比によって，大きく影響されるとともに，超低金利状況の継続と金融システムの動揺の下で，M (とくに M_1) 形態での金融資産の保有が増加してきた。

すなわち，近年のM・Sの動き，その増加の特徴は，経済活動の停滞(→投資や消費活動のためのMの需要・保有の停滞)のなかでの，金融環境の動きの影響を強く受けたMの増加である[18]。M・Sの動きは，こうして，実体経済活動や物価の動きとの関係(とくに，これらの動きにたいするM・Sの「先行性」)は，現象的にも稀薄化するばかりではなく，それが失われている，とみることができる[19] (物価については後にⅣ章でみる)。

[18]　これは，「実態経済活動に伴う資金需要の低迷の下でのマネーサプライの高い伸び」などと指摘されているものである(『現況』平成11年版，37ページ。および日銀『金融経済月報』1998年の各報告を参照)。

また,「……この3年間で, 名目GDPは約5兆円しか増えていませんが, マネーサプライは, その10倍以上の60兆円も増加しています。この結果, GDPに対するマネーサプライの比率……は, かなりの早さで上昇しています。そのピッチは, 70年代の過剰流動性インフレ期や, 80年代のバブル期に匹敵するか, それを上回っているほどです」(日銀総裁の講演,『日』1999年7月号, 5ページ)。

(19) 実体経済活動や物価の動きにたいするM・Sの動きの「先行性」は, それらの各自の変動要因についてみるとき, 法則的な関係として存在するものではない, ということができる(この問題については, 第1部のⅢ章2節(2), あるいは拙著『わが国のインフレーション』〔法政大学出版局, 1991年〕や『現代の通貨』〔同上, 1990年〕で私見を記した)。

　しかしなお, 例えば経済企画庁は, これまで毎年の『経済白書』などで, M・Sの動きがGDP(名目)の動きに影響を及ぼすことを説き, M・Sの動きのGDP(名目)にたいする先行性の存在を指摘してきた。例えば——「……M_2+CDは名目GDPに先行することが知られており……」(『経』平成9年版, 51ページ)。また,「マネーサプライの動きがGDPに先行する関係をみると, 80年代には関係が弱まっていたが, 90年代に入って, 70年代にみられた安定的な関係(3四半期程度の先行関係)が取り戻されつつある」(同上, 平成10年版, 268ページ)。

　こうした説明は——両者の関係は短期的には不安定化することがありうるなどと種々の留保条件が付されてはいるが——, 経済企画庁の基本的な見解(あるいは持論)になっている, といえよう。

IV章 物　価

1　物価の安定とその諸要因

　物価は，1991-99年度の間全体として安定的に推移した。国内卸売物価は，この時期を通じ（97年度を除いて）下落傾向を続けた。消費者物価は根強い上昇を続けたが，その上昇は——消費税率引き上げ（3％→5％）の影響による97年度の2％の上昇を除き——，毎年度1％前後にとどまった（表2-24, 26を参照）。

　なお，卸売物価のこうした低落については，物価安定の動きとして当初は歓迎もされた。しかしその後，不況が長期化し物価の下落傾向が持続するにつれて，それは「デフレ」の現象として問題視されるに至った。

　この時期におけるこうした物価の動き，とくにその安定継続の要因について，まず政府（経済企画庁）や日銀の指摘を掲げれば，およそ次のような点である[1]——①製品需給の緩和（→需給ギャップの拡大），②輸入物価の低下，および③技術革新の進展（情報関連機器などの機器製造部門をはじめとする）・生産性の上昇（→製品コストの低下），④流通部門における競争の激化と合理化・効率化の進行，⑤生産・流通部門における規制緩和の効果，あるいは⑥「価格破壊」の進展の影響，など。なお，これらの要因は，主として国内卸売物価についてのものであるが，この卸売物価の影響を受ける（および輸入物価の影響や需給条件でほぼ同様な状況におかれている）消費者物価の安定（低率上昇）についても，共通の要因となっている。[2]

　このような政府・日銀の指摘をもとにして，この時期の物価の安定について，その主因とみられる上記の①と②を中心に，若干の説明を加える（③以

表 2 - 24 卸売物価の動き(1) (1991-99年度)

(対前年度比, %)

年　度	1991	92	93	94	95	96	97	98	99	90:99
A．国内・総平均	0.4	△1.0	△1.8	△1.4	△1.0	△1.5	1.0	△2.1	△1.0	△8.0
うち工業製品・計	0.5	△1.0	△1.8	△1.4	△1.0	△1.5	0.9	△2.0	△0.9	△8.0
農林水産物・計	△0.7	△1.2	△0.5	△4.0	△5.3	0.7	△2.2	△1.8	0.2	△14.0
B．輸出物価・総平均										
円ベース	△4.8	△3.7	△8.1	△2.7	0.4	3.6	1.5	△0.9	△9.4	△22.2
契約通貨ベース	0.1	0.1	2.8	2.6	2.1	△6.5	△3.5	△3.8	0.0	△6.3
輸入物価・総平均										
円ベース	△10.7	△4.2	△12.4	△1.7	0.1	12.3	2.4	△6.6	△5.1	△24.8
契約通貨ベース	△6.0	0.8	△1.0	5.4	3.4	△0.3	△3.6	△9.2	5.3	△6.1
C．為替レート	133.18	124.80	107.84	99.39	96.45	112.65	122.70	128.02	111.54	
（1ドル=円）										
変化度（％）	5.7	6.3	13.6	7.8	3.0	△16.8	△8.9	△4.3	12.9	

〔備考〕 △は下落を示す。Cは東京外為市場・インターバンク直物平均相場の月中単純平均値。
〔出所〕 A・B：日銀「卸売物価指数」。C：『物2000』。

下の状況については，後に2節，および2節の【付】で触れる）。

①について；まず，この時期を通じた物価の安定（さらに低下）の主因は，需給条件によるものであった。すなわち，バブル後の不況の長期化にもとづく内需の減退の下で需給緩和状況が続き，生産・供給企業にとっての販売条件が悪化したことによるものであった（このことはまた，表2-25の国内品の下落の動きにも示される）。さらに98年度には，「需給ギャップの拡大」による物価引き下げ圧力の強まりと，日本経済が「デフレ」状況へと落ち込む危険性が指摘されるようになり，2001年3月，政府による「デフレ」表明に至った（この「デフレ」問題については後にみる）。

そして，こうした需給状況のなかで，この間の為替レートの円安の動き（1996年度・97年度，および98年8月までの）にもとづく輸入物価の上昇も，その国内物価への転嫁・引き上げ作用が抑制されることになり，同時にまた，生産・供給側企業においては，生産・仕入れコストの削減や販売促進のための安価な輸入製品の利用の拡大（製品輸入の増加），企業合理化（→コスト削減）の推進，「価格破壊」による販売の促進，そして流通部門の合理化，などの動きが生じた。

他方，こうした需給状況の悪化（→物価の下落圧力）にたいしては，公的

表 2-25 卸売物価の動き(2)（需要段階別・用途別）

(対前年度比，％)

年度	1991	92	93	94	95	96	97	98	99	90:99
国内需要財	△ 0.7	△ 1.2	△ 2.7	△ 1.4	△ 0.9	△ 0.1	1.2	△ 2.7	△ 1.4	△ 9.5
国内品	0.4	△ 1.0	△ 1.8	△ 1.4	△ 1.0	△ 1.5	1.0	△ 2.1	△ 1.0	△ 8.1
輸入品	△10.7	△ 4.2	△12.4	△ 1.7	0.2	12.2	2.5	△ 6.6	△ 5.1	△24.7
素原材料	△ 9.8	△ 2.9	△ 8.3	△ 1.2	0.2	12.3	△ 0.1	△12.0	1.9	△19.1
国内品	△ 0.8	△ 1.0	1.1	2.1	△ 1.8	△ 0.6	1.4	△ 4.5	△ 2.2	△ 6.2
輸入品	△14.5	△ 4.5	△16.5	△ 4.5	2.0	24.1	△ 1.3	△17.6	5.4	△29.2
中間財	△ 0.7	△ 2.2	△ 3.3	△ 1.2	△ 0.3	△ 0.6	1.9	△ 3.2	△ 1.5	△10.5
国内品	0.1	△ 1.9	△ 2.7	△ 1.6	△ 0.3	△ 1.2	1.7	△ 2.9	△ 1.1	△ 9.5
輸入品	△11.6	△ 6.4	△11.5	3.9	0.6	7.8	4.1	△ 6.5	△ 6.5	△25.0
最終財	0.4	△ 0.1	△ 1.4	△ 1.5	△ 1.6	△ 1.0	0.5	△ 1.0	△ 0.7	△ 7.2
国内品	0.7	△ 0.1	△ 1.0	△ 1.4	△ 1.7	△ 1.9	0.2	△ 1.1	△ 0.9	△ 6.8
輸入品	△ 5.1	△ 1.4	△ 9.2	△ 4.4	△ 1.7	8.4	3.6	0.9	△ 9.8	△18.4

〔備考〕 △ は下落を示す。
〔出所〕 日銀「総合卸売物価（需要段階別・用途別）指数」。

【付表】輸入物価・品目別（1990年対99年）

品目別	円ベース	契約通貨ベース
総平均	△ 25.9	△ 7.4
食料品・飼料	△ 17.5	0.8
繊維品	△ 12.4	△ 0.7
金属・同製品	△ 35.6	△ 19.2
木材・同製品	△ 7.1	16.5
石油・石炭・天然ガス	△ 35.3	△ 19.2
化学製品	△ 6.8	20.3
機械器具	△ 30.1	△ 12.1
その他	△ 15.4	1.4

〔出所〕 日銀「輸入物価指数」。

IV章 物価

表 2 - 26 消費者物価の動き

(対前期比, %)

年　度	総　合	商　品	農水畜産物	工業製品	大企業性製品	中小企業性製品	サービス
1991	2.8	3.1	4.2	3.0	1.1	4.7	2.6
92	1.6	0.5	△ 3.9	1.3	0.2	2.3	3.0
93	1.2	0.6	2.9	0.0	△ 0.4	0.4	2.0
94	0.4	△ 0.6	△ 0.7	△ 0.9	△ 1.4	△ 0.6	1.8
95	△ 0.1	△ 1.3	△ 3.5	△ 1.1	△ 1.8	△ 0.5	1.3
96	0.4	△ 0.3	1.5	△ 0.8	2.0	0.4	1.0
97	2.0	1.7	1.4	1.5	0.4	2.6	2.4
98	0.2	△ 0.1	3.1	△ 0.7	△ 1.5	0.2	0.5
99*	△ 0.3	△ 0.7	△ 2.7	△ 0.2	△ 0.2	△ 0.1	0.1
90年対99年	9.3	3.7	4.0	3.0	△ 4.8	10.7	16.3

〔備考〕　△は下落を示す。
　　　　　＊は1998年対99年の数字。
〔出所〕　総務庁統計局「消費者物価指数」。

需要の増加が需要の減退を下支えする役割を果たした。すなわち,さきにみた政府による景気対策の推進とこれにもとづく公的需要の拡大が(その波及効果も含めて)需要の減退を抑え,物価のさらなる低落を下支えする役割を果たした(需要の動きについては後に 2 節でみる)。

②について；輸入要因のうち,輸入物価(円ベースによる原材料や製品の輸入価格)は,総じて低下傾向を示し,生産・供給コストの減少要因として作用した。

この輸入物価は,為替レートの動きとわが国の輸入物資の国際価格の動きによって左右されるが,この時期には,為替レートは総じて円高傾向で推移し,輸入物価(円ベース)の低下に寄与した(なお,円高の進行は輸出の抑制要因となり,景気回復を阻害するものとして政府はこの是正を図ったが,物価への影響に関しては,その安定を支える好条件となった)。また,輸入物資の国際価格(契約通貨ベース)は全体として安定状態を続け,この両者が相まって,輸入物価(円ベース)の低下がもたらされた。この時期にはまた,総じて,国際価格の上昇した時には円高の動きが(1992－95年度,99年度),

そして円安の時には国際価格の下落が(1996-98年度),それぞれ輸入物価の上昇抑制に働いた。

輸入要因ではまた,近年著しくなった製品輸入の増加(→国内市場への安価な輸入品の供給増加)の動きが,需給緩和状況を背景とする国内品との販売競争の激化を通じて,物価上昇の抑制に寄与した。

なお,わが国の輸入物資の国際価格(契約通貨ベースによる)は,1991-99年を通じて,多くの品目が低下あるいは安定を続け,輸入価格の抑制作用を果たした。とくに,原油・燃料,素材関係の物資の輸入における国際価格の低下・安定と,これにもとづく輸入物価の上昇抑制(→生産コストの減少・安定化)作用が大きい。このように,わが国の物価の安定は,輸入依存度の高いわが国の必需物資の国際価格の安定の継続と,その物資の輸入量の確保によって,大きく支えられている。わが国の物価の安定は,このような,いわば他律的な事情に大きく依拠している,ということができる。[3]

③について;上記のような諸要因に加えて,この時期の物価の安定に寄与したものとして指摘されているのは,技術革新の進展・生産性の向上(これにもとづく生産コストの減少),規制緩和の推進(→規制緩和対象品目の価格や料金の低下),および流通部門の効率化や競争の激化,などの要因である(これらについては,次の2節でも触れる)。

以上,最近の物価の安定は,このように主として,まず需給の緩和・悪化(これにもとづく企業の製品販売価格の引き上げ抑制・引き下げ→これに対応するための生産・供給コスト削減の推進——後述)によってもたらされている。また対外関係では,輸入依存度の高い必需物資の国際価格が安定(あるいは低落傾向)を続け,必要な輸入量も確保されており,これらが,最近の物価の安定継続の主因となってきた。そして,他方では同時に,さきにみたような拡大を続ける政府の景気対策が,公的需要の増加(後述)をもって民間需要の減退を補い,経済活動の落ち込みを支える役割を演じており,これを通じて,物価の低落が下支えされ,「需給ギャップ」の拡大とこれによる物価低下の進行が抑制されている,ということができる。

（1） 1991－99年度における物価の動きとその要因について，『経』,『物』,『日』などから摘記する。

〔1991－93年度〕『経』：国内卸売物価は，「91年以降上昇率が鈍化し，92年以降は前年比のマイナス幅が大きくなっているが，これは，①景気後退の長期化による需給ギャップが拡大するなかで，需給緩和要因……が，92年以降一貫して物価の押し下げ要因として作用してきたこと，②93年以降は，円高の進行によって，輸入物価のマイナス寄与が次第に拡大していること，③輸入数量の増加が93年第4四半期以降，価格引下げに効き始めていること，などによるものである」。消費者物価（工業製品）は，「91年後半以降上昇率が鈍化し続け，93年第4四半期にはマイナスとなったが，これは，①工業製品卸売物価の安定が次第に消費者物価段階に波及してきたこと，②賃金上昇率の鈍化を反映して，労働コスト要因も上昇押し下げ要因となっていたこと，③円高の影響によって，輸入物価の下落，輸入数量の増加が次第に大きな価格引下げ要因となったこと，などによるものである……」（平成6年版，258ページ）。

〔1991年度〕『日』：国内卸売物価は，「……石油関連製品の値下がりに加え，製品需給の緩和を背景に，人件費・物流費等の既往コスト高を転嫁する動きが漸減し，〈91〉年度を通じて落着き傾向をたどった」（1992年5月号，67ページ）。消費者物価は，「……卸売物価の落着きを反映して商品を中心に上昇率を徐々に低下させてきたが，サービス関連では堅調な個人サービス需要の下で根強い賃金コスト圧迫が続いているため，上昇率の低下は比較的小幅なものにとどまっている」（1992年6月号，11ページ）。

〔1992年度〕『日』：国内卸売物価は，「……円高を背景とした輸入物価の低下……がコスト抑制に寄与するなかで，製品需給の引き緩みを背景に，中間財を中心に年度を通じて前年割れとなった」。消費者物価は，「……商品価格の上昇率が卸売物価の落ち着き〈など〉から一段と低下したほか，景気拡大末期以降高止まりを続けていたサービス価格についても，賃金コスト圧力の緩和を背景に〈92〉年度末にかけて騰勢が鈍化したことから，全体としても徐々に落ち着き傾向が明確化した」（以上，1993年6月号，16ページ）。

〔1993年度〕『日』：国内卸売物価は，「……国内景気の停滞による製品需給の緩和，為替相場の円高化，国際原油市況の下落等を背景に〈93〉年度中ほぼ一貫して低下基調を示し……」（1994年5月号，55ページ）。消費者

物価は,「……人件費コストの落ち着きに加え,安値の輸入品の増加もあって,落ち着き傾向が一段と明確になった」(1994年6月号,11ページ)。

また,『中小』:「……大企業性製品では重工業加工型の輸入の伸びが大きいのに対して,中小企業性製品では食料品,繊維といった軽工業素材型の輸入の伸びが顕著である」。「円高による輸入製品の価格低下は,国内市場における我が国製品との競合を激化させている。云々」(以上,平成6年版,46-47ページ)。

〔1994年度〕『経』:「ディスインフレ〈物価上昇率の低下〉は一段と浸透している」(平成7年版,70ページ)。

『日』:国内卸売物価は,「国内製品需給の緩和基調に加えて,割安な輸入品の流入増加等から……,92年度以来,3年にわたる下落となった」(1995年5月号,31ページ)。消費者物価は,「……86年度以来の低い上昇となった」。「これは上記卸売物価の下落による影響のほか,消費者の低価格指向,内外価格差を背景とした安値製品輸入の増加,流通の合理化などによる,いわゆる価格破壊の動きを反映している……」(同上,47-48ページ)。

また,「特に耐久消費財・非耐久消費財の廉価な輸入品が国内市場に浸透し,最終財価格が下落している点が,最近の物価動向の大きな特徴である」(1995年6月号,13ページ)。「……物価の軟調さは,輸入製品の国内市場への浸透(ペネトレーション)とともに起こっている」。このほか,流通マージンの圧縮(規制緩和の実施→輸入の容易化→国内市場での競争の促進による),「コンピュータ関連を中心とした資本財等の価格が,技術革新の進展を反映し,一貫して低下を続けている」ことなどを指摘(同上,44-46ページ)。

『物』も,ほぼ同様に,「物価の安定を支えるもの」として,「93年2月以降の円高の急速な進展」と近年の「価格破壊の進展」をあげるとともに,この「価格破壊」の動きが,供給側(生産・流通部門)における競争の激化,コストの削減,効率化といった構造的な変化を引き起こすことによって景気回復後も物価引き下げ要因として持続的に作用する,と述べている(『物95』第2部)。

〔1995年度〕『経』:国内卸売物価は,「やや弱含みで推移する」。この背景として,「製品需給の引き緩み状態が続いていた」,「年度当初円高が急速に進行した」,「安価な輸入品の流入増や機械類等の技術革新,販売競争を背

景とした物価押し下げ圧力も依然強い」、などの点を指摘(平成8年版, 64ページ)。消費者物価は,「……生鮮食品が下落したこと, 一般商品の下落幅が拡大したこと, 一般サービスの上昇が鈍化したことにより……一層の安定を示しており, ……比較可能な71年度以降では〈前年比〉初めてのマイナスとなった」(同上, 66ページ)。

『日』：国内卸売物価は,「年度初めの急激な円高進行や, 国内景気が年度前半に足踏み局面を経たことなどを背景に, 下落基調で推移し, ……4年連続の下落となった」(1996年5月号, 50ページ)。また, 国内卸売物価にたいする下落圧力として,「アジア経済からの輸入品との競合激化」,「輸入ペネトレーションの拡大」,「情報関連産業を中心とする技術革新の進展」を指摘(1996年6月号, 53ページ)。また,「……近年は輸入ペネトレーションの比率の上昇が, ほぼ一貫して国内卸売物価の下押し要因として寄与している」(1992-95年を対象として, 1997年6月号, 36-37ページ)。

消費者物価 (生鮮食品を除く) は,「前年比0.0%と極めて落ち着いた動きとなった」(1996年5月号, 66ページ)。また,「……規制緩和を背景に流通業で競争が激化し, 流通マージンの拡大が止まったことも,〈消費者〉物価押し下げ方向に影響してきた。最近では, 消費者物価に含まれる商品の価格下落幅が, これに対応する卸売物価の下落を超えるまでになっており……」(1996年6月号, 53ページ)。

ただし,「……年度後半は, 円高修正, 国内景気の持ち直しを背景に, 卸売物価の下落テンポが鈍化, 消費者物価も再び前年を上回るなど, 物価の軟化傾向にも徐々に歯どめがかかる動きとなった」(1996年5月号, 49ページ)。また,「こうしたもとで, それまで根強かった物価下落予想は大きく後退し〈ている〉」(1996年6月号, 35ページ)。

『物』：「……円高修正局面に入ってからも引き続き物価は安定しており, 最近ではコスト要因, 需給要因の他に, 経済構造の変化が物価の安定に重要な影響を与える要因」となっているとし, この経済構造の変化として,「製品の輸入浸透度の上昇, 規制緩和の進展, 生産・流通の効率化」をあげている (『物96』第2部)。また, 単位労働コストが物価上昇の圧力になっていないことについて――「……主として, 企業の厳しいリストラに加えて, ……雇用情勢が厳しいため, 賃金の伸びが緩やかであることが原因……」(同上, 30-31ページ)。

〔1996年度〕『経』：「……これまで前年同期比で下落を続け, やや弱含み

で推移していた国内卸売物価は、この下落幅を縮小し、ほぼ下げ止まっている」。その要因として、円安→輸入物価の上昇によるコスト上昇作用、国内需給の改善による物価上昇作用と、これにたいする輸入数量の増加の下落作用、市場での競争の激化および技術革新の進展による下落作用を指摘する。また、消費者物価は「安定基調で推移している」。「輸入物価が上昇するなどコスト上昇圧力があるが、〈その〉影響は限られたものとなっている」。「消費者物価が安定している背景には、生産性上昇や利幅の圧縮が起こっていることにより物価上昇圧力が相殺された面がある」(以上、平成9年版、40ページ)。

『物』：同様に、国内卸売物価は、96年前半まで下落傾向が続いたが、年度後半には下げ止まりの動きをみせたとして、この下げ止まりの要因について、石油関連品目の上昇(国際価格の上昇および円安による)などをあげる(『物97』7－8ページ)。また、消費者物価は上昇を続けたが、その上昇幅は小さく、引き続き安定基調にあるとして、「一般商品」の下落の物価安定化作用をあげる(同上、1ページ)。

『日』：国内卸売物価について、「……96年度は総じて軟化傾向に歯止めがかかった」。「……96年度まで下落基調にあったが、国内需給の緩やかな改善に為替円安や原油価格上昇に伴う輸入物価上昇も加わって、96年度下期にはほぼ下げ止まった」。「消費者物価(全国、除く生鮮)も、円安や国内卸売物価の下げ止まり等を背景とする商品価格の下落幅縮小から、……上昇幅が幾分拡大した」。ただし、「最終財を中心とする製品輸入圧力や技術革新による価格低下圧力が根強い中で、円安・原油高による輸入物価上昇の国内物価への波及はほとんどみられなかった」。こうして、96年度の物価は、「上昇基調に転じる可能性は低い状況にあった」(以上、1997年6月、4ページ)。

〔1997年度〕『経』：国内卸売物価について、「97年中はおおむね安定していたが、97年末以降、内外需給動向の緩み等を反映して弱含んでいる。すなわち、国内の在庫調整の本格化を受け需給が緩んでいることに加え、輸入物価が、石油や非鉄などの国際商品市況の低下を反映して下落したことから、……下落が続いている」。また、「97年末から98年春にかけての物価押し下げ要因としては、輸入物価の下落の影響や生産性上昇、規制緩和効果などによる部分も少なくなく、需給の緩みによって全面的に物価下落が進行している訳ではない」(平成10年版、84ページ)。

消費者物価(生鮮食品を除く総合)は,「卸売物価の下落を反映して一般商品を中心に上昇率が低下している……」(同上)。

『物』:「国内卸売物価は……消費税引上げの影響等から前年度比で1.0％の上昇とな〈った〉」。「しかし,消費税率引上げの影響を除く〈と〉,①国内需給の緩み,②海外市況を反映した輸入品価格の下落,③規制緩和の効果などの要因により,……前年度比で下落しており,全体としては弱含みで推移してい〈る〉」(『物98』17ページ)。消費者物価は,消費税率の引き上げ(97年4月)などにより上昇率を高めたが,「こうした制度的要因を除くと……引き続き安定的に推移している……」(同上,3-4ページ)。

『日』:国内卸売物価は,「96年後半から97年前半にかけ一旦下げ止まりの様相を強めたが,夏場以降,国内最終需要の停滞と在庫の積み上がりに伴う素材関連市況の悪化,さらには輸入物価の下落を反映して,軟調に推移した」。消費者物価(全国,生鮮食品を除く)は,「97年度前半は,海外からの安値品の流入一服による商品価格下落幅縮小などから,上昇率が幾分拡大したが,年度後半には,国内卸売物価の下落を反映した商品価格の軟化から,上昇率が鈍化しており,最近では,……前年比はほぼゼロまで低下している」。また,「……物価全般に対する下落圧力は,主に国内最終需要の低迷によってもたらされた」(以上,1998年6月,27ページ)。「97年度はかなり『供給超』に振れており,国内の需給ギャップが拡大したことを示している。97年度の需給ギャップの拡大は,もっぱら国内最終需要の停滞と在庫の調整によるものであり,この面から物価に下落圧力が加わった」(同上,57ページ)。

〔1998年度〕『経』:国内卸売物価は,「弱含みで推移しており,輸入コスト要因に加え,国内需給の緩みが下押し圧力となっている」(平成11年版,77ページ)。消費者物価(生鮮食品を除く総合)は,「98年2月以降前年同月比マイナスで推移している。97年秋以降,需給の緩みを反映して商品価格の低下率が拡大した」(同上,78ページ)。

『物』:国内卸売物価は「下落幅を拡大した」。「この要因としては,国内景気の低迷に伴い需要が減退し,需給が緩んだことに加え,国際商品市況の低迷などにより,輸入物価が大きく下落したことが挙げられ〈る〉」。「需給要因が国内卸売物価を大きく押し下げる要因であった……」(『物99』17ページ)。消費者物価は「安定が際立った」。この要因として,①景気の低迷による消費需要の減退,②輸入物価の下落,③景気の停滞にもとづく企

業間の価格競争の激化，および規制緩和の効果（規制緩和対象品目の価格・料金の下落）をあげる（同上，4－5ページ，12－13ページ）。

　日銀：98年度上期——「需給ギャップが拡大を続けたことなどから，国内卸売物価が下落を続けたほか，消費者物価も前年比マイナスに転じるなど，全体として軟調に推移した」（『通貨及び金融』1998年11月，13ページ）。98年度下期——「全体として引続き軟化気味に推移した」。「景気は徐々に下げ止まりの様相を呈したが，大幅な需給ギャップが縮小するには至らなかったことに加え，〈98〉年以降の為替円高も影響した……」（同上，1999年6月，18ページ）。

　〔1999年度〕『経』：「約2年にわたり下落傾向が続いていた国内卸売物価……は，99年7－9月期に……前期比上昇に転じ，以後おおむね横ばいで推移し，……」。「これまで国内卸売物価が弱含んでいた背景には，需給の緩みのほか，原油価格等国際商品市況の低迷を反映した輸入品価格の下落，規制緩和，生産性の向上などがあった。99年4－6月期以降，景気が改善するなかで需給が改善し，この要因の物価押し下げ圧力は徐々に弱まっている」。また，「……原油高や国際商品市況の回復により輸入素原材料，中間財が上昇し，これが国内卸売物価に上昇圧力として働いた。一方で，内需不振等から最終財（資本財及び消費財）は依然前年比マイナスが続いている」（平成12年版，95ページ）。

　『物』：「99年度の消費者物価は，際立つ安定基調を続けた……」。消費者物価(生鮮食品を除く)の安定をもたらした主な要因として，「①景気の改善が緩やかで，消費回復の足取りが弱かったこと，②円安等による輸入消費財の価格下落と輸入浸透度の高まり，③競争環境の激化」をあげる。また，99年度には「流通革命ともいうべき価格競争の激化がみられ〈た〉」（『物2000』3，10ページ）。

　日銀：99年上期——「……国内物価は，当初は昨年来の低下傾向が残ったが，次第にほぼ横這いの動きとなった。すなわち，在庫調整の進捗に伴い一部素材価格が下げ止まったことや，原油価格の大幅上昇が，物価下落に歯止めをかける姿となった。もっとも，民間需要に支えられた需給ギャップの本格的な縮小はみられず，……」（『通貨及び金融』1999年12月，15－16ページ）。99年度下期——「……国内物価は，概ね横這いの動きとなった。この背景をみると，原油価格の大幅上昇やその製品価格への転嫁，さらに国内の需給バランスが緩やかながらも次第に改善したことが，物価の

IV章　物　価

押し上げ要因として作用した。一方,技術進歩を背景とする機械類の価格の趨勢的な下落や,〈99〉年の夏場以降の円高による輸入製品価格の低下が,物価下落要因として作用した」(同上,2000年6月,14ページ)。
(2) この時期における物価の安定的な推移に関連して,『物』はさらに,「長期的にみて80年代以降,物価上昇率は,上りにくく下がりやすくなってきている……」と,「高物価神話の崩壊」をうたい(『物2000』48-49ページ),この主因として,本文でみたような輸入条件,および賃金上昇率の鈍化(→賃金コスト増加圧力の低下)をあげている。

　本文で記したように,この時期には,これらが(および本文で指摘したような諸要因が)物価安定の主因として作用してきた。しかし,これらの条件が,今後も持続し,恒常化していくと速断することができるであろうか,筆者には疑問である(反証の論拠の用意はないが)。
(3) これに関連して,1999年度には,原油の国際価格の高騰とその国内物価への影響が問題となった。すなわち,「世界的に物価が安定している中で,原油価格が大幅上昇したことが99年の特徴の一つであった」(『経』平成12年版,99ページ)。

　すなわち,原油価格は近年安定を続けてきたが,99年に入って上昇し(99年2月のバレル=10.19ドルを底として,2000年3月には同25.15ドル),この上昇率は,第1次オイルショック時などこれまでの高騰に匹敵するものとなった(『物2000』17ページ)。『経』によれば,1999年3月-2000年3月の原油価格(円ベース)の上昇率は95.6%,しかし原油製品価格の上昇率は,国内卸売物価でみて23.2%,消費者物価でみて5.8%にとどまった。また,この低い転嫁率は,生産者段階では「マージン率の低下」により,流通段階では「販売競争が激しい中で……石油関係の卸小売業の収益をこれまで以上に圧迫することによって達成された……」(以上,平成12年版,99-101ページ)。こうした動きは,わが国の物価の安定が輸入必需物資の国際価格の動きによって大きく左右される状況を示すものといえる。

【付】最近の「デフレ」問題

　上記の,この時期における国内卸売物価の低落傾向,この主因としての前掲のような「需給ギャップ」の進行・拡大,そしてこれを生み出している景気の悪化・回復難——こうした最近の動きと関連して,とくに98年になると,

日本経済はデフレーション（さらにデフレ・スパイラル）状態に陥った，あるいはその危険性がある，という指摘が現われ，「デフレ」問題が重視されるに至った。最近の政府の景気対策の拡大や，この一環としての日銀による超低金利（さらにゼロ金利）政策運営とその継続においても，このデフレーションの回避が掲げられた。その後，99年に入り，景気回復始動の政府発表やGDPのプラスへの転化を背景に，こうしたデフレ懸念も当面後退したとされたが，しかしその後も物価（消費者物価）の下落が続く景気状況にたいして，政府は2001年3月，現状を「デフレ」と認めるに至った。ここでは，1998年度の動きを中心に，この「デフレ」問題について触れておく。

　この「デフレーション」については，まず一般には——物価の上昇＝インフレの考え方に対応するものとして——物価の下落の継続を指しており，まずこの意味で，現在の日本経済が「デフレ」状況に陥っている，と指摘されることになった。[4]

　次に，政府（経済企画庁）の説明では，「デフレ」とは「物価の下落を伴った景気の低迷」であるとし，この「デフレによる物価下落がさらに実体経済に悪影響を与える形で，物価下落と実体経済の縮小が相互作用的に進んでいく」ばあいを，「デフレ・スパイラル」の状態とした[5]（『物99』35ページ）。そして経済企画庁は，こうした見解にもとづいて，98年度のわが国の経済状況について——物価の下落が全面的なものではなかったこと（国内卸売物価は下落したが消費者物価は安定的に推移した），および，最近の物価の下落には技術革新の進展も寄与している，などの点から——，「デフレ」ではなく「『デフレ的な』状況であった」とし，また，「デフレ・スパイラル」にも陥らなかった，と述べた。[6]

　日銀も，この「デフレ」や「デフレ・スパイラル」について，経済企画庁の上記の説明とほぼ同様に「『デフレ』とは，物価が全般的，かつ持続的に下落する現象であり，この『デフレ』が原因となって需要が減少し，それがさらに『デフレ』を招くという，いわば物価下落と需要減少の悪循環を『デフレ・スパイラル』と呼ぶ」（『日』1998年6月，102ページ）とし，98年度は，こうしたデフレ・スパイラルに陥る瀬戸際の状況であったことを指摘した。[7]

IV章　物　価　233

そして日銀は，さきにみたように，97年度の金融・経済報告のなかで，今後の課題の「喫緊のものとして，需要の減少によるデフレ・スパイラルを回避すること」(『日』1998年6月，29ページ）をあげるとともに，98年9月の市場金利引き下げ政策の実施(無担保コール・ONもの金利を0.25％に維持する）や99年2月の「ゼロ金利」政策の採用理由において，こうした「デフレ・スパイラル」への落ち込みの防止，「デフレ圧力」の高まりへの対処を掲げた（このゼロ金利政策運営は，「デフレ懸念の払拭が展望できるまで」はと，2000年8月まで続いた）。

　以上，最近の「デフレ」問題について，政府（経済企画庁）や日銀の見解を中心に摘記したが，「デフレ」とはこのように，一般に，物価の下落が継続・進行する状況を，そして，これに相伴なって不況が深化していく経済状況を，指すものということができる。

　しかしなお，この「デフレ」というのは，物価下落や不況激化の動きのみを意味するものではない，と筆者は考える。「デフレ」をどんな経済状況の表現に用いるかはそれぞれ自由であって，以下は蛇足であるが，私見では，まず，「デフレーション」とは本来，紙幣の「価値」——インフレの進行によって減価した——の引き上げ（旧水準または現状以上への）を意味するものであるということができる。そしてこの「デフレ」は，インフレ進行の結果として膨張している流通通貨量を，財政・金融上の政策的措置によって，多かれ少なかれ削減・圧縮すること（「デフレーション政策」）によって実現される。すなわち，「デフレ」とは，もともと，インフレ対策（インフレ収束政策）のための通貨整理とこれに起因する不況状況の発生と，物価上昇の鈍化や下落を指すものである。1920年代までの「デフレ」は，金本位制度の再建を目指すインフレ収束政策の結果として発生したものであり，その後，1930年代以降の不換通貨制度の定着の下でも，例えばわが国戦後インフレの収束を画したドッジ・ライン（1949年）の「デフレ」性が問題となったが，その主な理由とされたのは財政の引き締めであり，「超均衡財政」（および債務償還政策）の実施にもとづく財政ルートを通じた資金の引き揚げ作用であった。

　したがって，このような「デフレ政策」の実施と「デフレ」の発現は，そ

の結果として，物価の下落とその継続を，あるいは一般に不況状況の発生・継続を伴うものとなるが，「デフレ」として性格づけられるこうした経済状況には，少なくとも，通貨面の要因（流通通貨量の削減・収縮の動き）がその原因として絡んでおり，その作用が働いている，というのが私見である。

　こうした筆者の考え方からすれば，最近の経済状況は——これまでに記した日銀の通貨供給や金融の動き，およびM・Sの動きなどからみるとき——，「デフレ」の性質をもつものではないということになる。すなわち，最近における物価の低落傾向と厳しい不況状況の持続は，「デフレ政策」の実施に伴う影響と同様な状況を示してはいるが，こうした最近の経済状況は，少なくとも通貨面（あるいは一般に資金供給の不足）が要因となっているのではない，ということができる。

　最近，政府や日銀から，景気対策と金融緩和政策推進の意義を強調する一つとして，これによる「デフレ・スパイラル」の回避がうたわれているが，しかしこの政策運営は，「デフレ」対策を意味するものではなく，景気対策としての，政府による公的需要の継続的拡大とこれを支持する日銀の「潤沢な資金供給」の続行であるということができる。同時にまたこのことは，反面において，最近の経済・金融政策運営が，デフレ＝物価下落の進行の阻止を念頭において，いかに物価の低落を下支えしようと努めてきたかを示している。

　そしてまた，私見では，今日の超低金利による日銀の「潤沢な資金供給」の続行は——これによって市中金融機関の企業融資の拡張→企業金融の改善→投資の拡大→経済活動の活発化を意図するためのものとしては——，有効であるとはもはや言い難い（他方，こうした金融政策運営の継続は，国債市場価格の維持を通じて，政府による国債の濫発の続行→大規模な赤字財政の継続→景気対策の推進，という面では役立ってきたが……）。

　最近の状況において，企業投資拡大の制約要因となっているのは，企業にとって収益が期待され損失リスクのない投資機会の不足（換言すれば企業投資を誘引する需要の不足）であり，これを欠く状況では，潤沢な融資の受給が可能であっても（さらに自己資金の保有があっても），企業投資の拡大へと

IV章　物　価　235

結びついてはいかないであろう。

　なお，これまで，需要面において（外需の拡大への依拠が不可能な状況のなかで）民間需要の停滞・減退の下支えとなってきたのが，政府による大規模な景気対策の継続であったが，今日では，この景気対策拡大路線を突き進むことは財政運営上限界に達している。そして今後，国債発行残高の累積を扱い切れなくなった政府が，この処理を日銀に押しつけることになれば，「デフレ」の危機から「インフレ」高進の危険へと（これは「スタグフレーション」状況の進行から始まると予想されるが），転化することになろう。

（4）　例えば，「国内の卸売物価は，……92年以来，毎年0.8－1.8％程度の下落を続けており，長期的なデフレの進行が鮮明に浮かび上がっている」（『朝日』1999年1月8日）。

（5）　本文でも記したが，最近，2001年3月，政府は「デフレ」を，物価の下落（あるいは消費者物価指数のマイナス）が2年以上継続している状態，と定義し，現状をこの「デフレ」と認定した。そしてこれは，今後における大規模な景気対策，金融・証券業対策などの発動の必要性を，他方では同時に，政府による増税や社会福祉の削減，企業による合理化・リストラの一層の推進など，今後の負担の増大にたいする国民の覚悟をうながそうとする，政策的な狙いを含むものであろう。

（6）　「……賃金の動きに柔軟性がみられたことや，企業の交易条件……が改善していたことなどから，物価の下落が企業の収益を圧迫し，景気に悪影響を与えていたというつながりはみられません。こうした点から，日本経済が『デフレ・スパイラル』に陥っていたとはいえません」（『物99』35－36ページ）。

　　　　この「デフレ・スパイラル」については，『経』でも同じことを述べている（平成10年版，8，86ページ）。そして，「〈98年にはこの〉『デフレスパイラル』に陥るのではないかと懸念された。しかし，企業収益の減少は主として売上数量の減少によるものであり，売上価格の下落が価格面から直接的に企業収益を圧迫して実体経済の縮小に結びついていたわけではなく，その意味では『デフレスパイラル』の状態にあったとは言えない」（『経』平成11年版，5ページ）。ただし，同書の別のところでは，このデフレ・ス

パイラルに陥ったとの記述もある。また，99年に入り，「……景気が改善に向かうに伴って，需給要因は改善しデフレスパイラル懸念は一頃より後退した……」(同上，平成12年版，102ページ)。

なお，同じ経済企画庁の『現況』は，1997年10月－12月期から98年10月－12月期までが「景気後退が深刻化した時期」であったとし，「98年夏ごろには『日本列島総不況』と呼ばれる深刻な状況に陥った」として(平成12年版，4ページ)，「98年には，物価の下落と実体経済の縮小が同時にみられていた」と述べている(同上，125ページ)。これは，同庁のいう「デフレスパイラル」に陥った，ととれるような記述である。

(7) 「98年当時の日本では，需要の減退から企業収益が大幅に縮小し，その結果，賃金も低下をはじめるなど，〈デフレ・スパイラル状況〉に陥る典型的な兆候がみられた」。また，このほか，「デフレ・スパイラルのリスク」の高まりを示す動きとして，①名目GDPの減少，②企業収益の減少と労働分配率の上昇，③企業の信用リスクの増大をあげ，「98年当時のわが国は，〈この〉①から③が何れもみられた時期であった」(以上，『日』2000年10月号，72－73ページ)。そして，「結局，日本銀行，政府によるさまざまな金融対策やその後の政策が企業や家計の流動性不安を取り除くことにより，デフレ・スパイラルの危機が回避された……」(同上，62ページ)。同様に，これらの政策的措置の結果，「物価下落圧力が本格的なデフレ・スパイラルをもたらすことは辛うじて食い止められたと言えよう」(同上，56ページ)。

2 需給状況

前記のような物価の動きの背後にある諸商品の需給状況について，みることにする。

(1) 需要の動き

1991－99年度の需要の状況について，GDEの動きを指標にみると(表2－27)，バブル期，毎年度実質5％前後の増加を続けたGDEは，91年度以降その増加率が大きく低下し，1992－94年度には0.5％前後となった。その後95年

表 2 - 27　需要の指標（1991-99年度）

A. 国内需要（実質）の動き　　　　　　　　　　　　　　　　　（対前年度比，％）

年　度	1991	92	93	94	95	96	97	98	99
GDE（実質）	2.9	0.4	0.5	0.6	3.0	4.4	△ 0.1	△ 1.9	0.5
国内需要	2.2	△ 0.2	0.6	1.0	4.0	4.5	△ 1.5	△ 2.3	0.6
民間需要	2.0	△ 1.9	△ 0.8	0.9	3.8	5.5	△ 1.3	△ 3.0	0.8
うち最終消費支出	2.8	1.2	1.7	1.5	3.2	2.7	△ 1.4	0.6	1.2
住宅	△12.3	△ 3.5	4.9	7.6	△ 6.7	13.2	△21.3	△10.9	5.6
企業設備投資	2.7	△ 7.2	△10.4	△ 2.5	7.8	12.1	4.7	△ 9.5	△ 2.3
公的需要	3.4	8.7	7.0	1.4	5.3	0.1	△ 2.4	1.2	0.1
うち最終消費支出	1.4	2.1	2.4	2.9	2.8	1.3	2.2	1.4	0.7
公的固定資本形成	7.2	16.6	12.6	△ 1.1	8.3	△ 0.9	7.3	1.5	△ 0.9
財貨・サービスの純輸出	76.0	38.1	△ 3.5	△13.6	△51.4	4.0	171.5	13.6	△ 6.0
財貨・サービスの輸出	5.3	4.4	0.5	3.9	5.0	8.2	9.0	△ 3.8	6.0
同，輸入	△ 1.6	△ 1.6	1.5	10.5	15.3	9.1	△ 2.1	△ 7.0	8.8

B. 上記 GDE（実質）にたいする寄与度　　　　　　　　　　　　　　　　（％）

国内需要	2.2	△ 0.2	0.6	0.9	4.0	4.4	△ 1.5	△ 2.2	0.6
民間需要	1.7	△ 1.6	△ 0.6	0.7	3.0	4.4	△ 1.0	△ 2.4	0.6
うち最終消費支出	1.6	0.7	1.0	0.9	1.9	1.6	△ 0.8	0.4	0.7
住宅	△ 0.7	△ 0.2	0.2	0.4	△ 0.4	0.6	△ 1.1	△ 0.5	0.2
企業設備投資	0.5	△ 1.4	△ 1.9	△ 0.4	1.2	2.0	0.8	△ 1.7	△ 0.4
公的需要	0.5	1.4	1.2	0.3	1.0	0.0	△ 0.4	0.2	0.0
うち最終消費支出	0.1	0.2	0.2	0.3	0.3	0.1	0.2	0.1	0.1
公的固定資本形成	0.5	1.1	1.0	△ 0.1	0.7	△ 0.1	0.6	0.1	△ 0.1
財貨・サービスの純輸出	0.7	0.6	△ 0.1	△ 0.3	△ 1.0	△ 0.0	1.4	0.3	△ 0.2
財貨・サービスの輸出	0.6	0.5	0.1	0.7	0.6	1.0	1.1	△ 0.5	0.8
同，輸入	0.2	0.1	△ 0.1	△ 1.0	△ 1.6	△ 1.0	0.2	0.8	△ 1.0

〔備考〕　1）　△は減少を示す。なお，Bの財貨・サービスの輸入の△は，これらの輸入の増加を示す。
　　　　2）　国内需要＝民間需要＋公的需要
　　　　　　民間需要＝民間の最終消費支出＋住宅＋企業設備＋在庫品増加
　　　　　　公的需要＝政府最終消費支出＋公的固定資本形成＋公的在庫品増加
　　　　3）　本表の数字は90年暦年基準。経済企画庁『国民経済計算年報』平成12年版，および同『国民経済計算』第124号による。99年度は速報値。
　　　　　　なお，最近発表された改訂値によれば，GDP・GDE（実質）の成長率は，97年度0.2％，98年度△0.6％，99年度1.4％となっている。

度・96年度には3－4％の増加を回復したが，97年度・98年度にはマイナス成長となり，とくに98年度にはマイナス1.9％とその減少を深めた。そして99年度，ともかくプラス成長（0.5％）を回復した。

次に，このようなGDEの増加に寄与し，あるいはその減少を下支えした，この時期の需要の動きについて概観する。

【1991年度】　GDEの増加率はバブル期に比べ大幅に低下したが，なお2.9％の増加を示した。ここでは，バブル期の余波として，民間需要とくに消費需要の増加が大きく寄与し，海外需要の増加がこれに加わった。

【1992－94年度】　GDEの増加率は，内需の停滞（および財貨・サービスの純輸出の減少＝輸出を上回る輸入の増加）によって毎年度0.5％前後と停滞を続けた。

内需の停滞をもたらしたのは，バブル期にGDE増加の主役を演じた民間需要の減退，そのうちとくに企業の設備投資の大幅な減少であった。これにたいしてこの時期には，公的需要（なかでも公的固定資本形成）が高率の増加を続けた（とくに92年度・93年度）。すなわち，この公的需要は，景気対策の推進にもとづいて，政府および地方公共団体による公共投資（これには上記の公的固定資本形成に土地購入費などが加わる）の拡大を主体に著増し，民間企業の設備投資の減退を補い，民間需要の減少による国内需要の縮小を下支えする役割を演じた。そして，こうした公的需要の増加は，物価にたいしてその低落を全体として下支えする役割を果たした，ということができる。

【1995年度・96年度】　GDEの増加率は毎年度4％前後へと回復した。これに寄与したのは内需の増加，うちとくに民間需要（民間消費支出と企業の設備投資）の増加であり，96年度の後期には，こうした民間需要主導による景気回復の始動が，政府（経済企画庁）や日銀から表明されるようになった。また95年度には，公的需要（とくに公的固定資本形成）の増加がGDE増加の回復に寄与した。

【1997年度・98年度】　97年度のGDEは一転してマイナスとなった。これをもたらしたのは，内需とくに民間需要の減少であった（他方，輸出の増加がこのGDE減少の下支えに寄与した）。

IV章　物　価　239

98年度にはこのマイナス成長がさらに進んだ。ここでは民間需要とくに企業設備投資の減少がその主因となった。これにたいして，98年度には公的需要が増加し，これが民間需要の減退による内需の減少を下支えした（98年度にはまた輸出も減少したが，これを上回る輸入の減少によって財貨・サービスの純輸出は増加することになった）。

【1999年度】　99年度にはプラス成長を回復することができた。GDEの増加をもたらしたのは，もっぱら民間需要とくに民間消費支出（および住宅投資）の増加であり，企業の設備投資は98年度に引き続き減少した。また，公的需要は――年度の数字では停滞を示したが――，とくに98年度に続く99年度の前期において内需を下支えし，民間経済活動の回復に寄与した。[11]

　以上，1991-99年度における需要の動きについて，政府の景気対策の推進にもとづく公的需要（公的固定資本形成）の役割を中心に概観したが，この公的固定資本形成は――民間設備投資の減退を補うとともにこれを刺激し，経済活動の下支えとその活発化を意図するものとして――，政府の景気対策における公的需要の増加の中心手段となってきた。そして，このような景気対策の拡大は（税金と借金の濫費による「後は野となれ」の拡大であろうと），これまで景気後退の下支えには寄与してきたが，しかし，企業の設備投資の拡張（→投資需要の増加）を促すというその刺激効果は発揮されなかった。さらに，こうした政府の景気対策拡大の続行も，国債の濫発とその残高の巨大化から，今や財政運営上限界に達している。

　そこで政府の施策には，企業投資の拡大促進のためのヨリ直接的な対策が加わる。すなわち，企業による「過剰設備」の積極的な廃棄を促し，最近の内外の経済情勢の変化に適応できるような企業体質の強化のために「リストラ」を推進させ，生き残った企業の投資の再拡大を促すとともに，これにたいする支援措置をとることになる。さらに，新企業・ベンチャー企業の設立，新投資の創出を政策的にあおるということになり，この一環として最近では，「IT革命」の推進（IT関連投資の創出・拡大）が加わった。

　　（8）　この時期における公共投資の拡大の役割について，『経』と『日』から摘

記する。

　『経』「……93年第4四半期に2年半に及ぶ景気後退局面を脱し，緩やかな景気回復基調をたどってきた」。この景気回復は，「個人消費の下支えと公共投資や住宅建設の増加を主因〈とする〉」（平成7年版，4ページ）。公共投資の拡大とその役割について――「……今次景気後退局面での公共投資の拡大〈は〉，規模や期間からみて過去に例をみない大きなものであった……」。92年後半から94年第2四半期の間，「……公的固定資本形成は1％程度の高い〈実質GDP〉プラスの寄与を示した」。「公共投資は，景気後退を緩和しながら，最終需要を下げ止まらせることで景気を回復軌道に乗せることに貢献している」（同上，101ページ）。また，公共投資の波及効果として――「……公的固定資本形成の生産誘発係数〈は〉漸減傾向にあるとはいえ民間消費支出を上回り，民間固定資本形成〈の生産誘発係数〉に匹敵している……」（同上，103ページ）。

　『日』「……政府の相次ぐ経済対策を受けて，公共投資が一貫して景気下支えに寄与したほか，金利低下の効果もあって住宅投資が増加を続けた」（1994年6月号，11ページ）。「……政府当局が最終需要の大きな落ち込みを回避するため，歴史的にみてもかなり大型の経済対策を累次にわたって発動した……」（同上，1994年7月号，14ページ）。

（9）〔1995年度〕『経』「……今回局面の最大の特徴は，民間企業設備投資が極めて弱いことである」。「公的固定資本形成は，景気後退期から回復初期にかけて大幅なプラスの寄与を示し……」（平成8年版，67ページ）。また，「実質GDP成長率に対する公的固定資本形成の寄与度は〈95年4月－12月における〉経済成長率の大半を占めている。この時期の成長は正に公共投資主導型の成長であった」（同上，142ページ）。ただし，「……90年代においては，公共投資自身の需要としての効果が主体であり，公共投資はそれ自体の成長率押上げ効果から景気を下支えしたものの，民間需要に対する波及効果……はバブル崩壊等の影響により相殺されて顕在化しなかった……」（同上，150ページ）。

　『日』「95年度後半からの景気の回復は，金融財政策の効果に負う部分が大きい。……95年度中の財政支出は，……総需要の追加を通じて景気の再回復を始動する効果を果たした」（1996年6月号，2ページ）。また，「……95年後半から，公共投資の拡大と歩調を合わせて，建設関連財の出荷や商品市況が目立って回復した。雇用面でも，建設関連の雇用がじりじりと高

まり，全体の雇用を押し上げている」（同上，26ページ）。

〔1996年度〕『経』「96年度下期には民間需要主導による自立回復的循環がみられるようになった」（平成9年版，3ページ）。また，「今回の景気回復過程で，財政政策は大きな役割を果たした」。「〈96〉年度前半は各種経済対策の影響を受けて，公的固定資本形成は，GDPの……プラスに寄与し，年度後半からこれら対策の反動が生じてマイナスに転じ〈た〉。……公共投資が景気回復の起爆剤となり，これが民需にバトンタッチされるなかで，公共投資が減衰していった……」（同上，78-79ページ）。

『日』「……景気は緩やかな回復歩調を辿った。金融・財政面からの景気刺激策を背景に，95年度には，景気は低迷を脱しつつあったが，96年度入り後も回復基調を辿り，……年度下期には，民間需要中心に景気回復力の底固さが増す展開となった」（1997年6月，2ページ）。「……95年度に発動された強力な金融・財政政策が96年度入り後も景気を下支えする中，最終需要の増加が生産活動の高まりを通じて，製造業・大企業を中心とする企業収益の好転に繋がり，これがさらに非製造業，中小企業の収益好転や雇用者所得の増加をもたらしてその支出を促すという，需要，生産，所得の循環メカニズムが96年度の景気回復を支えた」（同上，3-4ページ）。また，96年度前半には「……公共投資が95年秋の経済対策を受けて増加し，……政策関連需要が景気下支えの役割を果たした」（同上，2ページ）。96年度後半には「……公共投資が減少に転じたにもかかわらず，……民間需要の回復力は底固さを増しており，最気回復のテンポは依然緩やかではあるが，政策需要依存型から民間需要主導の回復への転換が徐々に進みつつある……」（同上，4ページ）。

(10) 〔1997年度〕『経』「……自律回復過程への復帰が挫折して景気が足踏みし，停滞状態になった年である」。その要因として——①「消費税率引き上げによる駆け込み需要の反動減及び消費税率引き上げ，特別減税の終了等の影響が長引いたこと」，②金融システムの動揺と「貸し渋り」の実体経済へのマイナスの影響，③アジアの通貨・経済危機のわが国経済への影響，をあげる（平成10年版，3ページなど）。また，90年代における「累次の裁量的な財政政策や金融緩和政策は景気を下支えする効果を持ったものの，……経済の自律的回復が定着しなかった」（同上，235ページ）。この要因として，バブルの後遺症である資産デフレの影響や過剰な生産設備ストックの調整の遅れと，これにもとづく民間需要の減退，等々をあげる（同上，

235-238ページ)。

『日』「……96年度の景気回復を支えた生産，所得，支出を巡る前向きの循環が，97年度入り後は減衰し，景気は全体として停滞色を強めていった」。「最終需要面からみた場合，この循環にブレーキをかける主な要因となったのは家計支出の低迷である」。「家計支出の低迷は，国内最終需要の伸び悩みや在庫調整に伴う収益の悪化を通じて，企業マインドや設備投資にも影響を与えた」(1998年6月，25ページ)。また，「〈97年度の〉財政は，96年度において景気回復の動きが強まったこともあって，圧縮的なスタンスがとられ，景気に対し抑制要因として働いた」(同上，32ページ)。「96年度の後半における民間需要の盛り上がりには，耐久消費財や住宅を中心に，消費税率引き上げ前の駆け込み需要がかなり含まれていたものとみられ，97年度入り後その反動が生じた」(同上，47ページ)。さらに，97年度における景気後退の要因として，「金融機関の貸出態度の慎重化」が「景気に対し下押し圧力となって働いた」こと（同上，29ページ)，わが国経済における「根強い構造調整圧力の存在」(同上，48ページ)などをあげる。

〔1998年度〕『経』「……98年度に入ってからは，設備投資が景気後退を主導した」。また，「98年秋口以降は，政策効果が現われ始めて公的需要が増加に転じ，99年に入ってからは政策効果が徐々に本格化して行った。云々」(平成11年版，2ページ)。そして，「民間需要の回復力が弱いなかで，景気が緩やかな改善を続けているのは，各種の政策効果の浸透などに支えられているからである。なかでも公共投資は需要面から景気を下支えする大きな役割を果たしてきた。云々」(『現況』平成12年版，114ページ)。

日銀：1998年度上期——前記の諸要因による97年度の景気悪化の動きの一層の進行を述べ，「生産・所得・支出を巡るマイナスの循環の動きが徐々に強まりをみせた」。また，「公共投資は，当初予算が〈97〉年度ともに抑制的であったことから，〈98〉年入り後も年央まで減少気味に推移した」(『通貨及び金融』1998年11月，1-2ページ)。98年度下期——「最終需要面では，設備投資の減少が続く一方で，政府の経済対策を受けて，公共投資が大幅に増加した点が特徴であった」。「住宅投資は，住宅減税や低金利の効果から，〈99〉年に入って回復に向かった」。そして，「公共投資，住宅投資などに支えられて景気は下げ止まりの様相を呈した……」(同上，1999年6月，2ページ)。

(11) 『経』「民間需要の回復が弱いなかで,公共投資は需要面から景気を下支えする大きな役割を果たしてきた」として,1998年10月－12月期から99年4月－6月期における公的固定資本形成の大幅増加とその GDP 増加への寄与をあげる（平成12年版,104ページ）。

日銀：1999年度上期――「……民間需要の自律的回復のはっきりした動きは,依然みられなかった」。「一方,政府の経済対策を受けて,公共投資が高水準で推移したほか,住宅投資も,住宅減税や低金利の効果から堅調に推移した」（『通貨及び金融』1999年12月, 1ページ）。また,「……公共投資や住宅投資が引き続き景気の下支えに寄与した……」（同上,「要旨」より）。99年度下期――「……公共投資の下支えや輸出の増加などを受けて,生産活動が増加傾向を辿った」。そして,「景気は,〈99〉年度下期中,下げ止まりから持ち直しに転じ〈た〉」（同上,2000年6月, 1ページ）。

(2) 生産・供給の動き

前記のような需要の動きと関連させて,1991－99年における生産・供給の状況をみることにする。

バブル期の1988－89年に5％前後の増加を続けた工業生産（生産活動）は,1991－93年,最終需要財を中心に停滞・減少した（表2－28）。国内市場への製品の供給においても,この時期には全体として停滞・減少したが,これはとくに国産品の減少によるものであった（表2－29）。他方,輸入品の供給は,円高の進行にもとづく価格の低下を背景に増加を続け,93年にはとくに最終需要財の輸入が著増した（「輸入浸透度」の上昇）。

工業製品の生産・出荷は,1994年,生産財から回復に転じ（最終需要財,うちとくに消費財はなお減少を続けた）,1995－97年には,生産財と投資財を中心に増加を続けた。これらの増加は,折からの国内需要の回復と輸出の増進によるものであり,また円高の進行下でも対外競争力をもつ製品であった。他方,消費財の生産・出荷は,消費需要の停滞と輸入品の供給増加に押されて,低い増加にとどまった。

こうした生産・出荷においてはまた,大企業の増加にたいして,中小企業のそれが下回った。中小企業においても,公的需要の拡大に支えられた内需

表 2 - 28 生産・供給の動き(1)（製造工業）

(対前年比，%)

年		1991	92	93	94	95	96	97	98	99
生産	製造工業・計	1.7	△6.1	△4.5	0.8	3.3	2.3	3.6	△7.0	0.9
	最終需要財	1.3	△6.7	△5.8	△0.9	2.1	4.0	3.2	△8.0	△1.6
	うち投資財	1.1	△9.7	△6.9	△0.1	4.1	6.7	3.0	△12.1	△3.9
	消費財	1.5	△3.7	△4.4	△2.0	0.4	1.4	3.2	△3.7	0.6
	生産財	2.3	△5.5	△2.9	2.3	4.7	0.3	4.2	△6.6	3.7
生産者出荷	製造工業・計	1.5	△5.1	△3.7	1.2	2.7	2.7	4.3	△6.7	1.3
	最終消費財	0.9	△5.3	△5.0	△0.1	0.9	4.7	3.7	△7.2	△1.3
	うち投資財	0.8	△7.3	△5.8	△0.1	3.0	7.4	3.6	△11.3	△3.4
	消費財	1.1	△2.7	△4.4	△1.9	△1.0	2.2	3.7	△3.1	0.6
	生産財	2.3	△4.9	△2.2	3.9	4.9	0.3	5.0	△5.4	4.6

〔備考〕 △ は減少を示す。
〔出所〕 通産省調べの生産指数と生産者出荷指数。1991-94年は90年基準指数，95年以降は95年基準指数。

の回復（および輸出が増加した大企業の下請需要の増加）によって，全体として生産・出荷が増加したが，中小企業は，円高の輸出抑制作用と製品輸入の増加によるマイナスの影響をとくに大きく受けた。

国内市場への供給についても，1994-97年には全体として増加が続いたが，ここでは輸入品の供給の増加が目立った（とくに93年に続き94年・95年における）。国産品の供給も96年を中心に低率ながら増加を示したが，この増加には，内需の拡大（および97年4月の消費税率引き上げを控えた「駆け込み需要」や96年・97年の円安化にもとづく輸入品価格の上昇→輸入増加率の低下）が寄与した。

なお，上記のような，景気停滞・不況下における製品輸入の増加(12)（表2-30）は，企業による生産コストの削減や販売促進のための安価な輸入製品の利用増加の動きによるものであるが，この輸入の増加（→輸入依存度の上昇）はまた，近年の円高の進行に伴う動きのみではなく，わが国の経済活動の構造的な存在と化している，といわれるようになった。そして，こうした製品輸入の増加は，同時にまた，国内市場における需給緩和の促進と販売競争（→価格競争）の激化によって，消費財を中心に国内品の販売価格の上昇の抑制や引き下げをもたらすことになり，こうして，わが国の物価にたいしては——中小・零細製造業や小規模流通企業の経営にたいするマイナスの影響は大き

IV章 物 価 245

表 2 - 29　生産・供給の動き(2)（鉱工業）

(対前年比，％)

	年	鉱工業	最終需要財 計	最終需要財 投資財	最終需要財 消費財	生産財（鉱業を除く）
総供給	1991	1.5	0.8	0.3	1.2	2.2
	92	△ 5.5	△ 5.4	△ 9.1	△ 1.6	△ 5.7
	93	△ 3.0	△ 3.4	△ 5.2	△ 1.6	△ 2.6
	94	1.6	0.7	0.6	0.7	2.7
	95	4.0	3.1	4.6	1.7	5.2
	96	3.2	5.0	8.3	2.1	1.1
	97	2.9	1.4	2.7	0.3	4.8
	98	7.4	△ 8.1	△12.3	△ 4.0	△ 6.9
	99	2.2	0.6	△ 0.6	1.5	4.4
国産	1991	1.2	0.5	0.4	0.8	2.0
	92	△ 6.2	△ 6.1	△ 9.4	△ 2.8	△ 6.3
	93	△ 4.1	△ 4.9	△ 6.3	△ 3.6	△ 3.1
	94	0.7	△ 0.3	△ 0.1	△ 0.5	2.0
	95	2.8	1.7	3.6	0.0	4.2
	96	3.0	4.9	7.9	2.1	0.7
	97	3.0	1.6	1.9	1.3	4.8
	98	△ 7.7	△ 8.3	△12.3	△ 4.4	△ 7.0
	99	1.1	△ 1.1	△ 2.4	0.1	3.9
輸入	1991	4.1	3.7	0.5	5.5	4.1
	92	0.3	4.1	△ 6.2	9.4	△ 2.1
	93	5.9	13.6	15.1	12.9	0.6
	94	11.8	15.3	19.9	13.4	12.2
	95	16.1	19.3	24.5	17.4	20.8
	96	5.0	6.0	15.3	2.1	5.9
	97	2.7	△ 0.4	13.9	△ 6.9	6.6
	98	△ 5.1	△ 4.8	△12.0	△ 0.7	△ 6.2
	99	11.9	17.5	25.4	13.5	9.7

〔備考〕　△ は減少を示す。
〔出所〕　通産省「鉱工業総供給表」。1991－93年は90年基準指数，94年以降は95年基準指数。

表2-30　輸出入の動き（1991-99年）

A. 輸出入　　　　　　　　　　　　　　　　　　　　　　　　　　　　（対前年比，％）

年	1991	92	93	94	95	96	97	98	99
輸出									
価格	△ 0.7	△ 0.1	△ 4.9	△ 0.8	△ 0.7	6.4	1.9	0.7	△ 8.1
数量	3.0	1.7	△ 1.8	1.5	3.2	1.2	11.8	△ 1.3	2.1
輸入									
価格	△ 8.4	△ 6.9	△13.3	△ 7.6	0.5	14.0	6.0	△ 5.5	△12.2
うち加工製品				△ 6.9	△ 1.0	11.6	4.3	△ 0.7	△14.4
数量	3.0	△ 0.7	4.8	13.4	11.7	5.6	1.7	△ 5.3	9.6
うち加工製品				19.6	22.1	8.3	3.0	△ 5.9	13.1

B. 製品輸入

金額（対前年比）	△ 4.9	△ 8.6	△ 6.0	11.3	20.2	21.0	7.5	△ 6.3	△ 3.2
製品輸入比率（％）	50.9	50.2	52.0	55.2	59.1	59.4	59.3	62.1	62.5

〔備考〕 1) △は減少を示す。
　　　　 2) 製品輸入は，輸入のうちの化学製品，機械機器，その他製品の合計。
　　　　　　製品輸入比率＝製品輸入額÷輸入総額
〔出所〕 大蔵省「外国貿易概況」。

いが——，その安定に寄与する要因となった。

　98年には，内需の減少（および輸出の減少）を背景に，工業生産・出荷は全面的に減少した。国内市場への製品の供給では，国産品も輸入品も同様に減少したが，なかでも国内品の落ち込みが大きく，輸入品の減少率を上回った。そして99年には，内需の回復（および輸出の増加）を背景に，工業生産・出荷が増加に転じたが，この増加の担い手は生産財であり，最終需要財はなお減少が続いた。国内市場への供給も99年には全体として増加を示したが，国産品の供給は生産財を除いて停滞を続け，円高の進行にもとづく輸入価格の低下を背景に，輸入品（とくに加工製品）の供給が再び著増した。

　(12)　製品輸入の増加は1994年頃から目立つようになったが，この点について『経』や『日』などから摘記する。
　　　　『経』「現在の輸入の増加については，特に低付加価値品の輸入が顕著に増大している……」（平成7年版，262ページ）。「……現時点において生産財以外の財において輸入が国産品を上回る勢いで増加しており，国内生産

に対する影響が徐々に高まっている」(同上，264ページ)。

また，「低成長が長期化しているにもかかわらず，輸入が急増している……」。「輸入は製品輸入を中心にかなりの勢いで増加しており，我が国経済の需要構造に組み込まれてきている……」。「消費や投資等の最終需要で輸入比率が明らかに高まっている……」(以上，平成8年版，122－128ページ)。

『日』「〈最近の輸入においては〉素原料のシェアが趨勢的に低下する一方，中間財，消費財，資本財・部品といった製品類の比率が高まっており，特に1995年は，資本財・部品のシェア上昇が目立っている」(1996年10月号，17－18ページ)。また，1980年代から90年代にかけては，「わが国が資本財・部品の輸出により特化する一方，消費財や部品などの製品輸入を増加させる方向に働いてきた……」(同上，23ページ)。最近の特徴としては，「……景気の回復テンポが依然緩かなものにとどまり，かつ最近では為替相場も円安方向で推移する中で，輸入が急増を続けるという異例の現象が生じている」(同上，26ページ)。そしてこの背景として，「わが国の内需が国際分業度の高い情報関連分野においてとりわけ急拡大したこと」，「企業が中期的なコスト圧縮の手段として〈海外生産拠点からの〉逆輸入などの輸入拡大戦略を続けたこと」などを指摘（同上，30ページ)。

『物』「……ここ数年の国内物価の下落傾向に関しては，……構造的要因として国内需要財における輸入浸透度の高まりがあるものと考えられ〈る〉。つまり，周辺アジア各国を中心に割安な輸入品の流入が増加し，国内で使用される財全体に占める割合が上昇することで，国内品の容易な値上げが行われにくい状況を作ってきた……」(『物97』20ページ)。

『中小』；輸入浸透度の高い繊維について――「……輸入浸透度が高まる中で，〈繊維の〉生産指数は，大企業，中小企業ともに大きく落ち込んでおり，特に中小企業の落ち込みが激しい……。これは，輸入品の増加によって国内生産の代替がかなり進んでいる中で，中小企業が大きく影響を受けていることを示唆している……」(平成9年度，90ページ)。

(3) **生産・供給コストの動き①（人件費の削減）**

上記のような物価の安定（さらには低落）の背景をなす需給緩和状況の長期化（→製品販売価格の引き上げ抑制・引き下げ）の下で，企業は，収益を

表 2-31　賃金コストの動き(1)（製造業・計）

(対前年比，%)

年	A.労働投入量	B.産出量	C.労働生産性	D.賃金	E.賃金コスト
1991	△ 1.3	1.7	3.0	3.8	0.6
92	△ 2.7	△ 6.1	△ 3.6	1.4	5.1
93	△ 2.7	△ 3.7	△ 1.1	0.1	1.2
94	△ 1.6	0.9	2.5	2.0	△ 0.4
95	△ 1.0	3.3	4.4	2.9	△ 1.5
96	△ 0.9	2.3	3.2	2.2	△ 1.0
97	△ 1.1	3.6	4.8	2.5	△ 2.2
98	△ 3.2	△ 7.1	△ 4.1	△ 1.0	3.2
99	△ 2.1	0.8	3.0	△ 1.2	△ 4.0
90年対95年	△ 8.8	△ 4.1	5.2	10.5	5.0
95年対99年	△ 7.1	△ 0.7	6.9	2.6	△ 4.0

〔備考〕　1）△は下落・減少を示す。
　　　　2）調査対象は事業所規模5人以上。
　　　　3）各指数(1995年基準)の対前年比を示す。指数のうち，B÷A＝C，D÷C＝E。
〔出所〕　社会経済生産性本部「生産性統計」。表 2-32, 33も同じ。

確保し経営を維持するために，生産・供給コストの削減を推進強化したが，企業によるこのコスト削減の中心手段となったのは，人件費の削減と生産手段の購入・仕入れ価格の引き下げであった。以下，1991-99年における生産・供給コストの動きについて，人件費と生産手段コストを中心に概観する。

　企業によるコスト削減の中心手段となったのは，第一に人件費（あるいは雇用コスト）の削減であった。[13]

　まず，賃金コストの動きを，社会経済生産性本部の労働生産性・賃金コスト指数によってみると，[14]この時期の賃金コストは――製造業を中心対象とするものであるが――，91年から93年にかけて全体として増加し，94年以降減少傾向を示した（表 2-31, 32, 33）。

　1991-93年の賃金コストの増加は，賃金の上昇とこれにたいする労働生産性の停滞・低下によるものであり，また，労働生産性の低下は，労働投入量の減少を上回る産出量の減少にもとづくものであった。

　1994-99年の賃金コストは，98年を除いて減少を続けたが，この減少は，まず労働生産性の上昇が賃金の上昇を上回ったことによるものであった。すなわち，賃金は1994-97年と上昇を続けたが，その上昇率は鈍化し，98年・

表2-32 賃金コストの動き(2)（製造業・業種別）

業種別	1990年対95年 A.労働投入量	B.産出量	C.労働生産性	D.賃金	E.賃金コスト	1995年対99年 A	B	C	D	E
計	△ 8.8	△ 4.1	5.2	10.5	5.0	△ 7.1	△ 0.7	6.9	2.6	△ 4.0
食料品・飲料など	7.9	2.1	△ 5.3	3.5	9.3	7.8	△ 1.4	△ 8.5	1.5	10.9
繊維	△16.9	△23.1	△ 7.5	20.5	30.2	△12.2	△20.4	△ 9.3	2.6	13.1
パルプ・紙・紙加工品	△ 6.2	4.9	11.9	12.9	0.9	△ 6.1	2.7	9.8	△ 1.0	△ 9.8
化学	△ 2.3	13.5	16.3	10.4	△ 2.0	△10.2	4.2	16.0	1.5	△12.5
石油・石炭製品	△ 1.7	16.4	18.3	14.4	△ 3.3	△14.7	2.8	20.5	△ 1.9	△18.6
プラスチック製品	△ 1.1	△ 5.2	△ 4.2	8.9	13.8	0.4	△ 3.0	△ 3.4	3.2	6.8
窯業・土石製品	△ 9.7	△ 7.8	2.0	11.7	9.5	△ 9.2	△10.4	△ 1.3	5.7	7.1
鉄鋼	△19.7	△ 8.9	13.4	△ 0.7	△12.4	△17.3	△11.3	7.3	△ 0.4	△ 7.2
非鉄金属製品	△ 9.2	4.1	15.3	2.4	△11.3	△10.7	△ 1.4	10.4	4.9	△ 5.0
金属製品	△ 8.7	△ 4.7	4.4	9.2	4.6	△ 7.5	△11.2	△ 4.0	△ 1.6	2.5
一般機械器具	△10.8	△13.8	△ 3.4	8.0	11.7	△ 6.8	△10.9	△ 4.4	1.0	5.6
電気機器	△11.8	11.4	26.3	18.9	△ 5.8	△ 8.7	16.6	27.7	5.5	△17.4
輸送用機器	△11.6	△11.9	△ 0.3	9.3	9.6	△ 7.2	3.8	11.9	3.7	7.3
精密機器	△15.6	△23.1	△ 8.9	7.2	17.6	△ 5.7	0.1	6.2	7.0	0.8

〔備考〕 1) △は下落・減少を示す。
2) 業種では，家具・装備品とゴム製品を除く。計の数字には，これらの動きも含まれる。
3) その他，表2-31を参照。

表2-33 賃金コストの動き(3)（第三次産業など）

A. 1990年対95年

業種別	A.労働投入量	B.産出量	C.労働生産性	D.賃金	E.賃金コスト
電気・ガス・熱供給，水道業	2.8	17.0	13.8	12.2	△ 1.4
運輸・通信	3.2	14.2	10.6	7.9	△ 2.4
卸・小売，飲食店	△ 1.1	0.4	1.5	8.0	6.4
金融・保険	0.6	12.7	12.1	9.6	△ 2.2
サービス	8.2	9.1	0.8	8.1	7.3
建設業	24.2	△ 1.7	△20.8	12.1	41.4

B. 1995年対99年

	A	B	C	D	E
電気・ガス・熱供給，水道業	△ 7.8	7.4	16.5	5.1	△ 9.8
運輸・通信	△ 0.6	21.0	21.7	△ 3.8	△21.0
卸・小売・飲食店	△ 3.9	△ 6.4	△ 2.6	△ 1.8	0.8
金融・保険	△12.3	13.5	29.4	△ 1.0	△23.5
サービス	5.3	2.9	△ 2.3	1.6	4.0
建設業	6.6	△10.0	△15.6	△ 2.7	15.3

〔備考〕 調査対象は事業所規模5人以上。他は，表2-31の備考を参照。

99年には低下した。こうした賃金の動きにたいして，この時期の労働生産性は，労働投入量の減少と産出量の漸増によって上昇を続け，賃金コストの減少要因となった。また，98年の賃金コストの増加は，産出量の減少を主因とする労働生産性の低下にもとづくものであり，賃金は低下したが労働生産性の低下がこれを上回った。

以上，1991－99年の状況を概括すれば，賃金コストの減少（あるいはその増加抑制）の要因となったのは，労働投入量の減少と賃金上昇の鈍化（さらに低下）であった。こうした賃金コストの減少にはまた，最近における企業の人件費・雇用コスト削減の推進とその手段とが反映されている。

なお，労働投入量はこの時期を通じて減少を続け（製造業では全面的に，95年頃からは運輸・通信業をはじめ第三次産業部門においても），労働生産性上昇（→賃金コスト減少）の要因として働いたが，これにたいして産出量の増加の停滞（さらには減少）が，その上昇の抑制要因として作用した。例えば，賃金コストが著増した繊維工業では，労働投入量は減少を続けたが，これを大幅に上回る産出量の継続的な減少（→労働生産性の低下）が，その著増の主因となった。他方，賃金コストの減少が目立つ電気機器工業では，労働投入量の減少に加えて産出量の継続的な増加が，その減少を加速した。

上記の労働投入量の減少にはまた，技術的な省力化の進行，労働能率の引き上げや労働強化などの作用が混在しているが，このうち，技術的な省力化による労働投入量の減少は，省力化投資を進めた大企業でとくに生じたものであったろう。労働投入量の減少の中心手段となったのは——大企業を含め全産業・企業を通じて——，やはり「雇用調整」の推進であり，ここでは増員の抑制による労働能率の引き上げ・労働強化から，さらに人員（雇用）の削減が加わることになった。

賃金は，バブル期の1988年から91年にかけて全体として毎年4％前後の上昇を続けたが，92年以降上昇率が大幅に低下し（92年2％，93年以降1％台の上昇へ），さらに98年・99年には全面的な減少となった（表2－34）[15]。また，最近におけるこの賃金上昇の鈍化や減少の動きは，一般に小規模企業に強く現われた。

表2-34 賃金の動き

A. 産業別（事業所規模5人以上） （対前年比，%）

年	1991	92	93	94	95	96	97	98	99
調査産業・計	4.4	2.0	0.3	1.5	1.1	1.1	1.6	△1.3	△1.3
うち製造業	3.7	1.4	0.1	2.0	2.9	2.2	2.5	△1.0	△1.2
建設業	7.1	2.4	0.3	2.4	△0.4	1.5	0.8	△3.0	△1.9
運輸・通信業	3.7	2.6	0.7	0.7	0.0	△1.3	0.0	△0.6	△1.9
卸・小売業，飲食店	5.7	2.1	△1.0	0.2	0.9	1.2	1.2	△2.2	△1.9
サービス業	3.9	1.5	0.1	1.8	0.6	0.6	1.9	△0.2	△0.7

B. 事業所規模別（調査産業・計）

	1991	92	93	94	95	96	97	98	99
500人以上	3.1	0.9	1.0	1.2	3.0	1.7	3.0	△1.1	△0.9
100-499人	3.4	3.1	1.0	2.8	1.9	0.6	1.8	△0.9	△1.1
30-99人	4.0	1.3	0.4	1.5	1.0	2.6	1.5	△1.7	△1.3
5-29人	6.5	2.0	△0.1	1.4	0.5	0.5	1.4	△1.3	△1.6

〔備考〕「常用労働者」の「現金給与総額」について。常用労働者とは「期間をきめずに，又は1カ月を超えた期間をきめて雇われている者及び日々雇われている者で前2カ月の各月に18日以上雇用された者」。
〔出所〕 労働省「毎月勤労統計調査」1995年基準指数。

表2-35 雇用の動き

年	A. 雇用指数（調査産業・計）			B. パートタイム労働者の比率（%）			
	常用労働者・計	うち一般労働者	パートタイム労働者	調査産業・計	うち製造業	卸・小売，飲食店	サービス業
1991	2.5	1.9	6.5	13.5	11.7	25.9	13.6
92	2.7	2.4	5.4	13.8	11.7	26.4	14.1
93	2.1	1.4	6.2	14.4	11.3	28.0	14.9
94	1.0	0.9	1.4	14.4	11.0	28.7	15.0
95	0.6	0.6	0.9	14.5	10.6	28.7	15.4
96	0.8	0.1	4.6	15.0	10.9	29.4	16.0
97	0.9	0.2	4.6	15.6	11.4	30.4	16.5
98	0.2	△0.8	4.2	16.3	11.6	31.6	17.4
99	△0.3	△1.0	3.4	19.5	12.6	38.1	18.9

〔備考〕 Aは対前年比（%）。労働者の区分は次のようになっている。「常用労働者」については表2-34の備考を参照。「一般労働者」とは「常用労働者」から「パートタイム労働者」を除いたもの。また後者は，「常用労働者」のうち「1日の所定労働時間がその事業所の一般労働者より短い者，又は……1日の所定労働時間が同じでも1週の所定労働日数が少ない者」。
　　　　Bは調査期間末の全常用労働者に占める比率（事業所規模5人以上）。
〔出所〕 表2-34と同じ。

表 2 - 36　雇用調整の実施とその方法

(%)

調査時期 (年月)	実施計	残業規制	休日増加など	臨時・季節,パートタイム労働者の再契約停止・解雇	中途採用の削減・停止	配置転換	出向	一時休業	希望退職者の募集・解雇
A. 調査産業・計									
98年 1 - 3 月	25	13	4	4	6	8	5	1	2
4 - 6 月	28	16	5	3	7	9	6	1	2
7 - 9 月	30	18	5	4	8	9	6	2	3
10 - 12 月	33	20	5	5	10	11	7	4	4
99年 1 - 3 月	35	20	4	6	10	10	7	4	5
4 - 6 月	32	18	4	3	8	10	7	3	4
7 - 9 月	29	17	4	3	8	9	7	3	3
B. 製造業									
98年 1 - 3 月	31	18	4	5	7	10	7	1	2
4 - 6 月	36	23	7	4	9	12	9	2	2
7 - 9 月	38	25	6	4	10	12	9	4	3
10 - 12 月	46	31	8	5	14	16	12	7	4
99年 1 - 3 月	45	29	6	6	13	15	11	7	6
4 - 6 月	42	27	6	6	12	14	11	6	5
7 - 9 月	38	25	4	3	11	13	12	6	4

〔備考〕　1)　調査対象は「常用労働者30人以上を雇用する民営事業所のうちから，……抽出した約5400事業所」。詳しくは同調査を参照。
　　　　　2)　数字（%）は，上記の調査事業所を100とする。
　　　　　3)　雇用調整の増加した1998年以降の状況を掲げた。
〔出所〕　労働省「労働経済動向調査」。

　雇用についても，94年以降とくに「一般労働者」の雇用が停滞を続けるとともに，98年にはじめて減少となり，99年もこの減少が続いた。これにたいして「パートタイム労働者」が近年増加を続け，雇用労働者に占めるこの比率も，卸・小売業などをはじめとして，全体的に上昇し，企業労働における比重を高めた（以上，表2‐35）。企業による雇用コストの削減・効率的雇用編成の推進である。[16]

　最近における企業の人件費対策（その増加の抑制・削減措置）はまた，「雇用調整」の名の下に進められている。これをまず労働省調査によって全体の動きをみると（表2‐36），この「雇用調整」を実施した企業数は98年から99年にかけて増加し，製造業をはじめとして調査企業の30%以上となっている。

IV章　物価　253

その手段は,残業規制,および配置転換,中途採用の削減・停止,出向などが中心であり,解雇のケースは全体としては少ないが,しかし,この解雇手段の実施は――その他の「調整」措置とともに――,当面なお多用されるであろう。[17]

また,最近における企業の雇用行動(人件費・雇用コストの増加抑制・削減のため)として指摘されているのは[18],まず,生産が減少しあるいは業績が低下(悪化)すると,企業は直ちに雇用の削減に着手し,これを拡大する,という動き(雇用者数の削減行動の強化・積極化)である。そして,これを迅速・効率的に実行するのが経営者の手腕の一つとなっている,といわれている。また,こうした「雇用調整」の中心対象となっているのは,中高年層をはじめとする常雇・一般従業員であり,パートタイマーや臨時雇などについては,企業は,「雇用調整」のクッションとしてこれを利用しながら,これらの低賃金労働者を積極的に組み込んだ効率雇用の体制作りを進めている。そしてさらに,このような企業の雇用行動は,企業の「リストラ」促進政策の一環として,政府の支持するところとなっている。いわば,個々の企業は,「生き残り」を旗印に,競い合って人件費の削減(その手っとり早い方策として常雇用の削減)に突っ走り,政府は,企業の合理化・体質強化のためにこれを促進しながら,経済活動全体の拡大のなかで雇用の創出・回復を図っていこう(そのようにもっていきたい)というのが,現在の雇用行動の構図である。

> (13) 企業の人件費・雇用コスト削減の推進について,『経』や『日』などから摘記する。なお,後掲の注18を参照。
> 〔1993－96年頃の動き〕
> 『経』「大企業では生産性も雇用も上昇した業種が最も多かったのに対して,中小企業では,生産性は上昇,雇用は減少した業種が最も多かった」。「……中小企業においては,個人企業も含めて,生産性の上昇は雇用の減少を伴うものであった」(1985－94年度の動き,平成8年版,241,243ページ)。
> また,「……貿易財産業の平均レートが増価するなかで比較劣位化した

産業が輸入の増加と雇用者の減少に直面している……」。「輸入の上昇の顕著な」産業について──「繊維と精密機械においては，就業者が大きく減少しているにもかかわらず，労働生産性は低下または極めて低く調整の真っ只中にあるといえる。一方，衣服・身回品，製材・木製品，皮革・同製品においては，就業者が減少することにより結果的に生産性の上昇に成功している」（平成7年版，265-266ページ）。

『日』「……資本財・生産財型産業では，投入当たりの労働生産性が目立って改善しており，……。これに対して非耐久消費財型産業では，雇用調整圧力がかかってない規模に達しており……」（1996年6月，64ページ）。

また，「……リストラは，より恒常的な経営方針として企業に定着してきた……」。「……リストラのテーマとして，〈アンケートでは〉人員削減を掲げる企業が58.2％に上っており，雇用調整への関心が高いことを示す結果となっている」。「現在のところ，雇用調整の具体策は，配置転換（78.0％），新規採用の中止・削減（64.1％）等なお雇用の安定性に配慮したものとなっているが，……今後一段のリストラの進捗による雇用環境への悪影響も懸念される」（産業構造審議会産業資金部会「平成8年度の民間投資計画についての意見」96年7月；「企業に定着したリストラ雇用問題」より，通産省『主要産業の設備投資計画』平成8年版所収）。

〔1997年・98年頃の動き〕

『物』「79％の企業が『人件費の削減』，『物流費の削減』，『生産工程の変更』等のコスト削減を行っていることを背景に，値上げで対応した企業は37％にとどまってい〈る〉」（『物97』22ページ）。

『経』「……製造業では大企業を中心に人件費の削減などを通じたコスト圧縮努力によって収益改善の効果が大きかったのに対して，非製造業ではその取組が遅れている。製造業では労働コストの比率を下げ，営業利益率も改善しており，とくに大企業ではバブル末期の水準にまで業績を改善させている。云々」（平成10年版，40ページ）。

また，「99年に入り企業収益は持ち直し〈た〉」。「今回の企業収益の回復は『減収増益型』であり，売上高が減少する中で，コストを更に引き下げることによって，経常利益が増加している」（『現況』平成12年版，76ページ）。「製造業で99年に入り，売上高経常利益率が上昇しているのは，……98年にみられた人件費要因のマイナス幅がなくなったことによる……」（同上，80-81ページ）。

『日』「……人件費の調整は，主に所定外労働時間（およびそれに伴う所定外給与），特別給与，パート等周辺労働者によって行われている」(1997年5月号，48ページ)。96年頃の雇用の増加について――「常用雇用者数の伸びは純く，しかもそれがほとんどパートのみの増加となっている……」(同上，38ページ)。

〔1999年の動き〕

『経』；製造業における売上高経常利益率の上昇について，「……99年に入ってからは人件費の抑制が大きくプラスに寄与している」(平成12年版，31ページ)。

日銀；「〈99〉年度下期の企業収益は，リストラ等による経費節減効果も寄与して，製造業の大幅増益となった……」。また，「企業が人件費抑制スタンスを堅持する中で，家計の雇用・所得環境は引き続き厳しい状況であった」(99年度下期の状況，『通貨及び金融』2000年6月，1－2ページ)。

また，99年に入ってからの労働生産性の上昇について――「〈労働生産性〉改善の内訳は，半分が人員削減効果で，残りが生産量の上昇と時間削減だった……。大企業が相次いで人員削減を進める一方，正社員のパート労働化が進んでいることも響いた……」(『朝日』1999年10月2日)。

(14) この賃金コストの動きは，対象業種（事業所規模5人以上）の賃金（現金給与総額）指数÷労働生産性指数により，後者は，当該業種の産出量（品目別生産量）指数÷労働投入量（そこに働く延べ労働者数）指数によって，算出したものである。こうしてまた，この労働生産性の動きは，短期的には，生産技術の条件よりも，そのときどきの生産量の動き（増減）によって大きく左右されることになる。

(15) 1998年における賃金と雇用の減少について摘記する。

『労』「98年の賃金は，所定内給与が統計調査開始以来最も低い伸びとなり，所定外給与が大きく減少したことから，きまって支給する給与（定期給与）が統計調査開始以来初めて減少した。これに加え特別給与も統計調査開始以来最も大幅な減少となったことから，現金給与総額は統計調査開始以来初めて減少した」(平成11年版，42ページ)。

『経』「98年は，賃金面で大幅な調整が行われ，平均賃金（現金給与総額）が戦後初めて下落した」(平成11年版，26ページ)。「今後は，企業が更に賃金調整圧力を強める可能性もあろう」(同上，28ページ)。また，98年度の

「現金給与総額」の減少は,「98年度の景気がいかに厳しかったかを物語っています」(『物99』9ページ)。

『労』「……1998年の雇用者数は,年平均で前年差23万人減と,比較可能な1954年以降初めて前年を下回った。(中略)第 1 次石油危機の1975年ですら前年差 9 万人増とプラスを維持したことを考えると,今回の減少は非常に大きなショックであったといえる」(平成11年版,141ページ)。

(16) パートタイマーなど「非正規労働者」の増加について,『労』や『経』などから摘記する。

『労』;①雇用労働者全体に占める「非正規労働者」の比率の上昇——全産業・男女計で1990年18.0%→96年19.9%,うち女子では同36.6%→38.0%。②パートタイマーを雇用する事業所の理由(事業所割合,複数回答)——人件費節約のためが52.3%。③パートタイム労働者の賃金格差の拡大(時間当たり現金給与総額,一般労働者を100とする,女子・産業計)——90年60.9→95年58.6。また,「その背景〈には〉,……勤続に応じて賃金が上昇する一般労働者より人件費が割安であるパートタイム労働者を雇用することでコストダウンを図ろうとする企業行動があるとみられ〈る〉」。そして,「〈こうした〉パートタイム労働者〈において〉は,……基幹的,恒常的な労働力として就業する者が増加して〈いる〉」(平成 9 年版,181,184ページ)。

また,「最近の雇用の動きで特徴的なこととして,……雇用者全体に占めるパート,派遣,嘱託など,正社員でない形態で働く者の割合が高まっている」。「パート比率の上昇が顕著なのは,卸売・小売業,飲食店,サービス業などであるが,こうした業種で,企業がパートを雇う理由としては,『人件費の節約のため』,『……仕事の繁閑に対応するため』が多くなっている」。「先行きに対する不透明感の中で,成長分野でも,極力正規の増加を抑え,パート主体の雇用拡大をしている……」。「雇用するパートタイム労働者の中に,『正社員と職務内容がほとんど同じ』者が存在する事業所は58.6%,『管理業務や専門業務に従事している』者が存在する事業所は26.0%となっている」(99年における労働省や日本労働研究機構の実態調査にもとづく;同上,平成12年版,109-115ページより摘記)。

『経』;パートタイム労働者の増加について,「……人件費削減の手段として,……パートタイム労働者を重視する〈企業の〉姿勢が示唆される」(労働省の調査にもとづく;平成10年版,76ページ)。「……企業にとっての

人件費負担としては，パートタイム労働者の人件費は一般労働者の人件費のおよそ半分にとどまっている」(同上，77ページ)。

(17) 「現下の労働市場においては『景気の改善下での雇用調整を伴うリストラクチャリングの活発化』，『常用雇用の減少と臨時雇用の増加の併存』という二つの特徴がみられる」。また「『希望退職者の募集，解雇』といった厳しい雇用調整を実施する事業所の割合は水準としては低いものの第1次石油危機後の不況期と同程度の高まりをみせている」(『労』平成12年版，96-97ページ)。

(18) 企業の最近の雇用行動について，『労』や『経』などから摘記する。

『労』「……バブル崩壊直後の生産の落ち込みから雇用者数が減少に至るまで1年以上の長いラグがあったが，今回は生産の減少から直ちに雇用者数の減少が始まった……」(98年を中心とする動き，平成11年版，44ページ)。「〈企業の〉雇用過剰感は……過去最高となっている」(同上，146ページ)。「……全産業ベースでみると，バブル崩壊後以降〈93年10月-12月期以降〉，雇用調整速度は〈1976-86年〉の2倍程度に速くなっている」(同上，149ページ)。「……経営状況の悪化に対して速やかに削減する動きが強まっている」(同上，152ページ)。また，「……経営状況の悪化に対応して雇用の大幅削減を含むリストラを計画する企業の株価が上昇する場合があるなど，グローバル化が進む資本市場の要請を背景として，雇用保蔵の早期解消を図る動きが強まっている……」(同上，148ページ)。

また，最近の「雇用調整を伴うリストラクチャリング」に共通する背景の第一として「かつてない雇用過剰感の高まり」をあげ，企業のこれへの対応の説明のなかで，「人員削減を発表する企業が，株価や企業に対する格付けの面で評価されるという傾向」を指摘する(平成12年版，97-103ページ)。

『経』「……企業は厳しい雇用調整を行っている。ここ数年はパートタイム労働者の活用の増加が見られていたが，98年後半からは一般労働者の減少分がパートタイム労働者の増加分を上回って，全体として常雇雇用者が減少する局面に入っている。また，賃金決定にも企業収益の動向がより反映されるようになってきた」(平成11年版，9ページ)。

「……企業は一人当り人件費の抑制も企図している。このため，①臨時・日雇労働者や派遣労働者の活用で賃金コストを抑制する，あるいは②福利厚生費等のフリンジベネフィットを削減する動きが広がっており，……」

(『現況』平成12年版，180ページ)。「企業は98年以降中高年層の調整を進めている……」。「……最近では中高年層の希望退職，解雇といった措置を取る企業が増加していると考えられる」(同上，181-182ページ)。

また，「企業は人件費負担の増加を避けるため，常用雇用ではなく臨時労働者の増加によって労働投入量を増加させている。……臨時・日雇比率の推移をみると，臨時労働者比率が96年以降，やや上昇ピッチを早めている。先行きについても，企業は臨時労働者比率の引き上げによる人件費削減を指向して〈いる〉」(同上，183-184ページ)。

日銀：「……企業は，まず賃金抑制に着手し，続いて雇用調整の動きを強めたものとみられる。また，こうしたなかで，〈99〉年入り後は，幾つかの大企業が，雇用面を含めリストラを本格化させる方針を打ち出した」(『通貨及び金融』1999年6月，13ページ)。また，「雇用・所得環境の悪化」を述べて——「企業の雇用過剰感や人件費に対する負担感が引続き根強く，企業が，給与体系の見直しを含めた本格的なリストラに取り組んでいる……」(同上，1999年12月，12ページ)。

新聞も，失業の増大の動きとともに，雇用状況の悪化を大きく報じた。1998年から99年にかけての記事(『朝日』)から摘記すれば——「『雇用の質』の低下が急速に進んでいる」として，①パート，アルバイトなどの「非正規雇用」の増加，②「景気の調整弁といわれる」臨時雇い・日雇いの「不安定雇用」の増加などを指摘(1998年3月27日)。

「企業が人減らしの動きを加速させている……」。「生産現場では確実に人員過剰感が出始めている」(4月29日，5月30日)。

「需要の落ち込みで雇用を支えきれない業界が増えている」。「……下請け企業の間では希望退職の募集，工場の閉鎖などのリストラが加速している」(8月12日)。「雇用の情勢がけっぷち」(10月2日)。

「企業の人員削減の波の高まり……」。「臨時雇いは……増えたが，正社員など『常用雇用』は……大幅減で，安定した雇用の減少が目立っている」(1999年3月30日)。「人減らし競争の様相」——「『終身雇用制度』を守ってきた大企業もここへきて，政府・経済界が進めようとしている供給リストラのかけ声とともに大幅な人員削減に乗り出した」。「〈98年〉後半から相次いで発表されている企業の人員削減案は，あらゆる業界に及んでいるのが特徴だ」(3月31日)。また，「産業界，金融界を挙げて過剰設備の廃棄に取り組んでもらいたいし，そうすればさらに雇用は悪くなると思わなきゃ

IV章　物価　259

いけない。云々」（3月31日の会見における蔵相の言，3月31日）。

「人員削減など企業のリストラは強まる一方……」。「安定的な雇用が減り，増えるのは不安定雇用という流れが定着した格好だ」（4月30日）。「企業の人減らしはこれから本格化する見通し……」（5月1日）。99年4月の失業率の報道で――「非自発組が自発組を逆転したのは円高不況の87年12月以来11年4カ月ぶりで，リストラの勢いが一段と強まっていることを裏付けた」。「正社員がリストラされ，パートなどの『不安定雇用』が補う形で，雇用の『質』が一段と悪化している。」また，「……首相が主宰する産業競争力会議もサプライサイド……の改革と雇用の流動化を旗印にしている」（以上，6月1日）。「失業率最悪の4.9％」――「リストラによる人員削減の動きが強まっていることを裏付けた」。また，「産業活力再生特別措置法案〈7月29日，衆議院で可決〉は……，企業のリストラを促進し，『雇用不安を助長させる』（連合）という側面があるのは否めない」（7月30日）。

また，「……重厚長大メーカーや流通では依然としてリストラが進む。大企業のリストラが下請けや系列の中小企業に深刻な影響を及ぼしつつあり，雇用なき景気回復の様相を一層濃くし始めた」（2000年4月1日）。

以上，最近の企業の雇用行動について摘記してきたが，企業は相互に，自己の存続と拡大をかけて内外の市場で弱肉強食の激しい競争を繰り広げ，従業員たちはこのために扱き使われ，過剰・不要となれば弊履の如く捨てられ，一生を終わる。これが現代の経済の現実である。

(4) 生産・供給コストの動き②（生産手段コストの削減）

上記のような人件費・雇用コストの削減とともに，この時期には，生産・供給コスト削減のために，企業による生産手段コストの削減が進められたが，この主要手段の一つとなったのが，安価な輸入品の利用と生産手段の購入・仕入れ価格の引き下げであった。この生産手段コストの指標として，まず，製造業における生産手段の消費・使用量とそれらの価格（購入・仕入れ価格）の動きについて，1991－99年の状況を概観する。

原材料消費の動きについては(表2－37)，この時期には，その消費量が生産の増加を総じて下回った（あるいは前者の減少が後者の減少を上回った）。

表 2 - 37 生産と原材料消費の動き (製造業)

(対前年比, %)

年	1991	92	93	94	95	96	97	98	99	90年対99年
生産指数	1.7	△6.1	△3.7	0.9	3.3	2.3	3.6	△7.1	0.8	△4.8
原材料消費指数	0.6	△7.0	△4.0	1.2	4.4	1.2	3.2	△8.6	0.9	△7.6
素原材料(電力を除く)	2.0	△1.8	△0.1	1.5	0.8	0.2	2.1	△6.8	△0.1	△2.5
国産	0.7	△4.7	△1.6	1.8	0.8	0.9	2.1	△8.9	0.6	△8.5
輸入	2.9	0.1	0.5	1.3	0.8	△0.3	1.9	△4.8	△0.8	1.4
製品原材料(重油を除く)	0.4	△6.0	△4.8	1.2	5.0	1.4	3.4	△9.1	1.3	△8.8
国産(電力,重油を除く)	△0.4	△7.0	△4.6	1.2	4.8	1.4	3.3	△9.1	1.2	△9.0
輸入	△0.1	△1.4	0.0	4.6	0.8	0.9	1.5	△6.4	1.2	△0.9

〔備考〕 △ は減少を示す。
〔出所〕 通産省調べ，1995年基準指数。

　この時期の生産における原材料消費は，こうして全体としてその節減が若干進み，生産コストの減少に寄与した（少なくとも生産コストの増加要因とはならなかった）とみることができる。すなわち，この時期の設備投資は全般的に減退したが，こうしたなかでも，機械器具生産部門を中心に，原材料消費の節減のための技術的改善が進められたとみられる。

　生産手段コストには，この原材料の消費量とともに，それらの価格の動きが大きく作用する。企業は，使用する原材料については，価格的により安価なものをそのつど選び，例えば国内品と輸入品とを対比してその使用量を増減させ，コストの増加の抑制と節減を図ったが，そのなかで，コスト対策として輸入原材料や部品の利用を全体として高め，それらの輸入が増加した。

　企業の生産手段の購入価格について，これを投入物価の動きからみると（表2‐38），1991－99年の投入物価は全体として下落傾向をみせ，生産手段コストの増加の抑制に寄与したが，なかでも，国産品投入価格の継続的な下落が目立ち，企業間の価格競争の激化を示した（この時期を通じた下落率では輸入品投入価格のほうが高かったが）。

　企業の生産手段購入価格の下落とともに，企業が利用する諸サービスの価格もまた全体として低下傾向を示し（表2‐39），生産・供給コストの削減に寄与した。この企業向けサービス価格は，1992年まで，景気停滞下でも根強い上昇を続けたが，外部の企業が提供する諸サービスの利用にたいする企業

表 2 - 38　投入・産出物価の動き（製造業）

(対前年比，％)

年	製造業総合 投入物価	製造業総合 産出物価	投入物価 国内品	投入物価 輸入品	産出物価 国内品	産出物価 輸出品
1991	△ 0.3	0.5	0.7	△ 9.3	1.1	△ 4.9
92	△ 2.2	△ 1.0	△ 1.7	△ 6.9	△ 0.7	3.3
93	△ 3.2	△ 2.2	△ 2.2	△ 13.0	△ 1.6	7.9
94	△ 2.5	△ 2.0	△ 2.2	△ 6.7	△ 1.9	2.7
95	△ 0.7	△ 1.2	△ 0.8	1.6	△ 0.9	2.5
96	△ 0.3	△ 0.1	△ 1.4	12.1	△ 0.8	7.2
97	2.2	1.4	1.5	8.8	1.2	2.8
98	△ 2.5	△ 0.7	△ 1.8	△ 9.3	△ 1.0	2.6
99	△ 3.3	△ 2.3	△ 2.3	9.1	△ 1.3	△ 10.0
90年対98年	△ 9.2	△ 5.2	△ 7.7	△ 23.0	△ 4.7	△ 9.2

〔備考〕　1）　△は下落を示す。
　　　　2）　製造業部門総合，グロスウエイトベース（対象範囲に自部門内取引を含む）指数による。
　　　　3）　投入物価は「投入面における物的コストの動向を示す」，産出物価は「産出面における製品の価格動向を示す」（以上，原注）。
〔出所〕　日銀「製造業部門投入・産出物価指数」。1991-98年は90年基準，99年は95年基準。

表 2 - 39　企業向けサービス価格の動き

(対前年比，％)

年	1991	92	93	94	95	96	97	98	99
総平均	3.0	1.7	0.3	△0.9	△1.2	△1.4	0.6	△0.4	△1.5
うち金融・保険	△0.6	0.8	0.0	0.3	1.2	△0.9	△0.2	△2.3	△1.6
不動産（不動産賃貸）	5.7	5.6	3.7	△0.4	△3.1	△2.4	0.5	0.0	△1.4
運輸	2.5	0.7	△0.1	△1.0	0.5	1.1	1.6	0.1	△2.0
情報サービス	3.7	0.6	△1.9	△4.9	△3.3	△0.6	1.5	0.9	△0.4
通信	△2.4	△1.5	△1.4	2.2	0.4	△0.2	△3.8	△4.4	△1.6
広告	3.5	2.5	0.6	0.8	1.0	2.3	3.3	△0.2	△0.3
リース・レンタル	△0.3	△3.6	△4.8	△5.4	△6.1	△10.5	△4.7	△2.1	△2.8
諸サービス	5.5	4.5	2.2	0.2	△0.2	△0.7	1.7	0.3	△1.1

〔備考〕　1）　「企業間で取引されるサービス（国内および輸入）を対象とした価格指数」（原注）。△は下落を示す。
　　　　2）　諸サービスとは自動車・機械修理・土木サービスなどの価格。
〔出所〕　日銀「企業向けサービス価格指数」。1991-93年は90年基準，94-99年は95年基準。

の需要の減退によって,93年以降下落傾向に転じ,98年・99年にはその下落が全面化した。そしてサービス企業は,このため,人件費の削減を中心に供給コストの削減に努め,さらにマージンの縮小による販売価格の引き下げへと進んだ。

なお,このような企業の生産手段の購入・仕入れ価格の下落は,他方では同時に,売り手企業による製品販売価格の引き上げの抑制・引き下げを意味している。

まず,企業の投入物価(生産手段の購入価格)と産出物価(製品の販売価格)とを対比すると(表2-38),1991-94年には,総じて,投入物価の下落率が産出物価の下落を上回り,生産・供給側の企業にとって若干有利な状況であったが,96年以降は,産出物価の下落が投入物価のそれを上回るようになった。こうした動きはまた,企業による生産手段の購入・仕入れ価格の引き下げ要求の高まりとともに,売り手企業にたいするその製品販売価格の引き下げ圧力の強化を反映しているが,このような生産手段仕入れ価格の引き下げにおいては(あるいは,自己の販売価格の維持あるいはコストの販売価格への転嫁においては),一般に,交渉力の弱い中小企業が不利な状況におかれることとなった。

すなわち,生産手段仕入れ価格の引き下げ要求の対象になった(換言すれば,その製品販売価格にたいする引き下げ圧力にさらされた)企業,あるいは,売り手としての製品価格の引き下げを買い手としての生産手段仕入れ価格の引き下げによってカバーしようとする企業間の攻防のなかで,弱い立場に置かれたのは,一般に下請・中小企業であった。下請・中小企業は,大企業による仕入れ価格の引き下げ要求にあって自己の製品販売価格の引き下げを余儀なくされる一方,企業間では,製品の販売・購入価格の引き下げを求め合って,同士打ちを展開する結果となった。これに関連してまた,中小企業においては,一般に,売り上げが増加する時期には,売上単価(販売価格)の引き上げが抑制される一方で仕入れ単価(仕入れ価格)の上昇が大きくなり,売り上げが減少する時期には,仕入れ単価も下落するがその下落は売上単価の方が大きい,といった状況も指摘された。

Ⅳ章 物価 263

企業によるこうした販売価格の引き下げにおいてはまた，上記のような人件費の削減を中心とする生産・供給コストの削減のほか，マージンの縮小による価格の引き下げが加わり，さらに出血的な価格での販売をも含むものとなった。そしてこうした販売価格引き下げの動きは，消費財の製造業や下請製造業，卸・小売業をはじめとして，全産業・企業的に広汎化した。[22]

　以上のように，企業のコスト削減方策は，一般に中小企業の負担において進められるとともに，全体としては結局，人件費の削減に集中することとなった。さきにみたような，最近における物価の安定的な推移（国内卸売物価の低落傾向，消費者物価上昇の低率化）は，このようにして，人件費の削減（→企業に働く従業員にたいする負担の強制）を主体とする生産・供給コストの削減によって，基礎的に支えられている，ということができる。

　なお，上記のような生産・供給側の販売・価格競争の高まりのなかで，企業は販売価格の引き上げの抑制・引き下げに応じざるをえず，このためさまざまな方法でコストの削減を推進したが，しかしなお，こうした状況の下でも，他方では同時に，供給側の企業によって，自己の販売価格の維持を図ろうとする行動（あるいはこれに繋がる共同行動）が執拗に続けられた。価格カルテルや入札談合などの独禁法違反の行動は，この時期を通じて依然として多発した（表2-40）。そして，独禁法違反として現われるこうした動きは，物価にたいしては，その下支えの一要因をなすものということができる。

- (19) 企業向けサービス価格の下落について。例えば，「……リストラや経費削減が進む中で，企業のサービス需要が低迷したこと，サービスのコストに占めるウエイトの高い人件費の伸びが落ち着いたこと等が背景となっている」（94年度の動き，『日』1995年5月，41ページ）。また，「98年度には，景気の低迷による需給緩和，価格競争の激化，企業のコスト削減強化に伴う値下げ要求により，〈企業向けサービス価格の〉下落圧力が一層高まった……」（『物99』22ページ）。
- (20) 最近の販売競争の激化の下での中小・下請企業の状況について，『経』や『中小』などから摘記する。
　　『経』「……景気後退・円高への対策として，親事業者は，『設備の効率化・

表 2 - 40　独禁法違反の動き

(件)

年　　度	1991	92	93	94	95	96	97	98	99
A．勧告審決									
カルテル・計	15	33	21	18	19	13	18	19	19
うち価格カルテル	12	13	8	1	4	9	2	1	1
入札談合	3	20	12	16	15	4	16	17	18
不公正な取引方法・計	8	4	5	1	4	2	9	6	3
うち再販売価格維持	2	0	4	1	1	1	5	2	2
その他の拘束・排他条件	1	4	0	0	2	0	2	1	1
合計（その他を含む）	27	37	27	21	26	19	30	27	26
B．警　　告									
カルテル・計	6	18	7	10	8	8	10	9	12
うち価格カルテル	4	10	4	3	1	8	8	5	5
入札談合	1	8	1	7	7	0	1	3	7
不公正な取引方法・計	12	13	18	0	3	7	4	8	3
うち再販売価格維持	8	2	1	0	1	0	0	1	0
その他の拘束・排他条件	1	0	15	0	1	2	1	4	0
合計（その他を含む）	24	21	25	12	13	17	19	17	20
C．注　　意									
カルテル・計	31	34	35	28	16	17	22	8	17
うち価格カルテル	24	34	19	16	11	13	20	7	14
入札談合	3	0	4	8	5	4	0	0	1
その他のカルテル	4	0	12	4	0	0	2	1	2
不公正な取引方法	47	28	37	47	23	27	78	43	12
うち再販売価格維持	8	5	5	10	2	8	3	2	1
その他の拘束・排他条件	5	3	1	7	5	1	1	2	5
取引妨害	12	4	2	5	2	1	2	3	0
優越的地位の濫用	19	7	15	13	5	2	11	8	4
合計（その他を含む）	88	73	79	86	60	61	123	62	36

〔備考〕　1)　A：公取委が独禁法違反行為として，その排除を命令し，相手方が応諾
　　　　　　　したばあい。
　　　　　　　B，C：同じく公取委が警告または注意の措置をとったもの。
　　　　2)　Cの「その他のカルテル」は数量，販路，顧客移動禁止，設備制限等の
　　　　　　　カルテル。
〔出所〕　公正取引委員会『年次報告』各年度版。

集約化』,『賃金引下げ・残業抑制・雇用調整』等リストラを真っ先に掲げているのに対し,下請事業者は,『営業力強化による受注確保』,『新規納入先の開拓』といった仕事量の確保を掲げている」。

また,取引価格の決定について——「……下請業者の約7割が『納入先の意向が強い』か『納入先が決める』と考えている。これらのことから,受注量の確保を目指す下請業者の,価格交渉における立場の弱さ,値下げ要求に応じやすい状況がうかがわれる」(以上,平成8年版,247ページ;公取委『円高等による下請取引の変化に関する調査報告書』1995年7月,にもとづく)。

『中小』「……製造業における売上単価の低下要因としては『製品納入先からの出荷価格引き下げ要求』が最も多く挙げられており,中でも下請中小企業に対しては強力な価格引き下げ圧力が働いている……」(平成7年版,120ページ)。

「……『低価格化要請』が,製造業,小売業及びサービス業のいずれの産業においても最も重視するようになったとする〈企業の〉割合が圧倒的に高い割合を占めて〈いる〉」(平成9年版,140-141ページ)。また,「〈下請中小企業との取引関係で〉親企業が重視する点としては,『徹底したコストダウン』を挙げる親企業が最も多く5割を超えている」。これにたいして,「対応困難とする下請中小企業が過半となっている」(同上,151-152ページ)。

「下請企業との取引を行うメリットして『人件費の軽減』を挙げる企業は依然として多く,現在最も多くの親会社が挙げているメリットである。また,下請企業に対するコストダウン要請も厳しさを増しており,下請中小企業が受けている要請として『徹底したコストダウン』は10年前の2割強から現在は5割強まで増加している」(同上,159ページ)。

「円高の進展に伴う我が国製造業の価格競争力の低下は,生産・調達の海外移転によって国内中小企業に対する需要を減退させ,……特に下請企業に対する厳しい低価格化圧力を発生させた……」(平成10年版,66ページ)。

「大企業の海外展開が進むにつれて,国内における大企業の下請戦略も価格重視面がより鮮明に表われてきている」。大企業による下請先の選定にさいして,「価格面は最も重視されている」。また,「下請企業と取引を行うメリットとしても『自社より低コストで生産できる』が最も多く

……」，そして，大企業は下請企業にたいして，「当然のことながら価格以外の〈品質や納期〉の要素についても現水準の維持ないしは向上を前提としており，したがって下請企業の置かれている状況は一層厳しくなっている……」。これにたいする下請中小企業の対応として，「……大企業からの最大の要請である『価格の引き下げ』については7割の企業がこれ以上は困難であるとしており，云々」(以上，97年12月，中小企業庁の実態調査にもとづく，同上，89-90，95ページ)。

『公』「……下請業者のほとんどが，下請単価について『ほとんどの納入先で低下』，又は『一部の納入先で低下』と回答している。また，経営環境の悪化に対する対策として，……親事業者は，『設備の効率化，集約化』，『賃金引下げ，残業抑制，雇用調整』等を挙げ，下請事業者は，『製造方法，作業方法の見直し』，『営業力強化による受注確保』等を挙げている」。そして，「このような経済構造の変革の過程あるいは変革後の市場においては，下請中小事業者に不当な不利益が一方的にもたらされるおそれもある……」(95年7月，親事業者と下請事業者にたいする公取委のアンケート調査より，平成7年度，290-291ページ)。

(21)　「……中小企業における収益低迷の背景には，強い低価格要請による売上単価の低迷と，それとは対照的に仕入価格が上昇したことがあると考えられる」。「……売上単価DIは依然として低水準にとどまる一方で，仕入価格DIは急激に悪化している……」。「〈このことから〉原価(仕入単価)の上昇を売上げ(売上単価)に転嫁することができず，収益を圧迫したことも考えられる」(中小製造業——96年頃の状況，『中小』平成10年版，25ページ)。「〈97〉年に入ると売上数量DIは大きく悪化して〈いる〉」。「価格動向としては，仕入れ単価は改善を示して〈いる〉。しかし，売上単価DIは大きく悪化しており，売上数量が低迷する中で単価的にも厳しくなっていることがうかがえる」(同上，28ページ)。

　　「……中小企業は一般的には価格支配力を持たず，活発な市場競争の圧力が企業経営の効率化，生産性向上を促す重要な要素である……」。「中小企業は激しい価格・非価格競争を経ることによって選別され，……」，そして，「中小企業は相対的に『取引先・顧客』からの影響力が強く，……」(以上，『中小』平成11年版，137-138ページ)。

(22)　中小・下請企業における販売価格引き下げの状況については上記の注20，21に掲げたが，なお，「商品の低価格化が進行する中で，下請企業を含

む製造業から小売業まですべての取引主体の相当数が価格を引き下げている。……低価格化の動きは，小売業，消費財卸売業，最終品メーカー，下請企業と産業全般にわたっており……」（『中小』平成7年版，118ページ）。

【付】「価格破壊」について

　上記のような，企業・業者によるいわば強制された販売価格の引き下げが広がるなかで，もっぱら製品（完成品）の低価格での仕入れとその安値販売によって，商品販売の促進を図ろうとしたのが，「価格破壊」であった。
　まず，この「価格破壊」の動きが生じた背景としては――『日』や『経』，『物』などでも指摘されているが――，以下の①から⑤のような状況があげられよう。①「バブル」後の不況の継続と需要の減退――消費者は所得が減少しあるいはその回復が近い将来見込まれないといった状況の下で低価格志向を強め，生産・供給側（企業）はこれに対応するため，売上促進の一手段として「安売り」を余儀なくされた。②消費資料の輸入価格の大幅な下落傾向が続くが，他方，それら輸入品の消費者にたいする国内販売価格の引き下げ（円高差益の還元）はきわめて遅れていた。③生産→卸売り→小売りの段階における多数の流通業者の介在・複雑な流通経路の存在にもとづく流通利潤と流通費用の積み重ね，これにもとづく小売価格の積み増し・引き上げ。④上記の②③の状況が「安売り業者」のつけ込むところとなり，既存の供給体制が崩され，そして長期不況の下で販売競争を促進するとともに，既存企業・業者は自己の販売価格の引き下げを迫られることになった。また，⑤生産者側では，上記①に加えて，製品機能の簡素化などによってコストの削減を図り，低価格製品の生産・販売を進めるという動きも生じた。
　こうして，この「価格破壊」は，景気停滞の下，円高の進行で低価格化した輸入品や国内品の低価格仕入れによって安値販売を拡大し，市場における販売・価格競争を促進し，これによって，円高差益の還元に寄与し，国内品の価格の引き下げ（→企業による生産・供給コストの削減，および低価格製品の製造・供給），流通部門の合理化・効率化を促すことになった。

そして,こうした「価格破壊」の動きは,物価の安定に寄与するものとして,その役割の評価が高まり,さらに「国民生活の質の向上に資すると期待させる」存在となった。しかし,同時に他方,このような「価格破壊」によって促された販売・価格競争の激化とその広汎化(→企業の販売価格の引き下げ→合理化・コスト削減の推進)は――これは「価格破壊」の影響のみでなく,不況の長期化と需給の悪化がその基礎にあるが――,これに耐えられない中小製造企業の淘汰の進行,流通部門における小商店の駆逐と大型店の制覇をもたらすことになった。

ただしなお,こうした「価格破壊」の盛行はいつまで続くであろうか。現在,この「価格破壊」の拡張を可能にしているのは,販売不振に悩む生産者からの買い叩き・安値仕入れ,直売による流通費の節減,製品の安価な輸入,小売市場からの既存業者の排除による販路の拡大,などの要因である。しかし,こうしたやり方は,とくに生産・供給コストの条件を無視した「価格破壊」は,長続きするものではないであろう。

(23) 「価格破壊」について,『日』や『経』,『物』より摘記する。
『日』;1993年度の消費者物価の落ち着きに関連して,「……個人消費の低迷に加え,消費者の低価格指向の強まりや為替円高を背景とした安値輸入品の出回り増加の影響等からいわゆる『価格破壊』といった現象が指摘される……」(1994年5月号,69-70ページ)。また「……現在の〈卸売物価指数〉の下落や『価格破壊』現象は,円高や原油価格の下落に伴う輸入品価格の低下を背景とした交易条件の好転に負う部分が大きく……」(同上,1994年6月,65ページ)。
『経』;1991-93年度の景気後退過程の特徴の一つとして,「……いわゆる『価格破壊』と呼ばれる商品の低価格化が拡がっている……」(平成6年版,249ページ)。「……ディスカウンターによる価格破壊に象徴される流通業の効率化が進行している……」(同上,257ページ)。また,「流通構造面の変化としては,①ディスカウンターに代表される新たな市場参入者が増加して,中間コストの圧縮を武器に安価でニーズに則した商品を消費者に提供するようになったこと,②こうした新規参入者との競争の高まりのな

かで，既存の流通業者も，卸段階数の削減や，マージン率の圧縮を通じて，安価で良質な商品を消費者に提供しようとし始めていることなどがある」(同上，261ページ)。

『物』；「価格破壊の背景」として，①長期にわたった所得の伸び悩みと消費者の低価格志向の高まり，②円高の進展等による安価な輸入の増加，③「規制緩和の進展」，また「価格破壊をもたらしている供給側の行動の変化」として──①ディスカウントストアの進展，②店舗間競争の激化，③プライベートブランド商品の開発，④メーカーによる低価格商品の供給，をあげる(『物95』57－72ページ)。

そしてまた『物』は，この「価格破壊」が，1990年代前半に始まる「品質の多様性を犠牲にした」ところの「第一次価格破壊」から，90年代後半には，これを犠牲にしない「第二次価格破壊」へと進んだとして，「価格破壊」の進展と各業界へのその動きの広がりを，「流通革命ともいうべき価格競争」の推進者として強調している（『物2000』第2章など)。

(24) 『経』平成7年版，70ページ。

総　括
――現代のインフレ問題――

　これまでの記述にもとづき，1985－99年度におけるわが国の経済過程を対象に，現代インフレの問題点について，筆者の考えを要約する。

　1．まず「インフレーション」というのは，通常，物価の上昇（継続的な物価上昇）を意味するものとされ，これが通説となっている。しかし，本書でいうインフレとは（その基本的な性質は），このような物価の上昇それ自体ではなく，さらにその背後・基礎にある，紙幣の性質をもつ現代の通貨（本来の貨幣・金との兌換性を失った中央銀行券・日銀券あるいは現金通貨，およびその現金通貨との交換性にもとづいて流通する預金通貨――全体として不換性通貨）の価値の減少（紙幣の減価）を意味している。この紙幣の減価とは，紙幣――それは本来の貨幣の代理物として流通するという性質のものである――が，この貨幣との関係において減価するということ，すなわち，紙幣の代表する貨幣量が流通のなかで事実上減少していくという経済現象を指している。そして，日銀の通貨供給の増加（紙幣の性質をもつ日銀券の発行に依拠した通貨の追加的な供給）の進行とその供給超過の累積が，上記のような紙幣の減価→物価の上昇をもたらす通貨的な基礎となっている。

　そしてまた，インフレの基本的性質をなすこうした紙幣の減価の動きは，物価（諸商品価格）にたいしては，その一般的な，下方硬直性をもった上昇要因として作用するが，インフレのこのような物価の引き上げ作用は，直接には，紙幣の性質をもつ購買力・需要の増加という姿をとって登場し，諸商品の需給関係の変動を通じて，上記のような特徴的な物価上昇の進行として現われることになる。

　2．この時期には，物価は全体として安定的に推移してきた。さらに最近では物価は低落傾向を示すに至り，このことから最近のわが国経済は「デフ

レ」状況にあるとの指摘が一般化している。では，こうした状況のなかで，現代の日本経済には，以前とは異なり，インフレの問題などは存在しなくなったと言い切れることになるであろうか。

3．この時期には，政府は経済政策運営において景気対策を拡大し，これを支援するために日銀は金融緩和政策を推進したが（第1部II章，第2部II章を参照)，この政策運営の通貨的手段として，日銀の通貨供給が増加を続け，その供給超過が累増した（第1部I章，第2部I章を参照)。すなわち，こうした政策運営の決め手となったのは，端的に言えば「カネ」であって，その捻出においては，結局，日銀の通貨供給に依存せざるをえなかった。また，この通貨供給は，上記のように，紙幣の性質をもつ日銀券の発行を制度的な基盤とするものであって，だからこそ，景気対策や金融システム安定化対策のための大量の通貨供給が，継続的に可能になっているのである。

そして，この通貨供給は，政府の景気対策（→公的需要の増加）のための赤字財政の拡大を支えるとともに，市中金融機関にたいする超低金利での「潤沢・豊富」な資金供給によって，その資金繰りを助け，融資活動の拡張を可能にする現金準備を補給し，金融緩和を押し進め，さらに金融システム不安の激化を抑止する役割を果たしてきた。このような通貨供給の増加はまた，財政支出の拡大と金融活動を通じて，マネー・サプライの累増となって現われている（第1部III章，第2部III章を参照）。

4．政府・日銀の政策運営におけるこうした状況は，それが上記のような日銀による通貨の造出・供給機能へ依存し，その通貨供給の増加を不可欠な手段としているという意味で，「インフレ政策」の性質をもつものということができる。こうしてまた，インフレの発生・進行は，政策の産物──不換通貨の供給に依拠した政府の政策運営の産物──であり結果である，とみることができる。

5．物価は，1985-99年度を通じ，全体として安定的に推移してきた。国内卸売物価はこの間下落傾向を示した。しかしここでも，卸売物価は景気の上昇とともに上昇の動きをみせた。すなわち，1989年度・90年度には，景気拡大の進行のなかで上昇を始め，97年度には，景気回復の動きとともに上昇

に転じた。しかし前者は「バブル」の崩壊によって下落し、後者はその後のマイナス成長のなかで再び下落を続けることになった。また、消費者物価は、85年度から98年度にかけて根強い上昇を続けたが、その上昇率は各年度2％前後の低位にとどまった(第1部IV章，第2部IV章を参照)。そしてこの消費者物価も、1999年・2000年には下落を示すことになり，これにもとづいて政府は，最近の経済がデフレ状態にあると表明するに至った。

この時期におけるこうした物価の動き（その安定的な推移）の主因となっているのは，第一に，需給の緩和，さらには需給ギャップの拡大であり，そしてこれにもとづく，生産・供給側企業の販売競争の激化→製品販売価格の引き上げ抑制・引き下げ→生産・供給コストの削減の推進である。第二に，対外関係における，円高傾向にもとづく輸入物価の低下，とくにわが国の必需輸入物資の国際価格の安定と，これら物資の輸入量が確保されていることであり，これにもとづく安価な輸入製品の使用の増加による生産・供給コストの減少である。さらにその基礎には，生産・供給コスト削減のための主要手段としての人件費削減の推進の対象となった，働く人々にたいする負担の強制が横たわっている。この時期におけるわが国の物価の安定的な推移は，これらの要因によって支えられていた。

6．なお，こうした物価の動き（その安定的な推移および最近の下落傾向）は，同時に他方，これが下支えされたものであることに注意する必要がある。すなわち，政府による財政・金融を通じた景気対策の継続的な拡大が，公的需要の増加をはじめさまざまな形で経済活動の落ち込みを下支えする役割を果たしており，こうしたなかで，物価の低落が下支えされ，需給の緩和・需給ギャップの拡大とこれにもとづく物価下落の進行が抑制されてきている。

政府・日銀はこれまで，自らの政策運営がデフレ（物価の下落）あるいはデフレ・スパイラルへの落ち込みの回避に寄与したことをうたってきたが，このことは，物価下落の進行を下支えしようとする政策運営の意図とその役割を端的に示すものといえる。

インフレの物価引き上げ作用の面からこれをみれば，政府・日銀は，景気対策の継続的な拡大と金融緩和政策（インフレ政策としての性質をもつ）を

推進してきたが，これは，公的需要の増加と企業金融の緩和によって企業投資の拡張を図ろうとするものであり，経済活動の活発化（→需要の拡大）を通じて物価の上昇要因として作用する。しかし，こうした政策的な働きかけにもとづく物価上昇要因の作用にたいして，現状では，上記のような物価引き下げ要因の影響力が強く，このため，物価引き上げ要因としてのインフレの作用は，下方硬直的な物価の下支え作用として現われるにとどまってきた，ということができる。

　以上のような状況から，わが国の現代経済の運行が，インフレ手段に依拠した政府の政策運営によって大きく支えられ，こうした政策的支柱を不可欠なものとしていることを，そしてこれによって，インフレは——現状では物価の上昇としては現われてはいないが——，現代のわが国経済の内部に深く根をおろし，その体質と化して存在し続けていることを，指摘するものである。

表一覧

第1部　1985－90年度

表1－1	日銀の通貨供給指標(1)（日銀勘定・資産の動き）	7
表1－2	日銀の貸出の動き	7
表1－3	手形売買市場における買い手と売り手	8
表1－4	国債発行の動き	9
表1－5	政府短期証券（FB）の発行	10
表1－6	国債の所有者構成	11
表1－7	日銀の通貨供給指標(2)（供給ルート別）	13
表1－8	資金需給と金融調節	16
表1－9	政府の経済見通し	19
表1－10	公定歩合と市場金利（1983－91年度）	21
表1－11	市中金融機関の金融取引	37
表1－12	銀行貸出の動き（業種別）	38
表1－13	金融機関の中小企業向け貸出	38
表1－14	銀行の不動産業，ノンバンク向け貸出の比重	38
表1－15	地価と土地取引	40
表1－16	ノンバンクの融資活動（1986－90年度）	45
表1－17	株式と公社債の動き	50
表1－18	個人の資金運用	51
表1－19	企業の金融取引	51
表1－20	マネー・サプライの動き(1)	57
表1－21	マネー・サプライの動き(2)	57
表1－22	マネー・サプライの動き(3)（供給要因の指標）	59
表1－23	マネー・サプライ，国民総支出，物価の動き	64
表1－24	卸売物価の動き(1)	69
表1－25	卸売物価の動き(2)（需要段階別・用途別）	70
表1－26	消費者物価の動き	75
表1－27	需要の指標	79
表1－28	生産・供給の動き（1985－90年）	83
表1－29	輸出入の動き（1985－90年）	84
表1－30	売上高と企業収益の動き	85
表1－31	賃金コストの動き（1985－90年）	87
表1－32	賃金の動き	88
表1－33	設備投資の動き	88
表1－34	生産と原材料消費の動き（製造業）	89
表1－35	投入・産出物価の動き（製造業）	89
表1－36	企業向けサービス価格の動き（1985年対90年）	91
表1－37	独禁法適用除外カルテルの動き	93
表1－38	独禁法違反の動き	93

第2部 1991－99年度

表2－1	日銀の通貨供給指標(1)（日銀勘定・資産の動き）	99
表2－2	日銀貸出の動き	102
表2－3	預金保険機構に対する日銀貸付（1998－99年度）	105
表2－4	政府短期証券の発行	106
表2－5	国債の保有状況	110
表2－6	日銀の通貨供給指標(2)（供給ルート別）	117
表2－7	日銀の通貨供給指標(3)（対政府機関）	118
表2－8	資金需給と日銀の金融調節	121
表2－9	日銀券増発と国債買オペの動き	124
表2－10	市中金融機関の準備預金積立の動き	132
表2－11	政府の経済見通し（1991－2000年度）	138
表2－12	財政と国債（1991－2000年度）	153
表2－13	国債の発行と償還（1991－2000年度）	153
表2－14	公定歩合と市場金利（1991－2000年）	166
表2－15	市中金融機関の証券保有	187-188
表2－16	市中金融機関の貸出	188
表2－17	銀行の貸出	189
表2－18	企業の資金調達	190
表2－19	金融機関の中小企業向け貸出	195
表2－20	政府金融機関の貸出	206
表2－21	マネー・サプライの動き(1)（平均残高）	210
表2－22	マネー・サプライの動き(2)（年末残高）	211
表2－23	マネー・サプライの動き(3)（供給要因の指標）	212
表2－24	卸売物価の動き(1)	222
表2－25	卸売物価の動き(2)（需要段階別・用途別）	223
表2－26	消費者物価の動き	224
表2－27	需要の指標	238
表2－28	生産・供給の動き(1)（製造工業）	245
表2－29	生産・供給の動き(2)（鉱工業）	246
表2－30	輸出入の動き（1991－99年）	247
表2－31	賃金コストの動き(1)（製造業・計）	249
表2－32	賃金コストの動き(2)（製造業・業種別）	250
表2－33	賃金コストの動き(3)（第三次産業など）	250
表2－34	賃金の動き	252
表2－35	雇用の動き	252
表2－36	雇用調整の実施とその方法	253
表2－37	生産と原材料消費の動き（製造業）	261
表2－38	投入・産出物価の動き（製造業）	262
表2－39	企業向けサービス価格の動き	262
表2－40	独禁法違反の動き	265

[著者略歴]

原　薫（はら　かおる）
1928年　神奈川県相模原市に生まれる
1951年　法政大学経済学部卒業
1958年　法政大学大学院社会科学研究科経済学専攻，
　　　　博士課程修了
1953—68年　法政大学大原社会問題研究所研究員
1968—95年　法政大学経済学部教授
現　在　法政大学名誉教授，経済学博士
主　著　『現代の通貨』法政大学出版局，1990年
　　　　『わが国の現代インフレーション』法政大学出版局，1991年
　　　　『戦後インフレーション──昭和20年代の日本経済──』八朔社，1997年

現代インフレーションの諸問題
──1985-99年の日本経済──
2001年9月10日　第1刷発行

著　者　　原　　　薫
発行者　　片　倉　和　夫
発行所　　株式会社　八朔社（はっさくしゃ）
　　　　　東京都新宿区神楽坂2-19　銀鈴会館
　　　　　振替口座・00120-0-111135番
　　　　　Tel 03-3235-1553　Fax 03-3235-5910

©原　薫, 2001　　印刷・平文社／製本・みさと製本
ISBN4-86014-004-4

――――― 八朔社 ―――――

原 薫
戦後インフレーション
昭和二〇年代の日本経済
七〇〇〇円

藤井秀登
交通論の祖型
関一研究
四二〇〇円

梅本哲世
戦前日本資本主義と電力
五八〇〇円

佐藤昌一郎
陸軍工廠の研究
八八〇〇円

加藤泰男
現代日本経済の軌跡
景気循環の視点から
三三九八円

岡本友孝
大戦間期資本主義の研究
七七六七円

定価は本体価格です

― 八朔社 ―

栗原百寿農業理論の射程	西田美昭／森武麿／栗原るみ・編著	三二〇〇円
共生と連携の地域創造 ― 企業は地域で何ができるか	下平尾勲・編著	三三九八〇円
現代地域論 ― 地域振興の視点から	下平尾勲	三八〇〇円
グローバリゼーションと地域 ― 21世紀・福島からの発信	福島大学地域研究センター・編	三五〇〇円
経済学と統計的方法	是永純弘	六〇〇〇円
旧ロシア金融史の研究	伊藤昌太	七八〇〇円

定価は本体価格です